AF690319

DESENVOLVIMENTO INTERNACIONAL EM DESTAQUE

# Emprego e Crescimento

## A Agenda da Produtividade

Mark A. Dutz

GRUPO BANCO MUNDIAL

© 2018 Banco Internacional para Reconstrução e Desenvolvimento/Banco Mundial
1818 H Street NW, Washington, DC 20433
Telefone: 202-473-1000; Internet: www.worldbank.org

Alguns direitos reservados

1 2 3 4 21 20 19 18

Este trabalho foi publicado originalmente em inglês pelo Banco Mundial como *Jobs and Growth: Brazil's Productivity Agenda* in 2018. Em caso de discrepâncias, predomina o idioma original.

Os livros desta série são publicados para comunicar o mais pronto possível os resultados da pesquisa, análise e experiência operacional do Banco Mundial. O grau de editoração da redação varia de livro para livro.

Este trabalho foi produzido pela equipe do Banco Mundial com contribuições externas. As apurações, interpretações e conclusões expressas neste trabalho não refletem necesariamente a opinião do Banco Mundial, de sua Diretoria Executiva nem dos governos dos países que representam. O Banco Mundial não garante a exatidão dos dados apresentados neste trabalho. As fronteiras, cores, denominações e outras informações apresentadas em qualquer mapa deste trabalho não indicam nenhum julgamento do Banco Mundial sobre a situação legal de qualquer território, nem o endosso ou a aceitação de tais fronteiras.

Nada aqui constitui ou pode ser considerado como constituindo uma limitação ou dispensa de privilégios e imunidades do Banco Mundial, os quais são especificamente reservados.

**Direitos e permissões**

Este trabalho está disponível nos termos da licença da Creative Commons Attribution 3.0 IGO (CC BY 3.0 IGO) http://creativecommons.org/licenses/by/3.0 IGO. Nos termos da licença Creative Commons Attribution, o usuário pode copiar, distribuir, transmitir e adaptar este trabalho, inclusive para fins comerciais, nas seguintes condições:

**Atribuição**—Favor citar o trabalho como segue: Dutz, Mark A. 2018. *Emprego e Crescimento: A Agenda da Produtividade*. Desenvolvimento Internacional em Destaque. Washington, DC: Banco Mundial. doi: 10.1596/978-1-4648-1321-4 Licença: Creative Commons Attribution CC BY 3.0 IGO

**Tradução**—Se o usuário traduzir este trabalho, favor acrescentar o seguinte termo de isenção de responsabilidade juntamente com a atribuição: *Esta tradução não foi feita pelo Banco Mundial e não deve ser considerada tradução oficial do Banco Mundial. O Banco Mundial não se responsabiliza pelo conteúdo nem por qualquer erro dessa tradução.*

**Adaptações**—Se o usuário criar uma adaptação deste trabalho, favor acrescentar o seguinte termo de isenção de responsabilidade juntamente com a atribuição: *Esta é uma adaptação de um trabalho original do Banco Mundial. Pontos de vista e opiniões expressos na adaptação são de inteira responsabilidade do autor ou autores da adaptação e não são endossados pelo Banco Mundial.*

**Conteúdo de terceiros**—O Banco Mundial não é necessariamente proprietário de todos os componentes do conteúdo incluído no trabalho. Portanto, o Banco Mundial não garante que o uso de qualquer componente individual de terceiros ou parte do conteúdo do trabalho não infrinja direitos de terceiros. O risco de reivindicações resultantes de tal violação recai inteiramente sobre o usuário. Se o usuário desejar reutilizar um componente do trabalho, recairá sobre ele a responsabilidade de determinar se é necessária permissão para tal reutilização, bem como obter a referida permissão junto ao proprietário dos direitos autorais. Exemplos de componentes podem incluir, embora não de forma exclusiva, tabelas, figuras ou imagens.

Todas as consultas sobre direitos e licenças devem ser endereçadas a World Bank Publications, The World Bank Group, 1818 H Street NW, Washington, DC 20433, USA; e-mail: pubrights@worldbank.org.

ISBN: 978-1-4648-1321-4
DOI: 10.1596/978-1-4648-1321-4

Imagem da capa: Ilustração de bizvector/Andorra-Shutterstock, com manipulação por Double Comunicaçãao e Design/Brazil. É necessária permissão para reutilização.

# Conteúdo

Diagrama



Quadros



Figuras

### Mapa



### Tabela

# Prefácio

O Brasil adentra o ano eleitoral de 2018 com uma economia que se recupera gradualmente da mais profunda recessão em sua história econômica recente. No entanto, para muitos brasileiros, essa recuperação ainda não se materializou em mais e melhores empregos ou rendimentos mais elevados. O motivo por trás deste relatório foi a necessidade de entender os possíveis fatores que impulsionarão o crescimento da renda e do emprego no futuro. Sua principal conclusão: o Brasil precisa melhorar drasticamente o seu desempenho em termos de produtividade, para que o país aumente a renda de forma duradoura e ofereça empregos melhores para os seus cidadãos. Essa questão ganha ainda mais importância porque o Brasil é um país que está envelhecendo rapidamente, e o impulso de que o país desfrutou graças à sua força de trabalho jovem e crescente nas últimas três décadas irá desaparecer em alguns anos.

Produtividade é a medida do grau de eficiência de uma empresa, indústria ou país ao utilizar seus ativos já existentes. O Brasil possui recursos naturais abundantes e uma força de trabalho cada vez mais capacitada, bem como empresas de ponta em setores como o agronegócio, aeronáutica, têxtil e extração de petróleo, entre outros. No entanto, no agregado, o país faz mal uso de seus ativos. Conforme documentado no relatório, se o país usasse seus ativos com o mesmo nível de produtividade que os Estados Unidos da América (EUA), a renda per capita do Brasil aumentaria 2,7 vezes. Diferentemente do que muitos dizem, isso não é porque o Brasil se especialize em atividades erradas. Ocorre que o país é ineficiente na grande maioria das atividades que realiza. Se o Brasil adotasse a mesma estrutura de produção que os EUA, aumentaria a produtividade em apenas 68 porcento; se todas as indústrias brasileiras funcionassem com a mesma eficiência que suas contrapartes nos EUA, a produtividade seria aumentada em mais de quatro vezes.

Este relatório analisa alguns dos fatores que podem estar por trás desse cenário de baixa produtividade no Brasil. Entre os mais importantes: (i) a falta de concorrência interna - graças a um ambiente de negócios que favorece empresas já estabelecidas no mercado e dificulta a inovação e a entrada de novas empresas - e externa, devido às altas barreiras tarifárias e não-tarifárias ao comércio; (ii) políticas públicas que se concentram em subsídios a empresas já existentes e distorcem os mercados de capital e trabalho, em vez de fomentar a concorrência e a inovação; e (iii) a fragmentação dos órgãos de governo dedicados ao apoio às empresas, que possibilita que políticas continuem em vigor mesmo quando se mostram não eficazes. O relatório sugere a mudança de política em todas as três áreas, com o objetivo final de mudar a relação entre as empresas e o Estado - passando de uma relação de vantagens e privilégios para uma relação que busque nivelar o mercado, incentivando a iniciativa e apoiando trabalhadores e empresas que se ajustam às demandas do mercado.

O presente relatório enquadra-se no contexto de um debate político cada vez mais amplo sobre o modelo de desenvolvimento do Brasil no futuro. Poucos pesquisadores fizeram contribuições mais importantes para este debate que Regis Bonelli - que, infelizmente, faleceu antes da publicação deste relatório. Regis foi um economista prodigioso, um homem profundamente patriótico e comprometido com o futuro de seu país, um colega afetuoso e generoso e, acima de tudo, um cavalheiro. Este estudo foi inspirado em conversas com o Regis, que incentivou o relatório e teceu inúmeros comentários durante o processo de elaboração. Este relatório é dedicado à sua memória.

**Martin Raiser**
diretor do Banco Mundial para o Brasil

# Agradecimentos

Este livro foi elaborado por uma equipe liderada por Mark Dutz, que inclui Vivian Amorim, Jorge Thompson Araujo, Diego Arias, Steen Byskov, Pietro Calice, Xavier Cirera, Roland Clarke, Elisio Contini, Alice Duhaut, Barbara Farinelli, Tanja Goodwin, Mariana Iootty, Somik Lall, Martha Licetti, Michael Morris, Antonio Nucifora, Pedro Olinto, Truman Packard, Rong Qian, José Guilherme Reis, Eduardo Pontual Ribeiro, José Signoret, Michael Toman, Pedro Abel Vieira e Mariana Vijil - Xavier Cirera, Antonio Nucifora e Mariana Vijil também ajudaram imensamente. A equipe trabalhou sob a orientação e com os comentários de Marialisa Motta, gerente da Prática Global de Finanças, Competitividade e Inovação; Rafael Munoz Moreno, coordenador do Programa de Governança, Economia e Desenvolvimento para o Brasil; e Martin Raiser, diretor do Banco Mundial para o Brasil.

O livro baseia-se em uma série de documentos analíticos de referência (ver apêndice A), bem como outros estudos realizados como parte do programa de trabalho sobre produtividade no Brasil, incluídos nas referências. Steven Pennings desenvolveu e implementou as projeções do cenário de crescimento de longo prazo, com o apoio de Fabiano Colbano. Somos especialmente gratos a Paulo Correa, Claudio Frischtak, Mary Hallward-Driemeier e Frank Sader, que contribuíram com orientações e conselhos muito úteis ao relatório. A equipe também agradece a Paulo Bastos, João Bevilaqua Teixeira Basto, Marcio Cruz, Mona Haddad, Danny Leipziger, Frederico Pedroso, Joana Silva e Robert Willig por suas valiosas sugestões.

O livro se beneficiou de discussões de grande valia com funcionários do governo brasileiro, incluindo Mansueto Facundo de Almeida, Marcello Estevão, Marcos Mendes, João Manoel Pinho de Mello e Pedro Calhman, do Ministério da Fazenda (MF); Jorge Arbache, do Ministério do Planejamento (MPOG); Igor Calvet, Lorena Coutinho, Andrea Macera, Abrão Neto e Marcos Vinícius de Souza, do Ministério do Desenvolvimento, Indústria e Comércio Exterior (MDIC); Marcelo dos Guaranys, Fabiana Rodopoulos e Marcelo Souza (Casa Civil); Carlos Pio e Eduardo Leoni da Secretaria de Assuntos Estratégicos (SAE); e Carlos da Costa e Fabio Giambiagi (BNDES). O livro também contou com o feedback valioso de pesquisadores de universidades, think tanks e associações, incluindo Regis Bonelli, Armando Castelar Pinheiro e Fernando Veloso (FGV-IBRE); Marcos Lisboa, Marco Bonomo, Sergio Firpo, Sergio

Lazzarini e Naércio Menezes Filho (INSPER); José Márcio Camargo (PUC-Rio); Nelson de Chueri Karam e Clóvis Scherer (DIEESE); Bruno Araújo, Lucas Mation, Fernanda de Negri, Joao de Negri e André Rauen (IPEA); Bernard Appy (CCiF); Sandra Polónia Rios e Pedro da Motta Veiga (CINDES); José Augusto Fernandes e Renato da Fonseca (CNI); e Renato Lima de Oliveira, Elisabeth Reynolds, Ben Ross Schneider e Timothy Sturgeon (MIT-IPC). A equipe agradece as sugestões dos participantes da sessão especial de produtividade organizada durante a 39ª reunião da Sociedade Brasileira de Econometria (SBE), na cidade de Natal, em dezembro de 2017.

Fabio Bittar fez valiosas contribuições durante a elaboração final do livro. Andrea Patton, Monica Porcidônio e Flávia Nahmias contribuíram com apoio administrativo e logístico excepcional ao longo de todo o processo de execução desta tarefa. Juliana Braga, Mariana Ceratti, Elisa Diniz, Yanny Rocha e Carlos Vasconcellos prestaram excelente apoio em matéria de comunicação. Leonardo Padovani traduziu o livro para o português e Fabiola Vasconcelos revisou cuidadosamente a tradução.

Para ilustrar os pontos dos Capítulos 2 a 6 do livro, a equipe do Banco Mundial selecionou uma série de vinhetas da vida real, que aparecem no início de cada Capítulo. Essas vinhetas foram pesquisadas e produzidas por Carlos Vasconcellos, cuja assistência é reconhecida com gratidão.

# Sobre os Colaboradores

**Vivian Amorim** é consultora do Departamento de Desenvolvimento Humano do Banco Mundial. Ela possui mestrado em economia pela Universidade de São Paulo (IPE-USP). Vivian realizou a análise empírica do Capítulo 5.

**Jorge Thompson Araujo** é conselheiro econômico do Vice-Presidente para a América Latina e o Caribe no Banco Mundial. Ele possui um Ph.D. em economia pela Universidade de Cambridge. Jorge contribuiu para o Capítulo 1.

**Diego Arias** é economista agrícola líder no Departamento de Agricultura do Banco Mundial. Ele possui doutorado em economia agroalimentar e ambiental da Universidade de Valencia. Diego participou da seção sobre produtividade agrícola e é autor do estudo associado.

**Steen Byskov** é economista financeiro sênior na Prática Global de Finanças, Competitividade e Inovação do Banco Mundial. Ele possui mestrado em ciências econômicas pela Universidade de Copenhague e MBA pela Universidade de Maryland. Steen é co-autor da parte sobre mercados financeiros do Capítulo 4 e do estudo de base associado.

**Pietro Calice** é especialista sênior em setor financeiro na Prática Global de Finanças, Competitividade e Inovação do Banco Mundial, atualmente em serviço externo para o governo da Argentina. Ele possui doutorado em economia pela Universidade de Messina. Pietro é o autor principal da parte sobre mercados financeiros do Capítulo 4 e do estudo de base associado.

**Xavier Cirera** é economista sênior na Prática Global de Finanças, Competitividade e Inovação do Banco Mundial, atualmente baseado no escritório do Brasil. Ele possui PhD em economia pela Universidade de Sussex. Xavier contribuiu para diferentes partes do relatório.

**Roland Clarke** é especialista líder em setor público na Prática Global de Governança do Banco Mundial. Ele tem doutorado em economia pela Universidade de Bradford. Roland é o autor principal do Capítulo 6 e do estudo de base associado.

**Elisio Contini** é pesquisador em economia agrícola na Empresa Brasileira de Pesquisa Agropecuária, Embrapa. Ele obteve seu título de doutor em economia pública pela Universidade de Muenster, Alemanha. Elisio contribuiu para a seção sobre produtividade da agricultura brasileira.

**Alice Duhaut** é economista na unidade de Avaliação de Impacto (DIME) no departamento de pesquisa do Banco Mundial. Ela possui doutorado em economia pela Universidade Livre de Bruxelas. Alice contribuiu para o Capítulo 3.

**Mark Dutz** é economista líder na Prática Global de Macroeconomia, Comércio e Investimento do Banco Mundial. Ele possui doutorado em economia pela Universidade de Princeton. Mark é o principal autor do livro.

**Barbara Farinelli** é economista agrícola no Banco Mundial, baseada em Brasília. Ela possui mestrado em economia agrícola e dos recursos naturais pela Universidade de Califórnia, Davis, e é doutoranda em Políticas Agrícolas e de Recursos Naturais na Universidade de Wageningen, na Holanda. Barbara participou da seção sobre produtividade agrícola e é autora do estudo associado.

**Tanja Goodwin** é economista sênior na unidade de Mercados e Concorrência, na Prática Global de Macroeconomia, Comércio e Investimento do Banco Mundial. Ela possui mestrado em economia pela Universidade de New York. Tanja contribuiu para o Capítulo 3 do livro.

**Mariana Iootty** é economista sênior na unidade de Mercados e Concorrência, na Prática Global de Macroeconomia, Comércio e Investimento do Banco Mundial. Ela possui doutorado em economia pela Universidade Federal do Rio de Janeiro. Mariana é co-autora do Capítulo 3 do livro assim como do estudo de base associado ao mesmo Capítulo.

**Somik V. Lall** é o líder global do Banco Mundial em Soluções de Desenvolvimento Territorial e principal economista da instituição para o desenvolvimento urbano. Somik contribuiu para o Capítulo 3 deste relatório.

**Martha Martinez Licetti** é líder global na Prática Global de Macroeconomia, Comércio e Investimento do Banco Mundial, onde lidera a Equipe de Política de Mercados e Concorrência. Ela tem doutorado, mestrado e estudos avançados em economia pela Universidades do Texas em Austin e Northeastern, e pelo Instituto de Economia Mundial em Kiel, Alemanha. Martha contribuiu para o Capítulo 3.

**Michael Morris** é economista agrícola líder no Banco Mundial. Ele tem doutorado em economia agrícola pela Universidade Estadual de Michigan. Michael contribuiu para o trabalho sobre produtividade agrícola.

**Antonio Nucifora** é economista-chefe do Banco Mundial para o Brasil. Ele tem doutorado em economia pela Universidade de Oxford no Reino Unido. Antonio contribuiu para o Capítulo 1 e para o estudo de base associado, além de ajudar na estruturação geral do livro.

**Pedro Olinto** é coordenador de Desenvolvimento Humano e Pobreza do Banco Mundial no Brasil. Tem doutorado em economia aplicada pela Universidade de Wisconsin-Madison. Pedro contribuiu para o Capítulo 5 e o estudo relacionado.

**Truman Packard** é economista líder na Prática Global de Proteção Social e Empregos, trabalhando atualmente em questões do mercado de trabalho na Indonésia, no Brasil e no Chile. Ele tem Ph.D. em economia pela Universidade de Oxford no Reino Unido. Truman é o autor principal da parte sobre mercados de trabalho do Capítulo 4 e do estudo de base associado.

**Rong Qian** é economista sênior do Banco Mundial para as Filipinas. Ela possui doutorado em economia pela Universidade de Maryland. Rong é a principal autora do Capítulo 1 e do documento de referência associado.

**Martin Raiser** é o diretor do Banco Mundial para o Brasil. Ele possui doutorado em economia pela Universidade de Kiel, Alemanha. Martin contribuiu imensamente para todos os capítulos, bem como para a formulação das idéias subjacentes ao livro.

**José Guilherme Reis** é diretor executivo do Brasil e Suriname no Banco Interamericano de Desenvolvimento. Durante a preparação deste relatório, ele estava à frente da unidade global de comércio internacional do Banco Mundial. Ele possui mestrado em Economia e Finanças Públicas pela Universidade Católica do Rio de Janeiro (PUC-Rio). José Guilherme é co-autor do Capítulo 3 do livro assim como do estudo de base associado ao mesmo Capítulo.

**Eduardo Pontual Ribeiro** é professor associado da Universidade Federal do Rio de Janeiro. É PhD em economia pela Universidade de Illinois em Urbana-Champaign. Eduardo foi autor de pesquisa para a parte sobre mercados financeiros do Capítulo 4.

**José Signoret** é economista na Prática Global de Macroeconomia, Comércio e Investimento do Banco Mundial. Ele é doutor em economia pela UC Berkeley. José contribuiu para o Capítulo 3 deste relatório.

**Michael Toman** é economista líder e gerente de equipe de pesquisa sobre desenvolvimento sustentável no Grupo de Pesquisa para o Desenvolvimento do Banco Mundial. Michael participou da seção sobre produtividade agrícola.

**Pedro Abel Vieira** é pesquisador em economia agrícola na Empresa Brasileira de Pesquisa Agropecuária, Embrapa. Ele obteve seu título de doutor em agronomia na Universidade de São Paulo e em economia pela Unicamp. Pedro contribuiu para a seção sobre produtividade da agricultura brasileira.

**Mariana Vijil** é economista na Prática Global de Finanças, Competitividade e Inovação do Banco Mundial. Ela é doutora em economia pelo Instituto Nacional Francês para Pesquisa Agrícola, Agrocampus Ouest. Mariana é a autora principal do Capítulo 5 e do documento de referência associado, e ajudou na estruturação geral do livro.

# Abreviaturas

| | |
|---|---|
| AAC | Assistência de Ajuste ao Comércio |
| ALC | América Latina e Caribe |
| CGV | Cadeias Globais de Valor |
| CMAP | Comitê de Monitoramento e Avaliação de Políticas Públicas Federais |
| ECL | Exigências de conteúdo local |
| EGC | Equilíbrio geral computável |
| EHI | Escola em horário integral |
| EUA | Estados Unidos da America |
| IED | Investimento estrangeiro direto |
| II | Isenções de impostos |
| ITIF | Fundação para Tecnologia da Informação e Inovação |
| MDIC | Ministério da Indústria, Comércio Exterior e Serviços |
| ME | Mesas Executivas |
| MEI | Microempreendedor Individual |
| MF | Ministério da Fazenda |
| MNT | medidas não tarifárias |
| OEA | Operador Econômico Autorizado |
| PAC | Programa de Aceleração do Crescimento |
| PIB | Produto Interno Bruto |
| PME | Pequenas e médias empresas |
| PPC | paridade do poder de compra |
| PRONAF | Programa de Fortalecimento da Agricultura Familiar |
| PSI | Programa de Sustentação do Investimento |
| PT | produtividade do trabalho |
| PTF | produtividade total dos fatores |
| SBE | Sociedade Brasileira de Econometria |
| SPE | Secretaria de Política Econômica |
| STRI | Índice de Restrição ao Comércio e Serviços |
| TCAC | Taxa de crescimento anual composta |
| TIC | Tecnologias de Informação e comunicação |
| TJLP | Taxa de Juros de Longo Prazo |
| TLP | Taxa de Longo Prazo |
| TR | Taxa Referencial |
| VA | Valor agregado |
| ZFM | Zona Franca de Manaus |

# 1 Introdução

## O IMPERATIVO DA PRODUTIVIDADE NO BRASIL

O progresso amplamente compartilhado é possível com políticas projetadas especificamente para beneficiar os consumidores e os trabalhadores.... Elas devem buscar formas de incentivar a concorrência e desestimular a busca por privilégios especiais. Com as políticas certas, a democracia capitalista pode trazer mais benefícios para todos, não apenas para os ricos.... Precisamos usar a concorrência - e todo o seu poder - em benefício das classes média e trabalhadora.

Angus S. Deaton, dezembro de 2017

Os pequenos países nórdicos... sabiam... da necessidade de permanecer abertos. Mas também sabiam que a abertura deixaria os trabalhadores expostos ao risco. Portanto, precisaram lançar mão de um contrato social para auxiliar na transição dos trabalhadores para novos empregos e ajudá-los de alguma forma nesse ínterim... Os países sabiam que se a globalização não fosse vista como algo benéfico pela maioria dos trabalhadores, ela não seria sustentada. E os ricos desses países reconheceram que, se a globalização funcionasse como deveria, haveria benefícios suficientes para todos.... Essas histórias de sucesso podem nos ensinar o que fazer; já os erros do passado nos ensinam o que evitar.

Joseph E. Stiglitz, dezembro de 2017

### O BRASIL MERECE UM CRESCIMENTO MAIS SUSTENTÁVEL E INCLUSIVO

Os brasileiros têm a aspiração legítima de elevar seus padrões de vida ao nível dos países de alta renda. No entanto, há várias décadas o país está preso no patamar da renda média, incapaz de fazer a convergência. O Brasil passou por várias das mudanças estruturais associadas ao rápido crescimento e à convergência em direção a economias de alta renda. Elas incluem transformações no setor agrícola, a contínua urbanização, investimentos expressivos em educação - com algumas melhorias na qualidade do capital humano do país - e o bônus demográfico, com a entrada dos *baby boomers* da década de 1970 e 1980 no mercado de trabalho brasileiro. Em comparação aos EUA, no entanto, os brasileiros de hoje não estão em situação melhor que há uma geração: a renda per capita brasileira em termos de paridade de poder de compra (PPC) permanece em torno de 25% dos níveis dos EUA (Figura 1.1).

A falta de convergência dos padrões de vida está associada a um histórico deficiente no crescimento da produtividade. Hoje, um trabalhador médio no Brasil é apenas cerca de 17 por cento mais produtivo do que há 20 anos, enquanto o aumento entre trabalhadores médios em países de alta renda foi de 34 por cento. O crescimento da produtividade é um fator crítico para o desenvolvimento em todos os países (Quadro 1.1). O desempenho do Brasil, nesse sentido, deixa a desejar: a produtividade do trabalho vem aumentando em cerca de 0,7% ao ano desde meados da década de 1990, e o crescimento da produtividade total dos fatores (PTF) está em declínio (ver Capítulo 2). Vale notar que, desde o início dos anos 2000, o Brasil tem passado por um aumento significativo da renda per capita e notável redução da pobreza. No entanto, é improvável que os fatores por trás dessas melhorias se sustentem. É importante ressaltar que o aumento da renda no Brasil se baseou, predominantemente, no aumento da taxa de emprego, visto que um grande contingente de jovens entrou no mercado de trabalho pela primeira vez. Com o rápido envelhecimento da população, essa fonte de crescimento deve se esgotar em breve. Além disso, os altos preços das commodities e políticas fiscais mais frouxas acabaram fomentando um modelo de crescimento baseado no consumo nos anos 2000, causando um rápido aumento da taxa de emprego. Nos últimos cinco anos, no entanto, esses fatores se inverteram e o Brasil afundou em sua pior recessão em mais de um século. Nem os preços das commodities nem os gastos do governo podem ser fontes sustentáveis de crescimento a longo prazo. Finalmente, o crescimento resultante de investimentos continuará limitado pelos baixos níveis de poupança interna.

A baixa produtividade do Brasil pode ter causado frustrações no passado, mas ela abre um grande potencial para o futuro do país. Essa afirmação pode ser

FIGURA 1.1

**PIB per capita em termos de porcentagem dos EUA: Brasil e pares selecionados, PPC, 1990–2016**

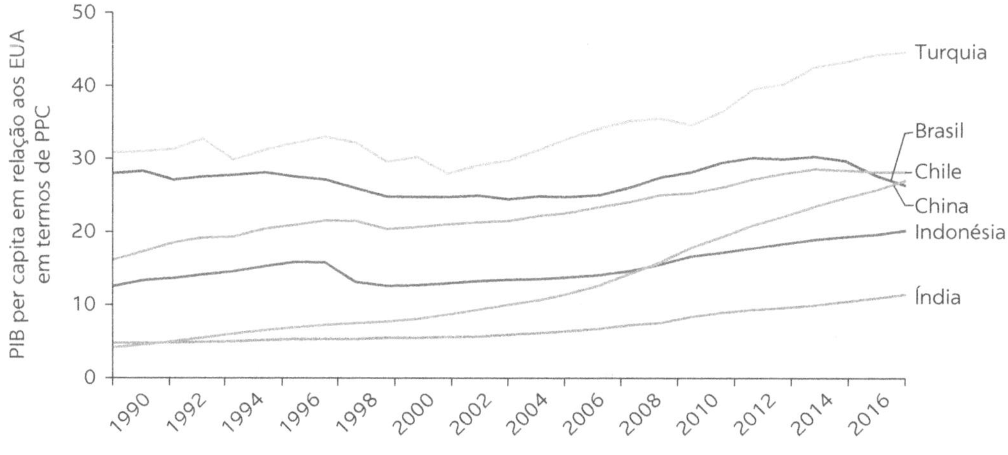


*Fonte:* World Development Indicators.

QUADRO 1.1

## O que é a produtividade e qual é a sua importância?

A produtividade é um indicador de eficiência técnica que demonstra como as empresas, indústrias (grupos de empresas no mesmo mercado de produtos), setores (grupos de indústrias) ou o país transformam insumos medidos na produção de bens e serviços. As duas medidas de produtividade mais comuns são: a produtividade do trabalho (PT) e a produtividade total dos fatores (PTF). Embora esses dois conceitos sejam relacionados, eles são, de fato, distintos.

A PT captura o valor dos produtos (outputs) produzidos (ou com o valor agregado), dividido pelo número de trabalhadores. Trata-se, portanto, da medida da quantidade de riqueza gerada por cada trabalhador. Ela é determinada pela quantidade de capital e de outros insumos não relacionados ao trabalho disponíveis para os trabalhadores, bem como pela eficiência do uso de tais insumos. A citação de Paul Krugman, economista vencedor do Prêmio Nobel, é notória: "A produtividade não é tudo, mas no longo prazo é quase tudo. A capacidade de um país de melhorar seu padrão de vida ao longo do tempo depende quase inteiramente de sua capacidade de aumentar sua produção por trabalhador." (Krugman, 1994). Depreende-se que a evolução da produtividade do trabalho é fundamental para entendermos a melhoria do padrão de vida ao longo do tempo.

A PTF é derivada como residual do produto, depois de contabilizado o impacto de todos os insumos medidos - especificamente, o trabalho (fomentado pela qualidade do capital humano) e o capital (incluindo capital físico - como máquinas, computadores e edificações, além de energia, materiais e serviços, e algumas medidas de capital intangível). A PTF, portanto, representa a eficiência com a qual todos os insumos serão combinados no processo produtivo. A evolução da PTF pode ser encarada como uma medida econômica do progresso técnico. O crescimento da PTF decorre da realocação (deslocamento de recursos de empresas menos eficientes para empresas mais eficientes dentro da mesma indústria ou entre indústrias e setores diferentes) ou da inovação. A inovação pode incluir o desenvolvimento de produtos e tecnologias completamente novas e a adoção e adaptação de tecnologias existentes.(*) No longo prazo, a eficiência no uso de todos os insumos disponíveis no país será o principal determinante das diferenças entre as taxas de crescimento econômico e os níveis de renda resultantes.(**)

Embora as duas medidas de produtividade costumem ter alta correlação - visto que os ganhos de eficiência decorrentes da PTF deixam o trabalho mais produtivo - essa correlação desaparece quando os ganhos da PT resultam do acúmulo de capital, e não da PTF.

A medição precisa da produtividade é uma tarefa complexa. Por exemplo, a derivação da PTF como residual de uma função de produção produzirá estimativas precisas somente se os preços dos produtos e dos fatores refletirem adequadamente os custos marginais e a produtividade marginal dos fatores. Caso contrário, o efeito das distorções de preços - decorrentes do poder de mercado ou de intervenções do governo - pode ser mal interpretado como uma mudança no grau de eficiência. Outra dificuldade frequente está associada à medição precisa da qualidade do produto e dos fatores de produção. Essas questões relativas à medição precisam ser levadas em conta na discussão a seguir.

Notas:

(*) Ver Cirera e Maloney 2017. Os benefícios da inovação e o crescimento decorrente na produtividade vão muito além da renda: Lichtenberg 2014, menciona o impacto de pesquisas farmacológicas realizadas no exterior na expectativa de vida. Portanto, a capacidade de transferir e adaptar avanços em matéria de saúde realizados em outras localidades, com níveis modestos de inovação, provavelmente trará grandes retornos sociais para os países que os adotarem.

(**) Evidências de diversos países confirmam que a PTF é o principal fator por trás das diferenças de renda entre os países e do aumento sustentável da renda per capita (Easterly e Levine, 2001; Caselli, 2016).

ilustrada por meio de simulação, baseada em estrutura simples de contabilidade do crescimento (Figura 1.2)[1].

Suponhamos que o crescimento da PTF no Brasil continue insignificante, que a taxa de investimentos permaneça no baixo nível recente de 17 por cento do PIB e que o crescimento da força de trabalho permaneça fixo em 1 por

FIGURA 1.2
**A produtividade é a única opção de crescimento sustentável para o Brasil**

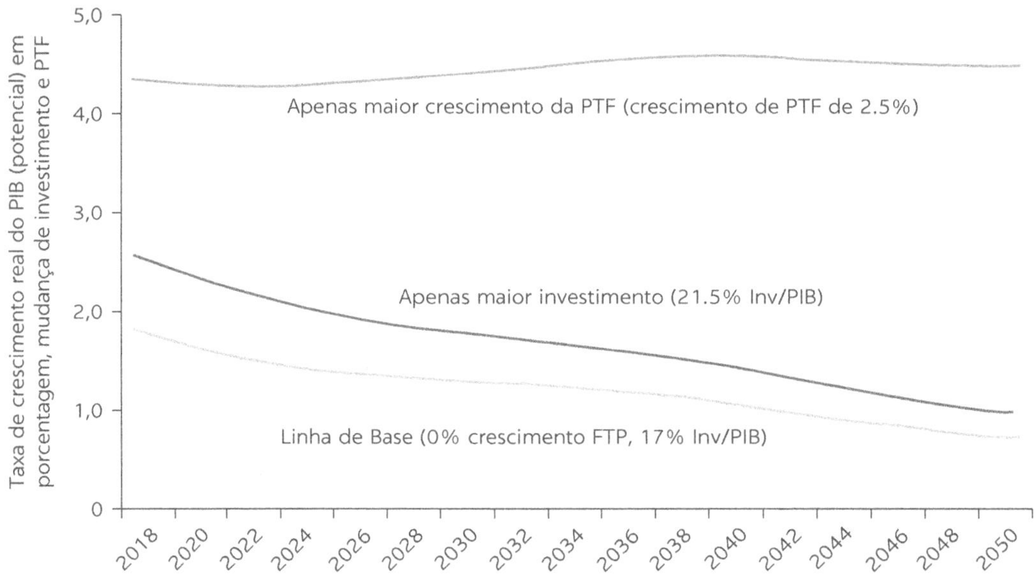


*Fonte:* Cálculos do Banco Mundial.
*Nota:* A simulação foi feita com LTGM-PC calibrado para o Brasil, assumindo um crescimento de 1% para o capital humano. Inv/PIB é a parcela do investimento total na produção nacional total.
PIB = produto interno bruto; PTF = produtividade total dos fatores

cento ao ano, com melhorias na qualidade do capital humano também mantidas em 1 por cento ao ano (ambos perto da média da última década). O resultado é uma taxa de crescimento potencial de 1,8 por cento ao ano. Considerando-se o declínio do crescimento da força de trabalho projetado para zero até 2035 e -0,7 por cento até 2050, o crescimento potencial deve baixar para 1,2 por cento e 0,7 por cento, respectivamente. Na hipótese de um aumento na taxa de investimento para 21,5 por cento do PIB - o nível observado na década de 1970 - o crescimento potencial aumentaria para 2,5 por cento na próxima década, mas ficaria abaixo de 1 por cento a longo prazo, devido aos rendimentos decrescentes do capital. Por outro lado, o aumento do crescimento da PTF para 2,5 por cento ao ano - taxa observada no Brasil nas décadas de 1960 e 1970 - elevaria permanentemente o potencial de crescimento do país para 4,4 por cento, mesmo sem aumento nos investimentos. Obviamente, os ganhos para o potencial crescimento do Brasil seriam ainda maiores se as taxas domésticas de poupança e de investimento também aumentassem paralelamente à produtividade.

O crescimento da produtividade é fundamental para gerar empregos melhores e aumentar o padrão de vida das pessoas ao reduzir preços e elevar a qualidade dos produtos consumidos. Como mostra o exemplo do Quadro 1.2, o crescimento da produtividade gera melhorias de bem-estar por meio de salários mais altos e preços mais baixos. Consideraremos esses dois efeitos ao longo deste relatório, ao examinarmos o impacto das políticas que visam promover o crescimento da produtividade em diversos grupos de trabalhadores e cidadãos brasileiros. Também refletiremos sobre o que pode ser feito para ajudar aqueles em risco de deslocamento pelo progresso tecnológico ou aumento da concorrência, dois elementos-chave do crescimento da produtividade analisados neste relatório.

QUADRO 1.2

## A importância da produtividade para o padrão de vida: a história de dois trabalhadores

No setor automobilístico, o trabalhador brasileiro médio precisa trabalhar mais de cinco vezes o número de horas que um trabalhador canadense médio trabalha a fim de atingir o poder de compra necessário para adquirir um carro de tamanho médio (Toyota Corolla). Esse exemplo simples ilustra o conceito de produtividade. Quando os trabalhadores produzem mais a cada dia de trabalho - ou levam menos tempo para realizar as mesmas tarefas - a empresa fica mais competitiva. Isso é importante porque a empresa poderá baixar os preços, vender mais produtos e contratar mais trabalhadores, e, com o tempo, pagar salários mais altos. O mesmo trabalhador canadense no setor automobilístico ganha, em média, mais de US$ 19,00 por hora; no Brasil, seu colega ganha pouco mais de US$ 6,00. Porém, a produção na fábrica canadense é maior e mais eficiente, e, em termos de produção por trabalhador, a fábrica brasileira é mais cara. Para compensar essa diferença - mais os custos de infraestrutura e impostos, os markups decorrentes da falta de concorrência e outros elementos do Custo Brasil - um Toyota Corolla vendido no Brasil custa 75 por cento a mais do que no Canadá.[a] Os salários mais altos e os preços mais baixos deixam os trabalhadores canadenses do setor automobilístico em situação mais vantajosa.

a. Um Toyota Corolla produzido no Brasil era vendido por cerca de US$22,000 em junho de 2016, o valor mais alto entre todos os países que produzem esse modelo em volumes consideráveis (exceto a Tailândia, onde os preços são elevados em razão de um sistema agressivo de impostos que favorece as caminhonetes estilo "pick-up" para exportação e os carros de pequeno porte para o mercado interno). O mesmo Corolla é vendido por apenas US$12.500 no Canadá. Um elemento de produtividade que afeta a indústria automobilística são as economias de escala. O Corolla canadense tem o benefício de ser produzido em uma fábrica cuja produção anual é de 549 mil unidades e grandes volume de exportação; já o Corolla brasileiro vem de uma fábrica com produção anual de 176 mil unidades (Sturgeon et al., 2017). Em 2015, os trabalhadores do setor automobilístico no Canadá ganhavam US$19,13 por hora, em comparação a US$6,17 por hora no Brasil (com base em dados da Wards Auto e do Boston Consulting group, publicados no *Wall Street Journal* em 14 de agosto de 2016). Portanto, o trabalhador canadense médio precisa trabalhar cerca de 650 horas para receber o valor equivalente a um Toyota; já o trabalhador brasileiro médio precisa trabalhar aproximadamente 3.500 horas - mais de 5 vezes o número de horas de seus pares canadenses.

## REFORMULAÇÃO DE POLÍTICAS PARA AUMENTAR A PRODUTIVIDADE

No cerne da produtividade baixa e estagnada do Brasil existe um sistema econômico que desincentiva a concorrência e estimula a ineficiência e a alocação inadequada de recursos. As empresas brasileiras operam em um ambiente de custos elevados. Esses custos elevados, frequentemente chamados de Custo Brasil, são resultado de mercados financeiros ineficientes e altas taxas de juros, um sistema de impostos demasiadamente complexo e oneroso, uma infraestrutura nacional inadequada, um conjunto extenso de regras administrativas e outros desafios inerentes à operações em um país federativo com uma miríade de regras distintas e em constante mudança. Até o momento, a redução desses custos—por meio de reformas financeiras transversais, fiscais e administrativas e do aumento dos investimentos em infraestrutura—tem sido difícil. Em vez disso, o governo recorreu a uma série de intervenções no funcionamento dos mercados de produdos, financeiro e de trabalho para compensar os custos elevados - medidas que, possivelmente, reduziram ainda mais a concorrência. Foram introduzidas barreiras onerosas à importação, requisitos de conteúdo local, alíquotas diferenciadas e isenções fiscais, subsídios de crédito e outras medidas para beneficiar indústrias específicas, regiões e, muitas vezes, empresas particulares (os chamados "campeões nacionais"). Esses benefícios pouco fizeram para estimular a produtividade nos setores ou empresas que os receberam. Em vez disso, acabaram distorcendo o mercado, desestimulando a entrada de novos participantes e gerando incentivos para que as empresas já estabelecidas buscassem apoio do governo. Como resultado, os recursos no Brasil são mal alocados, o crescimento do emprego e da renda está enfraquecido e os consumidores pagam preços elevados por produtos de baixa qualidade.[2]

Esse fenômeno não é recente; ele remonta, de modo geral, à adoção de políticas de industrialização da década de 1930, baseadas na substituição de importações. Muitos defendem o modelo de desenvolvimento liderado pelo Estado brasileiro, que levou ao rápido crescimento observado durante o meio século após a introdução da política de substituição de importações. No entanto, a fase inicial de crescimento para compensar o atraso no Brasil acabou gerando grandes desequilíbrios macroeconômicos e, caracterizou-se pelo aumento da desigualdade (Soares, 2016). A tentativa de introduzir um estado de bem-estar mais amplo sobre um setor empresarial ineficiente após a constituição de 1988, ao mesmo tempo que gerou avanços sociais importantes, aumentou a carga tributária, reduziu os investimentos e não conseguiu alçar o Brasil de volta às taxas de crescimento do passado (Banco Mundial, 2016a). Além disso, as políticas e instituições necessárias para recuperação do crescimento inicial baseado, principalmente, em mudanças estruturais são diferentes das necessárias para a integração em uma economia global dinâmica com base em cadeias de valor e inovações tecnológicas (Aghion et al. 2014). Não há retorno fácil às receitas do passado. Neste relatório verificamos que chegou a hora de uma mudança mais fundamental de política.

A produtividade pode aumentar drasticamente com a introdução de um novo conjunto de políticas voltadas para abrir os mercados brasileiros à concorrência, reduzir os custos para fazer negócios, eliminar as distorções induzidas pelo governo e canalizar as despesas públicas para o apoio à inovação e aos ganhos de eficiência. Este relatório apresenta farta evidência de que a natureza protecionista e distorcida das atuais políticas de apoio às empresas acabou por inibir a alocação eficiente de recursos e dificultar investimentos e inovação. Apesar de suas proporções, o Brasil continua sendo uma das economias mais fechadas do mundo, e as indústrias mais protegidas (com menor volume de importações) apresentam os markups mais elevados (Capítulo 3). O Brasil não está muito integrado às Cadeias Globais de Valor e, portanto, não se vale das oportunidades de co-aprendizado com empresas globais nem tira proveito de volumes maiores de vendas e economias de escala nos mercados mundiais, atendendo simplesmente às necessidades do mercado local (Capítulo 3).

O fomento à maior concorrência nos mercados de produtos nacionais reduziria o poder das empresas no mercado, forçaria uma redução dos *markups* e aumentaria a produtividade. Novas conclusões deste relatório apontam que uma diminuição de 10% na margem média preço-custo na manufatura - resultado provável do aumento da concorrência - estaria associada a um aumento do crescimento da produtividade do trabalho de mais de 3% ao ano, o que corresponde a uma ampliação do número de vagas de emprego na ordem de mais de 1,4 milhões por ano (Capítulo 3). Mercados domésticos mais integrados estimulariam o crescimento da produtividade em toda a economia, ao permitirem que empresas e consumidores de todas as partes do país se beneficiem de preços internacionais mais baixos[3].

A aceleração da integração comercial também ajudaria a aumentar a concorrência e a fortalecer a eficiência e a produtividade, o que, por sua vez, possibilitaria ao Brasil tirar proveito de mercados globais dinâmicos. O Brasil tem muito a ganhar com reformas comerciais coordenadas em nível do Mercosul: um crescimento de 7 e 6,6 por cento nas exportações e importações, respectivamente, um aumento permanente do PIB em cerca de 1% e mais de 400 mil novos empregos (Capítulo 3).[4] Reduções de tarifas e de barreiras não tarifárias sobre importações aumentariam os rendimentos reais das famílias, inclusive entre os 40 por cento mais pobres da população, por meio de preços mais baixos para o consumidor e mais empregos com salários mais elevados. Reduzir o custo do comércio poderia aumentar a concorrência entre produtores nacionais, abrir o acesso a mercados externos maiores, permitindo ganhos de escala, além de facilitar o acesso a novas tecnologias. Essas medidas aumentariam significativamente o potencial de inovação e de crescimento do país. No entanto, para o Brasil tirar o máximo proveito da integração externa, também deverá fortalecer a integração e o nível de concorrência no mercado doméstico, incluindo novas reformas - especialmente nas políticas tributárias e financeiras - a redução de outras distorções nos mercados de produtos, capital e trabalho e investimentos em TIC (tecnologias de informação e comunicação), transportes e infraestrutura logística.

As empresas precisarão se ajustar ao aumento da concorrência e precisarão de políticas comerciais que apoiem o ajuste, em vez de prejudicá-lo. O Brasil gasta muito com políticas de apoio a empresas que são, em grande parte, ineficazes: no nível federal, cerca de 4,5 por cento do PIB foram gastos em 2016 em uma combinação de isenções fiscais, créditos subsidiados e transferências para indústrias e empresas específicas (Banco Mundial, 2017a).[5] As políticas de apoio às empresas - incluindo os impostos reduzidos do SIMPLES para pequenas e médias empresas (PME), a desoneração da folha de pagamento, a Zona Franca de Manaus, a Lei de Informática e o Inovar-Auto - apresentam resultados limitados e têm um custo fiscal elevado. Por exemplo, o SIMPLES pouco contribuiu para a formalização de empregos ou o aumento do desempenho das PME; pelo contrário, ele provavelmente prejudicou o crescimento eficiente das empresas (Piza 2016). O custo do programa de desoneração da folha é mais de 3 vezes o salário médio de cada emprego preservado (FGV 2013, 2014a, b; Scherer 2015; IPEA, 2017), e a Lei de Informática tem sido ineficaz no estímulo de atividades de P&D voltadas ao aumento da produtividade, visto que os beneficiários não conseguiram criar produtos de TIC capazes de competir no mercado internacional (Kannebley e Porto 2012). Para que tenham eficácia, as novas políticas de apoio à produtividade precisam ajudar as empresas a desenvolver suas capacidades de adaptação e aproveitamento de novas oportunidades. Elas exigem uma reflexão fundamental dos objetivos e instrumentos das políticas de apoio às empresas no Brasil.

## O AUMENTO DA CONCORRÊNCIA E DA PRODUTIVIDADE SE DARIA À CUSTA DOS POBRES E VULNERÁVEIS?

Há uma preocupação crescente em todo o mundo de que as mudanças tecnológicas recentes possam prejudicar as perspectivas econômicas dos menos qualificados, e de que os avanços da globalização tenham exacerbado a desigualdade econômica. O aumento da automação nos processos de produção tem sido associado à perda de empregos, particularmente entre os trabalhadores que realizam tarefas rotineiras que exigem habilidades menos sofisticadas, a menos que ocorra uma criação suficientemente forte de novas tarefas intensivas em trabalho (por exemplo, Acemoglu e Restrepo, 2017 e 2018). Ao mesmo tempo, teme-se que as novas tecnologias de produção, como a impressão em 3D, possam reduzir as oportunidades de emprego no setor de manufatura, em particular nos países em desenvolvimento, prejudicando um dos canais utilizados por esses países no passado para se integrar com êxito e convergir seus níveis de renda (Hallward-Driemeier e Nayyar, 2017). Por último, alguns críticos da globalização apontam para o fato que ela criou perdedores e ganhadores, e alegam que a política do governo foi, de modo geral, ineficiente na compensação dos perdedores (Rodrik, 2017)[6]. Essas preocupações podem desestimular os decisores políticos no Brasil de adotar as mudanças de política defendidas aqui.

Embora não devamos descartar essas preocupações, o crescimento da produtividade no Brasil não deve acontecer à custa de uma maior prosperidade compartilhada. Em primeiro lugar, o Brasil usa seus ativos (capital e mão-de-obra) de forma tão ineficiente que o potencial de aumento da produção decorrente de maior produtividade provavelmente excederá, em muito, quaisquer prejuízos incorridos por indústrias, regiões ou empresas específicas. Esses ganhos de produção e produtividade gerarão empregos, rendimentos mais altos e produtos mais baratos, o que, por sua vez, se traduzirá em demandas adicionais e novas oportunidades econômicas – inclusive com possibilidades para os menos qualificados (Dutz, Almeida e Packard, 2018).[7] Em segundo lugar, a própria experiência do Brasil com a abertura do comércio tem sido inclusiva. Com a liberalização comercial dos anos 1990 no Brasil, o aumento dos rendimentos reais das famílias pobres foi o dobro do aumento dos rendimentos das famílias mais ricas. Conforme será visto no Capítulo 3, a liberalização comercial mais ampla aumentaria os rendimentos reais de todas as famílias na média dentro de cada percentil da distribuição de renda e teria o potencial de retirar quase 6 milhões de pessoas da pobreza. Em terceiro lugar, e talvez o mais importante: as mudanças tecnológicas que vêm acontecendo em todo o mundo reforçam a importância de políticas que aumentem a flexibilidade dos mercados de trabalho, reduzam o custo de se fazer negócios, melhorem a conectividade e invistam em capacitação e reciclagem dos trabalhadores para tirar proveito das novas oportunidades (Hallward-Driemeier e Nayyar, 2017). Mudanças nas políticas não são necessárias apenas porque as antigas não são mais eficazes; elas são urgentes porque sem elas o Brasil corre o risco de ficar ainda mais para trás.

As consequências distributivas das mudanças tecnológicas e do aumento da integração em nível nacional e internacional são extremamente importantes, no entanto, para a formulação de políticas complementares adequadas. Há evidências de que a liberalização comercial do Brasil na década de 1990 teve efeitos negativos concentrados em grupos de pessoas em regiões e indústrias específicas, devido aos altos custos de ajustamento do emprego (Dix-Carneiro 2015, Dix-Carneiro e Kovak 2017a,b). É possível acontecer o mesmo em liberalizações comerciais futuras.[8] Essa experiência ressalta que o impacto da abertura do comércio e da concorrência não afetará todos os trabalhadores e consumidores da mesma forma; em alguns casos, serão necessárias políticas compensatórias. Os trabalhadores das regiões e indústrias afetadas precisarão de apoio. O Brasil pode aprender com abordagens internacionais de sucesso para ajudar esses trabalhadores durante o período de transição (Capítulo 5).

O Brasil já aloca muitos recursos para apoiar trabalhadores e empresas, mas a composição do gasto precisa mudar para apoiar o ajuste que se faz necessário. Em 2015, o Brasil gastou cerca de 2,6% do PIB com políticas para o mercado de trabalho e transferências sociais. Desse montante, 1,1%

do PIB foi gasto com programas para o mercado de trabalho que mantêm a renda de pessoas que perderam seus empregos formais e ajudam na busca por novos empregos. As adaptações para aumentar a efetividade desses programas devem incluir a eliminação de benefícios duplicados e de falta de coordenação. Ainda mais importante, devem dedicar mais recursos a programas ativos (p. ex., capacitação), em vez de programas passivos (p.ex., apoio à renda) voltados para o mercado de trabalho (Banco Mundial 2017b; e Capítulo 4). Isso posto, a evidência internacional acentua a necessidade dos trabalhadores em meio e final de carreira e deslocados por mudanças comerciais e tecnológicas receberem um apoio mais intensivo. O programa de assistência de ajuste ao comércio criado pelos Estados Unidos para ajudar os trabalhadores deslocados pela Área de Livre Comércio da América do Norte e outras iniciativas similares trazem lições sobre o que não fazer, ilustrações do grau de esforço exigido para nova capacitação e inserção desse segmento de trabalho, e algumas orientações sobre como melhorar os resultados (Capítulo 5).

## UM CAMINHO DIFERENTE À FRENTE: AUMENTAR A PRODUTIVIDADE E ALCANÇAR O POTENCIAL DO BRASIL

As opções de políticas básicas exploradas neste relatório podem ser resumidas em uma estrutura simples que destaca o potencial do aumento da produtividade. O objetivo principal é aumentar os rendimentos e o consumo de todos os grupos populacionais - em outras palavras, alcançar a prosperidade compartilhada. Segundo a ilustração do diagrama 1.1, esse objetivo só será alcançado por

DIAGRAMA 1.1

**Opções de Política para Aumentar a Produtividade em busca da Prosperidade Compartilhada**

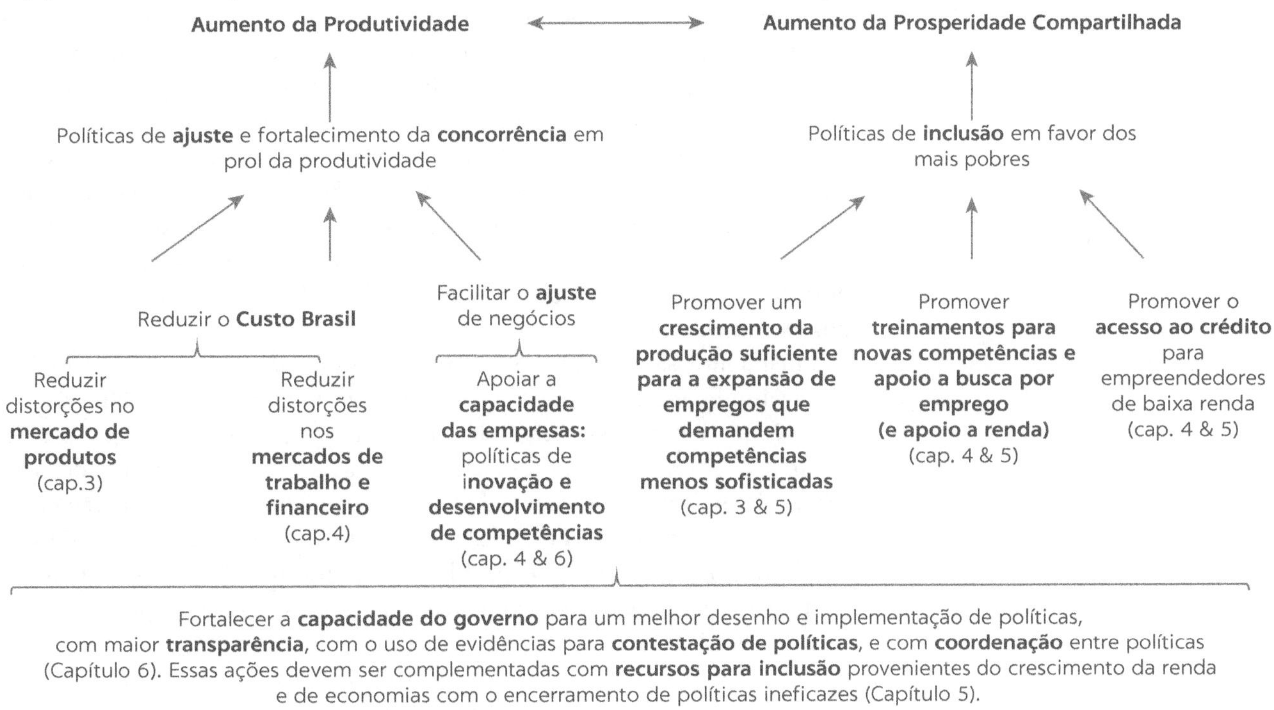


*Fonte:* Banco Mundial.

meio de políticas de produtividade que apoiem a criação de empregos e preços mais baixos ao consumidor, inclusive para a maioria da população pobre do Brasil, e políticas de inclusão complementares para o restante da população pobre do país. As políticas de produtividade se concentram em eliminar distorções induzidas por políticas anteriores a fim de permitir que os ativos significativos do Brasil alcancem taxas de retorno mais elevadas, além de introduzir políticas de aumento da produtividade que ajudem as empresas a adquirir as capacidades adicionais necessárias para a inovação e o ajuste a um ambiente de negócios mais competitivo (Capítulo 3). Também são necessárias políticas que reduzam as distorções nos mercados financeiro e de trabalho e promovam a capacitação dos trabalhadores de adquirir as habilidades necessárias (Capítulo 4). São necessárias políticas complementares de inclusão para ajudar aqueles que não se beneficiam diretamente do crescimento da produtividade, a fim de que se adaptem às pressões da concorrência e tirem proveito de novas oportunidades. Tais políticas incluem medidas para facilitar a entrada e o crescimento de empresas que exigem trabalhadores com menos capacitação, mais investimentos em treinamento e apoio à busca por emprego, acesso a linhas de financiamento para empresários de baixa renda e redes de segurança social para segmentos específicos (Capítulo 5).

As políticas sugeridas neste relatório se reforçam mutuamente e devem ser vistas conjuntamente. Sem integração em nível nacional, os efeitos da abertura à concorrência externa podem acabar neutralizados. Na ausência de políticas bem segmentadas para apoiar quem sai perdendo com o aumento da concorrência - principalmente nas populações pobres - as políticas concebidas para aumentar a eficiência do mercado podem esbarrar em obstáculos políticos. No entanto, considerando-se as restrições políticas e de capacidade, a agenda de reformas precisará ser sequenciada. Uma visão inicial e o compromisso são fundamentais para garantir que o esforço da reforma seja sustentado (e não diluído). Uma alternativa seria o compromisso prévio com um processo gradual de liberalização externa, usado como âncora para mudar os incentivos em favor da aceleração das reformas das políticas internas com vistas a reduzir o custo de se fazer negócios e tornar as empresas mais competitivas. A realidade das mudanças tecnológicas globais pode ajudar a convencer as empresas da necessidade de se ajustar. Uma opção complementar é utilizar as restrições fiscais e a diretriz constitucional de gastos do Brasil como alavancas para deslanchar um processo meticuloso de revisão e reforma de políticas de apoio às empresas e reorientar as políticas voltadas para o mercado de trabalho a fim de ajudar na adaptação dos trabalhadores.

Finalmente, são necessários regimes institucionais fortalecidos para formular, implementar e coordenar ações governamentais mais eficazes no apoio às mudanças de políticas defendidas neste relatório. Para que isso dê certo, os decisores políticos terão de superar a resistência dos grupos de interesse e defender um novo papel do Estado na economia. Essa transição não é fácil e exige novos arranjos institucionais para a formulação de políticas (Capítulo 6). O Brasil tem capacidade e talento para levar esse processo adiante. No entanto, o país tem pouco retorno de seu grande aparelho institucional . Os incentivos políticos estimulam comportamentos de curto prazo e, muitas vezes, em benefício próprio (rent seeking). Já a fragmentação prejudica a coordenação de políticas entre pastas ministeriais, em todos os níveis de governo (Capítulo 6). A superação dessas restrições exige novos arranjos institucionais baseados nos princípios de transparência em relação à concepção e implementação de políticas, à contestabilidade das políticas vinculadas a evidências rigorosas de impacto, e à melhor coordenação de políticas no governo e entre o governo e as empresas.

## A ESTRUTURA DO RELATÓRIO

O objetivo deste relatório é incentivar um debate nacional sobre o papel que as políticas governamentais podem desempenhar na aceleração do crescimento da produtividade em direção à prosperidade compartilhada. Existe uma extensa literatura dedicada ao estudo da evolução da produtividade que ressalta a importância do crescimento da produtividade para o Brasil (Bonelli, Veloso e Pinheiro 2017, por exemplo, apresentam uma visão-geral exemplar do assunto; ver também Bonelli e Veloso 2016, e De Negri e Cavalvanti 2015 e 2014, e autores citados). Este relatório se fundamenta na literatura existente com o objetivo de enfatizar uma única mensagem em termos de política: o aumento da produtividade deverá se tornar a principal fonte de crescimento econômico, visto que os fatores responsáveis pelo crescimento do modelo econômico tradicional vêm perdendo força no Brasil. Sendo assim, este é o momento de iniciar um debate profundo para transformar políticas que têm se mostrado ineficazes para o aumento da produtividade por décadas. Este relatório pretende contribuir para esse debate. Ele apresenta algumas alternativas em relação a mudanças políticas e institucionais capazes de promover o aumento da produtividade no Brasil. A análise mais detalhada pode ser encontrada no conjunto de documentos complementares usados como base para o relatório.

O restante deste relatório foi estruturado em quatro partes: (i) a evolução da produtividade; (ii) as causas do baixo crescimento da produtividade; (iii) a ligação entre produtividade e inclusão; e (iv) uma possível agenda de reformas.

- O Capítulo 2 descreve a evolução do crescimento econômico nas últimas duas décadas e destaca o fraco desempenho do Brasil no aumento da produtividade. Esse Capítulo avalia a extensão do crescimento da produtividade dentro de cada setor, indústria e empresa, bem como a capacidade da economia de aumentar a produtividade ao realocar recursos para os setores, indústrias e empresas mais produtivos.
- Os Capítulos 3 e 4 enfocam a concorrência e a eficiência alocativa do mercado de produtos e dos mercados financeiro e de trabalho, respectivamente, destacando algumas das razões pelas quais o crescimento da produtividade permaneceu estagnado, bem como possíveis soluções por meio de políticas alternativas para intensificar o apoio ao aumento da produtividade. O Capítulo 3 descreve como as diversas distorções das políticas acabam por restringir a integração dos mercados de produtos externos e internos e seu impacto no aumento da produtividade. Verifica-se que, nos dois casos, a redução das distorções é essencial para tirar máximo proveito dos benefícios do aumento da produtividade e da prosperidade compartilhada. O Capítulo 4 discute como as políticas distorceram a alocação de insumos laborais e financeiros entre as empresas e introduziram novos obstáculos à inclusão e ao aumento da produtividade. O Capítulo discute opções de políticas para enfrentar essas distorções e melhorar a alocação de recursos por toda a economia.

- O **Capítulo 5** examina a ligação entre produtividade e inclusão, e destaca os benefícios do crescimento da produtividade, do ponto de vista do consumo e da renda familiar. Ele ressalta o papel do crescimento da produtividade na redução de preços para os consumidores, bem como na criação de empregos e nos aumentos salariais para os trabalhadores - incluindo os menos qualificados. Visto que os efeitos da concorrência são heterogêneos, e que os efeitos negativos tendem a se concentrar em regiões e indústrias específicas, esse Capítulo discute algumas opções de políticas para aumentar a mobilidade dos trabalhadores e apoiar aqueles que não conseguem se ajustar ou participar (e se beneficiar) diretamente do mercado de trabalho.
- O **Capítulo 6** apresenta opções para a agenda de políticas e discute alguns princípios e arranjos institucionais para aprimorar a formulação dessas políticas. O Capítulo examina a prevalência histórica das ideias de desenvolvimento liderado pelo Estado, junto com um processo decisório fragmentado, para explicar a ineficácia das recentes políticas de apoio às empresas na promoção do crescimento da produtividade. Verifica-se que a mudança nas políticas requer instituições com características diferentes. O **Capítulo 7** conclui com um conjunto de opções de curto e médio prazos que podem formar a base de uma agenda em prol da produtividade no Brasil.

## NOTAS

1. A estrutura é baseada em uma simples função de produção de Cobb-Douglas, calibrada com as médias históricas recentes do Brasil, com uma participação do trabalho no produto de 0,56 e uma relação capital-produto de 3,5. Dados provenientes das Penn World Tables e do banco de dados do FAD do FMI.
2. Os problemas associados aos subsídios concedidos a empresas menos eficientes, que desaceleram o ritmo de realocação (cuja definição ampla inclui entradas e saídas) e desestimulam a inovação tanto entre empresas novas quanto entre as já estabelecidas não acontecem especificamente no Brasil, mas são mais agudos nesse país. Foster et al. (2001, 2006) revelam que a realocação representa cerca de 50% do aumento da produtividade na manufatura e 90% no varejo dos EUA. Diversos artigos mostram como as variações na realocação entre países ajudam a explicar as diferenças nos níveis de produtividade (PTF) e no crescimento - veja, por exemplo, Hsieh e Klenow (2009, 2014), Bartelsman et al. (2013), Syverson (2011) e Restuccia e Rogerson (2017). Acemoglu et al. (2017) demonstram que políticas de melhorias voltadas para a realocação e a inovação podem levar a aumentos significativos da taxa de crescimento anual e do bem-estar, mesmo nos EUA.
3. O aumento estimado de empregos de cerca de 1.4 milhões por ano é baseado em um cálculo rápido utilizando uma elasticidade emprego-PIB de 0,4 por cento e uma força de trabalho de 104 milhões. O cálculo não considera efeitos dinâmicos. Outras conclusões deste relatório mostram que o repasse das reduções tarifárias durante a liberalização tarifária dos anos 90 foi de apenas 27 por cento, em média, em áreas metropolitanas, e de apenas 1 por cento em Brasília e Belém. A redução das barreiras que impedem que o mesmo produto seja vendido por um preço semelhante em todos os locais deve resultar no crescimento da produtividade - com benefícios como a redução das margens preço-custo, também relatados aqui.
4. A estimativa de 409.000 empregos baseia-se no aumento previsto de 0,93% do PIB até 2030, resultante de reformas comerciais coordenadas no Mercosul (Capítulo 3), juntamente com uma elasticidade presumida de emprego de 0,5 do PIB, a estimativa da ONU de que a população em idade produtiva somará 154,2 milhões de pessoas em 2030, e o volume de emprego estimado para 2030, de 88 milhões (tomando como premissas as taxas de participação no trabalho e de desemprego, de 62,2% e 8,2% respectivamente).
5. Entre 2006 e 2015, o valor total gasto com essas políticas industriais em nível federal aumentou de 3,0 para 4,5% do PIB - 9 vezes mais que os recursos alocados para o Bolsa Família,voltado para a redução da pobreza. Muitos desses gastos são despesas tributárias e crédito subsidiado por meio de bancos públicos e, portanto, ficam fora do orçamento.

6. Helpman (2017) utilizam dados para o Brasil de 1986 a 1995 e demonstram que, controlando para outros fatores, empresas exportadoras pagam salários muito mais altos que empresas não-exportadoras. Se a abertura comercial seguir seletiva ou se a intergração doméstica é incompleta, as oportunidades resultantes do comércio exterior podem levar a uma piora da desigualdade salarial entre empresas.
7. Estudos nacionais sobre a Argentina, o Chile, a Colômbia e o México mostram que houve um crescimento inclusivo devido ao impacto positivo das TIC sobre a produtividade das empresas, com resultados positivos da produção sobre os empregos de baixa qualificação (Dutz, Almeida e Packard, 2018).
8. Ver Goes et al. (2017), que simula o diferencial do impacto sobre o mercado de trabalho produzido pela liberalização comercial através das diferentes micro-regiões do Brasil de forma a identificar quais regiões e industrias podem necessitar apoio adicional como forma de suavizar o ajuste; ver também SAE (2018).

## REFERÊNCIAS

Acemoglu, Daron, Ufuk Akcigit, Harun Alp, Nicholas Bloom, and William Kerr. (forthcoming) "Innovation, Reallocation, and Growth." *American Economic Review.*

Aghion, Philippe, Ufuk Akcigit, and Peter Howitt. 2014. "What Do We Learn from Schumpeterian Growth Theory?" In *Handbook of Economic Growth,* edited by Philippe Aghion and Steven N. Durlauf, vol. 2, 515–63. Cambridge, MA: Elsevier.

Bartelsman, Eric, John Haltiwanger, and Stefano Scarpetta. 2013. "Cross-Country Differences in Productivity: The Role of Allocation and Selection." *American Economic Review* 103 (1): 305–34.

Bonelli, Regis, and Fernando Veloso. 2016. *A crise de crescimento do Brasil.* Rio de Janeiro: Elsevier and FGV/IBRE.

Bonelli, Regis, Fernando Veloso, and Armando Castelar Pinheiro, eds. 2017. *Anatomia da produtividade no Brasil.* Rio de Janeiro: Elsevier and FGV/IBRE.

Caselli, Francesco. 2016. "The Latin American Efficiency Gap." In *Understanding Latin America and the Caribbean's Income Gap,* edited by J. Araujo, M. Clavijo, E. Vostroknutova, and K. Wacker, 34–58. Washington, DC: World Bank.

Cirera, Xavier, and William F. Maloney. 2017. *The Innovation Paradox: Developing-Country Capabilities and the Unrealized Promise of Technological Catch-Up.* Washington, DC: World Bank. https://doi.org/10.1596/978-1-4648-1160-9.

De Negri, F., and L. R. Cavalcante. 2014. *Produtividade no Brasil: desempenho e determinantes. Vol 1: Desempenho.* Brasilia: ABDI and IPEA.

——. 2015. *Produtividade no Brasil: desempenho e determinantes. Vol 2: Determinantes.* Brasilia: ABDI and IPEA.

Dix-Carneiro, Rafael. 2014. "Trade Liberalization and Labor Market Dynamics." *Econometrica* 82 (3): 825–85.

Dix-Carneiro, Rafael, and Brian Kovak. 2017. "Trade Liberalization and Regional Dynamics." *American Economic Review* 107 (10): 2908–46.

Dutz, Mark, Rita Almeida, and Truman Packard. 2018. *The Jobs of Tomorrow: Technology, Productivity and Prosperity in Latin America and the Caribbean.* Directions in Development. Washington, DC: World Bank.

Easterly, William, and Ross Levine. 2001. "It's Not Factor Accumulation: Stylized Facts and Growth Models." *World Bank Economic Review* 15: 177–219.

FGV. 2013. *Avaliação do Impacto da Desoneração Tributária da Folha de Pagamento nos Setores de Confecções, Couro e Calçados e Tecnologia de Informação e Comunicação.* Ministério da Fazenda. Secretaria de Política Econômica (SPE). Brasilia: Relatório Final.

——. 2014a. *Avaliação de Impactos Econômicos e Setoriais da Desoneração Tributária da Folha de Pagamentos.* Ministério da Fazenda. Secretaria de Política Econômica (SPE). Brasilia: Relatório Preliminar.

——. 2014b. *Avaliação de Impactos Econômicos e Setoriais da Desoneração Tributária da Folha de Pagamentos—Setores Selecionados.* Ministério da Fazenda. Secretaria de Política Econômica (SPE). Brasilia: Relatório Preliminar.

Foster, L., J. Haltiwanger, and C. J. Krizan. 2001. "Aggregate Productivity Growth: Lessons from Microeconomic Evidence." In *New Developments in Productivity Analysis,* edited by Charles R. Hulten, Edwin R. Dean, and Michael J. Harper, 303–72, Chicago: University of Chicago Press.

——. 2006. "Market Selection, Reallocation, and Restructuring in the U.S. Retail Trade Sector in the 1990s." *Review of Economics and Statistics* 88 (4): 748–58.

Goes, C., A. Messa, and E. Leoni. 2017. "Analise prospetiva dos efeitos heterogêneos de uma liberalização comercial sobre o mercado de trabalho." Mimeo, Brasilia.

Hallward-Driemeier, M., and G. Nayyar. 2017. *Trouble in the Making? The Future of Manufacturing-Led Development.* Washington, DC: World Bank Group.

Helpman, E., O. Itskhoki, M. Muendler, and S. Redding. 2017. "Trade and Inequality: From Theory to Estimation." *Review of Economic Studies* 84 (1): 357–405.

Hsieh, Chang-Tai, and Peter Klenow. 2009. "Misallocation and Manufacturing TFP in China and India." *Quarterly Journal of Economics* 124 (4): 1403–48.

——. 2014. "The Life Cycle of Plants in India and Mexico." *Quarterly Journal of Economics* 129 (3): 1035–84.

IPEA, Lenita Maria Turchi, and José Mauro de Morais, eds. 2017. *Políticas de Apoio à Inovação Tecnológica no Brasil: Avanços Recentes, Limitações e Propostas de Ações.* Brasilia: IPEA.

Kannebley, Sérgio, Jr., and Geciane Porto. 2012. "Incentivos Fiscais à Pesquisa, Desenvolvimento e Inovação no Brasil: Uma avaliação das políticas recentes." Discussion Paper 236, Washington, DC: Inter-American Development Bank.

Krugman, Paul. 1994. *The Age of Diminished Expectations: US Economic Policy in the 1990s.* Cambridge, MA: MIT Press.

Lichtenberg, Frank. 2014. "Pharmaceutical Innovation and Longevity Growth in 30 Developing and High-Income Countries, 2000–2009." *Health Policy and Technology* 3 (1): 36–58.

Piza, Caio. 2016. "Revisiting the Impact of the Brazilian SIMPLES Program on Firms' Formalization Rates." Policy Research Working Paper 7605, World Bank, Washington, DC. http://documents.worldbank.org/curated/en/901421467995383598/Revisiting-the-impact-of-the-Brazilian-SIMPLES-program-on-firms-formalization-rates.

Restuccia, Diego, and Richard Rogerson. 2017. "The Causes and Costs of Misallocation." *Journal of Economic Perspectives* 31 (3): 151–74.

Rodrik, Dani. 2017. *Straight Talk on Trade: Ideas for a Sane World Economy.* Princeton, NJ: Princeton University Press.

SAE. 2018. "Abertura Comercial para o Desenvolvimento Econômico." *Relatório de Conjuntura* 3, March, Brasilia: Imprensa Nacional.

Syverson, Chad. 2011. "What Determines Productivity?" *Journal of Economic Literature* 49 (2): 326–65.

World Bank. 2016. *Retaking the Path to Inclusion, Growth and Sustainability.* Report 101431-BR, Brazil Systematic Country Diagnostic. Washington, DC: World Bank.

——. 2017. *Back to Planning: How to Close Brazil's Infrastructure Gap in Times of Austerity (English).* Washington, DC: World Bank. http://documents.worldbank.org/curated/en/386151499876913758/Back-to-planning-how-to-close-Brazils-infrastructure-gap-in-times-of-austerity.

# 2 A queda da produtividade no Brasil

Para a indústria metalúrgica Globo Usinagem entrar para a cadeia produtiva da Embraer abriu as portas do mercado, trazendo clientes não só de outros setores, mas também de outros países. A companhia passou a exportar para Estados Unidos e Europa, e a redução do custo total de operação passou a ser uma meta permanente. Guimarães Pinheiro, gerente administrativo e financeiro, ressalta: "Você não cria uma cadeia de fornecedores locais com base em uma reserva de mercado artificial. Se fizer isso, qual é o incentivo para que as empresas sejam eficientes?".

**SUMÁRIO** O Brasil apresentou crescimento negativo da produtividade total dos fatores entre 1996 e 2015. A análise dos padrões de crescimento da produtividade no Brasil (nos planos agregado, setorial e empresarial) destaca uma economia onde os recursos não são facilmente usados da maneira mais produtiva e há poucas melhorias nas empresas. Nas duas últimas décadas, a dinâmica da produtividade caracterizou-se por: (i) mudanças estruturais limitadas, com o desempenho econômico recente estimulado, principalmente, pelo aumento da produtividade no setor agrícola e pela expansão do setor de serviços; (ii) grandes e crescentes dispersões de produtividade entre empresas, que indicam deficiência no funcionamento dos mercados e concorrência limitada; e (iii) inúmeros casos de má-alocação de capital e, em menor grau, de trabalho. A eliminação de distorções nas políticas, a promoção da abertura do mercado e da integração interna, e a facilitação do ajuste econômico por meio de apoio às capacidades das empresas podem gerar ganhos de renda consideráveis. A título de ilustração, o Brasil quase triplicaria a sua renda per capita se conseguisse atingir os níveis de PTF dos EUA.

O crescimento econômico do Brasil nos últimos vinte anos foi relativamente baixo e, em grande parte, impulsionado pelo aumento do tamanho e nível de escolaridade da força de trabalho. O Brasil viveu seus Anos Dourados entre 1950 e 1980, após a Segunda Guerra Mundial, quando o aumento médio do PIB ficou

FIGURA 2.1

**Em média, a produtividade (PTF) volátil não contribuiu para o crescimento do PIB entre 1996 e 2015**

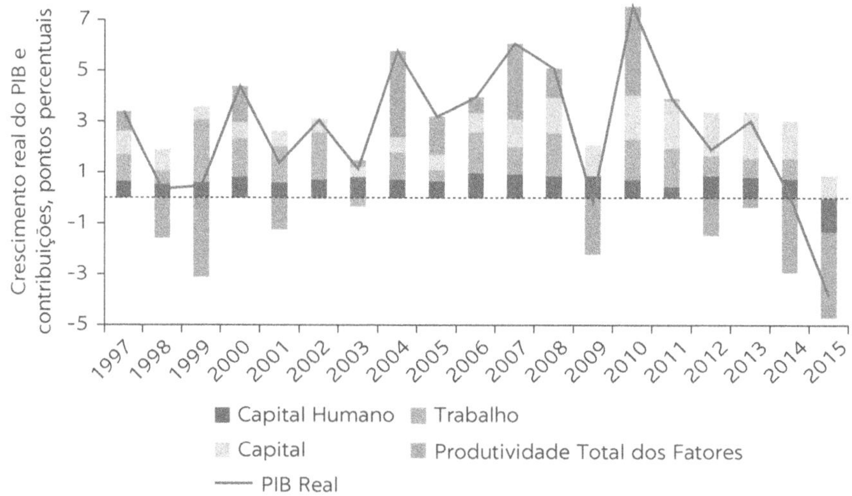


*Fonte:* IBGE, e cálculos do Banco Mundial.
*Nota:* PIB = produto interno bruto.

em impressionantes 7,4 por cento ao ano. A transformação estrutural – desde o setor agrícola até a indústria e os serviços - e o crescimento da força de trabalho foram os principais vetores; as taxas de investimento, por sua vez, permaneceram moderadas (Ferreira e Veloso, 2013). O crescimento passou a ser volátil em 1961, embora com tendência de queda entre 1974 e 1981, seguido de uma década de estagnação. Nos últimos vinte anos (1996-2015), o crescimento econômico foi marcado por grande volatilidade, com média de apenas 3 por cento no Brasil contra 9 e 7 por cento na China e Índia, respectivamente (Figura 2.1). Durante este período, a contribuição da PTF caiu 1 por cento; a expansão da educação e da força de trabalho foram responsáveis por cerca de dois terços do crescimento geral.[1] O Brasil precisa encontrar novas fontes de crescimento, uma vez que a transição demográfica do país está muito avançada e a previsão é de que a população ativa pare de crescer no futuro próximo.[2]

Uma comparação com outras economias de mercado emergentes destaca a contribuição limitada do investimento e da PTF para o crescimento geral no Brasil. Os resultados da contabilidade do crescimento são afetados por oscilações econômicas, tais como a crise do leste asiático no final dos anos 90, a crise econômica global em 2008 e a recente recessão no Brasil. Algumas conclusões, no entanto, são claras. O acúmulo de capital teve papel menos relevante no Brasil do que em muitos países comparáveis com rápido crescimento (Figura 2.2). A contribuição do trabalho foi enorme no Brasil, muito acima do que em qualquer outro país comparado. A contribuição das melhorias na qualidade do capital humano também foi superior à de países comparáveis - principalmente China e Índia, onde o capital teve maior protagonismo. O aumento da PTF foi insignificante no Brasil, mas sua contribuição foi significativa para o crescimento acelerado em outros países emergentes.

O baixo crescimento da PTF se reflete na evolução da produtividade do trabalho no Brasil, que cresceu menos do que nos países avançados e emergentes nos últimos 20 anos. Entre 1995 e 2015, o valor agregado por trabalhador no Brasil cresceu aproximadamente na mesma proporção que o resto dos países da América Latina e Caribe (ALC), mas muito abaixo das economias avançadas e

FIGURA 2.2

**A contribuição da PTF para o crescimento ficou bem abaixo dos países em rápido crescimento (entre 1996 e 2013)**

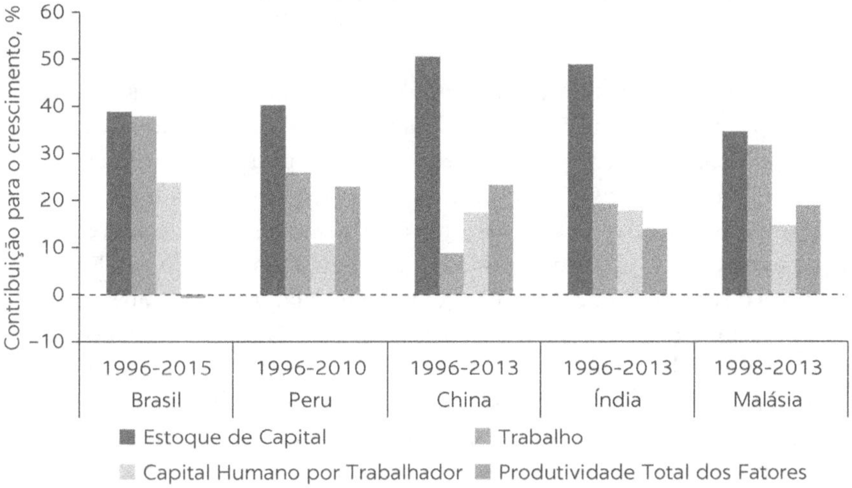


*Fonte:* IBGE, World Development Indicators, cálculos do Banco Mundial.

FIGURA 2.3

**Nesse período, o valor agregado por trabalhador cresceu menos do que em outras economias emergentes, com uma diminuição nos últimos anos**

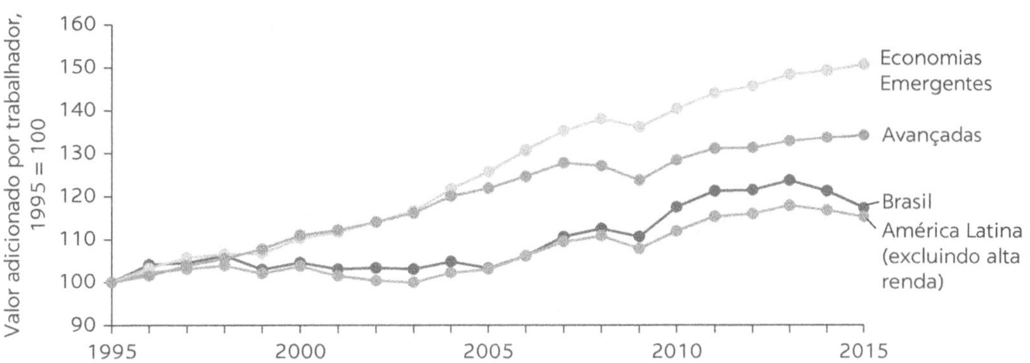


*Fonte:* World Development Indicators.
*Nota:* Chile e Uruguai foram excluídos do grupo da ALC (porque são países de alta renda).

outras economias emergentes (Figura 2.3). Durante todo esse período, a diferença de produtividade do trabalho entre o Brasil (e a ALC) e os países avançados continuou aumentando de maneira constante. Isso contrasta com outros países emergentes cuja produtividade do trabalho vem aumentando mais rapidamente do que as economias avançadas, especialmente desde 2004, levando-os a preencher gradualmente a lacuna de produtividade.

De modo geral, esses resultados demonstram que a produtividade tem contribuído muito pouco para o crescimento no Brasil, e que o crescimento tem sido impulsionado, principalmente, por questões demográficas e níveis mais elevados de emprego. Embora o Brasil ainda tenha muito espaço para aprimorar seus ativos físicos e de capital humano, em comparação a outros países, o Brasil seria o mais beneficiado com o aumento da PTF (Quadro 2.1).

QUADRO 2.1

## O Brasil poderá triplicar seu PIB per capita se conseguir alcançar os níveis de PTF dos EUA

Na América Latina, o Brasil é o país que mais se beneficiaria com o aumento de sua PTF. A produção por trabalhador no Brasil é de apenas 19 por cento do equivalente nos Estados Unidos - a mais baixa entre as principais economias da ALC Figura B2.1.1. Vale notar que, no Brasil, o estoque de capital por trabalhador não é muito menor, nem o nível de escolaridade muito mais baixo do que em países comparáveis na ALC. O baixo nível de PTF é a razão pela qual a produção por trabalhador é tão mais baixa. O Brasil aumentaria sua renda per capita 2,7 vezes se sua PTF fosse tão alta quanto a dos Estados Unidos; comparado a um aumento de 2 vezes em um país de renda média na ALC. Vale ressaltar que países como Chile e México, que passaram por um processo de profunda integração internacional e têm mercados bastante abertos, apresentam a diferença de produtividade mais baixa em relação aos EUA. Uma das mensagens deste relatório é que, ao seguir o exemplo de mercados mais abertos, o Brasil seria capaz de aumentar expressivamente o seu nível de produtividade e retomar o processo de convergência econômica, mesmo sem grandes aumentos no investimento.

FIGURA Q2.1.1
**Produção agregada por trabalhador em relação aos EUA**

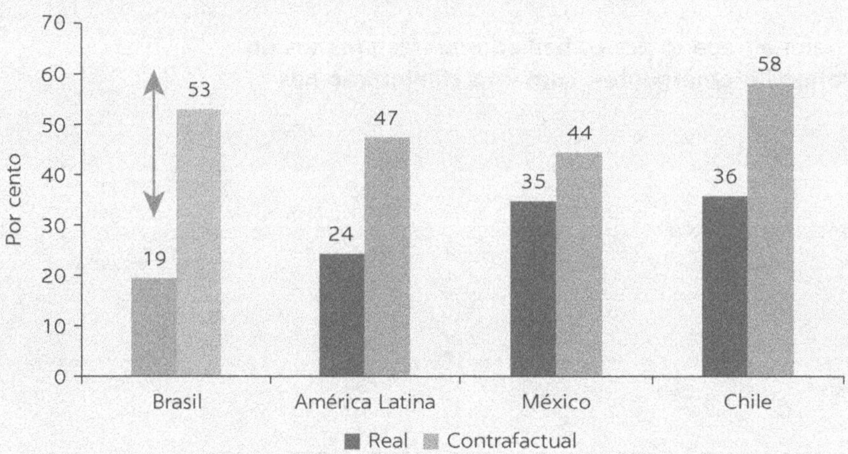


*Fonte:* Caselli (2016) e cálculos do Banco Mundial.
*Nota:* O contrafatual refere-se à produção por trabalhador se o país tivesse a mesma PTF que os EUA. As comparações do PIB não estão em termos de paridade de poder de compra (PPC) (e, portanto, são diferentes da figura 1.1).

## CRESCIMENTO DA PRODUTIVIDADE E MUDANÇAS ESTRUTURAIS: UMA PERSPECTIVA SETORIAL

Podemos usar a decomposição do crescimento do valor agregado per capita para detalhar as causas da queda da produtividade do Brasil. Para explorar a dinâmica da economia brasileira, o crescimento do valor agregado (VA) per capita pode ser decomposto nos seguintes itens: contribuição das mudanças demográficas, nível de emprego e de participação na força de trabalho, e nível de crescimento da produtividade do trabalho (Figura 2.4). Esse último item pode ser dividido em dois subcomponentes: mudanças na produtividade de um setor (o componente "dentro") e mudanças decorrentes de uma realocação do trabalho entre setores (o componente

FIGURA 2.4

**Decomposição do crescimento do PIB per capita**

*Fonte:* elaborado pelo Banco Mundial.

"transversal"), que mede a extensão da mudança estrutural na economia. O componente de mudança estrutural pode, ainda, ser decomposto em "entre-estático" e "entre-dinâmico". O primeiro (entre-estático) mede se os trabalhadores se deslocam para setores com produtividade do trabalho acima da média; o segundo (entre-dinâmico) mede se o crescimento da produtividade do trabalho é maior nos setores que apresentam expansão da parcela de emprego.

A contribuição da produtividade do trabalho para o crescimento geral do valor agregado per capita foi limitada. No patamar de 0,6 por cento ao ano, a produtivida do trabalho representou apenas 39 por cento do aumento da renda per capita entre 1996 e 2014; o restante decorreu de mudanças demográficas e do aumento da taxa de participação na força de trabalho (ambos contribuíram para o aumento da parcela empregada da população - ver Figura 2.5). A PTF foi negativa na média durante este período (Figura 2.1) e, portanto, mesmo este modesto aumento da produtividade do trabalho resultou do aumento do capital por trabalhador.[3] À medida que a contribuição do crescimento da força de trabalho como parcela da população diminui, o Brasil precisa aumentar a produtividade do trabalho para manter, ou quiçá aumentar, a taxa de crescimento do PIB per capita.

As mudanças estruturais não contribuíram muito para o aumento da produtividade do trabalho nas duas últimas décadas, e dentro dos setores as melhorias também foram pequenas. A contribuição das mudanças estruturais para o crescimento da produtividade do trabalho foi, de modo geral, positiva (média de 0,43 por cento), mas caiu para 0,3 por cento ao ano a partir de 2008 (Figura 2.6).[4] Embora o deslocamento transversal de empregos entre os setores tenha contribuído para o aumento da produtividade de modo geral (entre-estático positivo), o trabalho não se deslocou para os setores que se

FIGURA 2.5

**O crescimento da produtividade do trabalho só passou a contribuir para o crescimento do VA per capita após 2003**

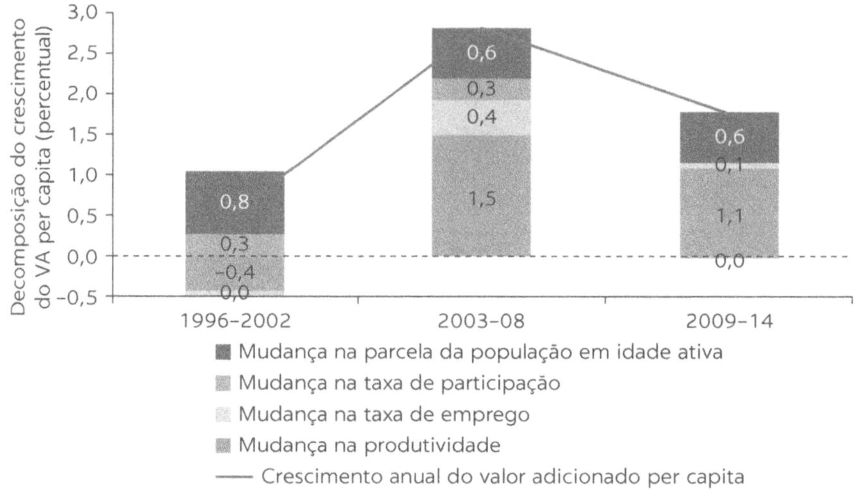


*Fonte:* IBGE, World Development Indicators, Groningen e cálculos do Banco Mundial.
*Nota:* O crescimento do VA per capita informado é a taxa de crescimento anualizada entre 1996 e 2014.

FIGURA 2.6

**A participação cada vez menor das mudanças estruturais, com melhorias modestas na produtividade do trabalho dentro dos setores**

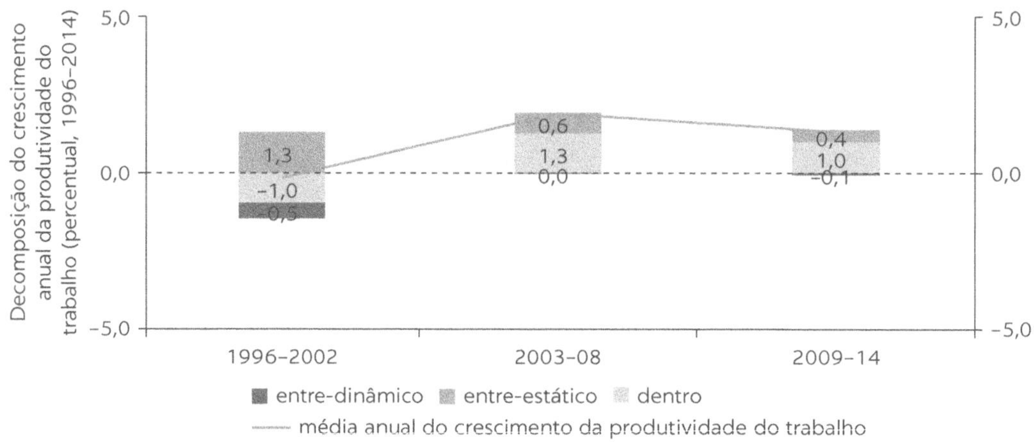


*Fonte:* IBGE, World Development Indicators, Groningen e cálculos do Banco Mundial.
*Nota:* O crescimento informado do VA por trabalhador é a taxa média de crescimento entre 1996-2014.

tornavam mais produtivos (entre-dinâmico negativo) (Figura 2.6).[5] As melhorias de produtividade dentro dos setores também não foram muito intensas, embora tenham aumentando ao longo do tempo e se tornado a principal fonte de crescimento da produtividade do trabalho (cerca de dois terços) depois de 2003.

Os empregos se deslocaram do setor agrícola para o de serviços, enquanto a parcela do trabalho na indústria permaneceu estável. Entre 1996 e 2014, o número total de trabalhadores empregados aumentou de 72 para 106 milhões devido às mudanças demográficas e ao aumento da participação no mercado de trabalho. A maior parte dessa nova força de trabalho foi para o setor de serviços enquanto o setor agrícola perdeu trabalhadores. Entre 1996 e 2014, a parcela de empregos no setor de serviços aumentou de 56 para 66 por cento, enquanto a parcela de empregos na agricultura caiu de 25 para 13 por cento (Figura 2.7). No setor de serviços, a principal ampliação ocorreu nos serviços empresariais, acompanhada de uma contração nos serviços domésticos. Esses padrões destacam uma limitação da economia brasileira, que parece ter sido impulsionada por aumentos de produtividade no setor agrícola e pela expansão do tamanho do setor de serviços. A produtividade de grande parte dos serviços e do setor de manufatura ficou estagnada.

Outros dois exercícios ilustram o papel das mudanças estruturais como fonte de crescimento da produtividade no passado. A Figura 2.8 mostra mudanças na parcela de empregos e a produtividade relativa dos setores, medida como o logaritmo da razão entre a produtividade setorial e a produtividade média entre 1996 e 2014. Para que as mudanças estruturais gerem ganhos positivos, os setores precisam figurar no quadrante superior direito (p. ex., outros serviços), onde o trabalho se desloca para setores de produtividade relativamente alta, ou no quadrante inferior esquerdo (p. ex., agricultura), onde o trabalho se desloca para fora dos setores de baixa produtividade. O gráfico mostra que as mudanças estruturais tiveram um papel positivo no Brasil, embora tenham se limitado, principalmente, a deslocamentos entre o setor agrícola e o de outros serviços. A Figura 2.9 calcula a produtividade contrafactual do trabalho utilizando a distribuição de empregos, a dinâmica real da produtividade do trabalho, bem como os aumentos da força de trabalho em 1996. A figura mostra que a produtividade agregada, devido puramente a mudanças estruturais, aumentou em torno de 5 por cento em 2000 e cerca de 10 por cento em 2014 (Figura 2.9).

FIGURA 2.7

**Deslocamento dos empregos do setor agrícola para o de serviços**

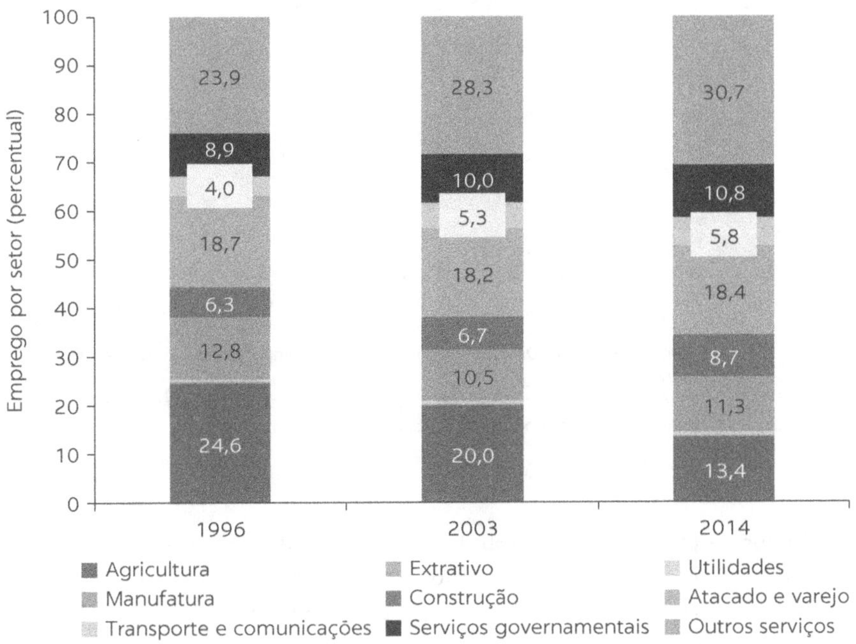


*Fonte:* IBGE, World Development Indicators, Groningen e cálculos do Banco Mundial.

FIGURA 2.8

**O deslocamento do trabalho - do setor agrícola para o de serviços de maior retorno - contribuiu para a produtividade entre 1996 e 2014**

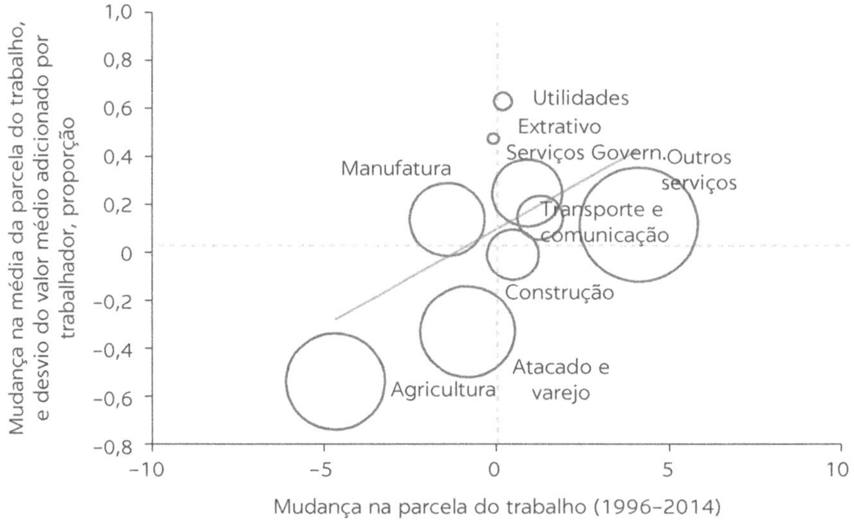


*Fonte:* IBGE, World Development Indicators, Groningen e cálculos do Banco Mundial.

FIGURA 2.9

**As mudanças estruturais contribuíram para o aumento do crescimento da produtividade do trabalho entre 1996 e 2014**

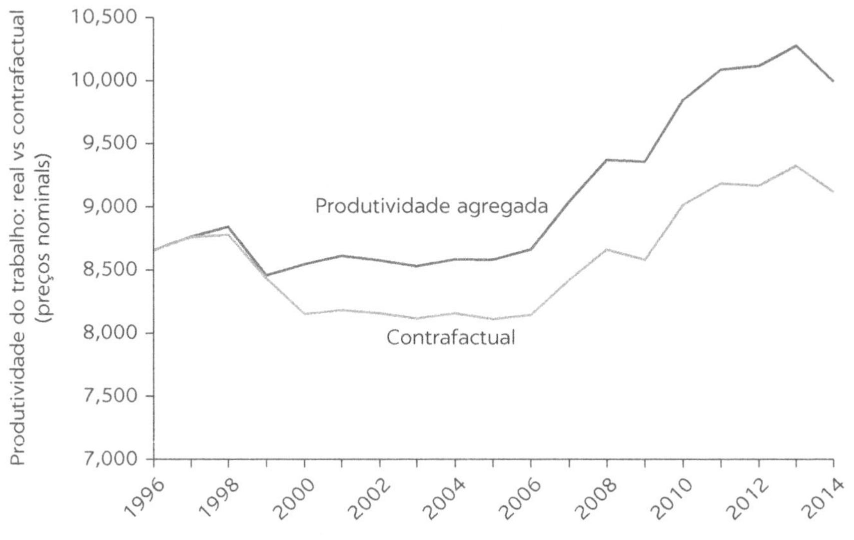


*Fonte:* IBGE, World Development Indicators, Groningen e cálculos do Banco Mundial.
*Nota:* o cálculo do contrafactual da produtividade do trabalho utiliza a distribuição de empregos e a produtividade real do trabalho em 1996.

Embora as mudanças estruturais tenham contribuído para o aumento da produtividade no passado, a composição estrutural do Brasil não é o principal motivo da diferença em sua produtividade. Um estudo recente de 35 setores econômicos mostrou que, se o Brasil tivesse a mesma alocação setorial de mão-de-obra que os EUA, a produtividade agregada aumentaria em 68 por cento. Porém, se o Brasil tivesse as mesmas taxas setoriais de produtividade que os EUA, a produtividade agregada saltaria 430 por cento (Veloso et al., 2017). Portanto, a baixa produtividade do Brasil em relação aos EUA deve-se, principalmente, à baixa produtividade "dentro" da maioria das atividades. A próxima subseção trata da possível causa da baixa produtividade: a má alocação de recursos entre empresas e a inovação limitada dentro das empresas (incluindo a adoção de tecnologias).

## O AUMENTO DA PRODUTIVIDADE NAS EMPRESAS: OS CUSTOS DE UMA CONCORRÊNCIA LIMITADA

Além da decomposição econômica e setorial, é importante analisar a dinâmica da produtividade das empresas. Tal como no caso das mudanças estruturais em nível agregado, o crescimento da produtividade do trabalho nas empresas pode originar da realocação de recursos para empresas entre setores (ou seja, a partir de mudanças estruturais) ou do aumento de produtividade das empresas dentro de cada setor (Quadro 2.2). As melhorias da produtividade do trabalho dentro de cada setor podem ser decompostas em ganhos decorrentes de recursos deslocados de empresas de baixa produtividade para empresas de produtividade mais alta (entre empresas) e melhorias na própria empresa. Além disso, o processo de seleção competitiva também contribui para o aumento da produtividade do trabalho, à medida que empresas de baixo desempenho saem e novas empresas entram no mercado.

Uma análise das empresas confirma que o crescimento da produtividade no Brasil foi prejudicado por uma combinação de melhorias limitadas na produtividade do trabalho "dentro" das empresas e a realocação limitada de recursos entre empresas. Com dados referentes a 20 indústrias (11 de manufatura e outras de demais serviços) no período de 1987 a 2009, podemos fazer a decomposição do caso brasileiro. Ao decompor o crescimento da produtividade do trabalho em crescimento vindo de dentro das empresas *(within-firms)* e crescimento proveniente de canais de realocação diversos, Bazzi et al (2014) mostram que o componente de dentro do setor *(within-sector)* explica grande parte da evolução da produtividade do trabalho ao longo do período. De 1991 a 2005, as mudanças estruturais representaram, em média, cerca de 18 por cento da melhoria da produtividade do trabalho; já a produtividade do trabalho dentro do setor representa 82 por cento (Figura 2.10). Entre setores, o componente "dentro da empresa" domina o componente transversal entre empresas (cross-firm) durante esse período, em todas as empresas (Figura 2.11). A dominância dos componentes da produtividade entre setores e "dentro da empresa" está de acordo com dados de outros países de renda média alta (ver, por exemplo, Raiser e Wes, 2014 para a Turquia e autores citados).

Os ganhos de produtividade da entrada e saída de empresas no Brasil são limitados e tanto as empresas que entram quanto as que saem apresentam produtividade inferior a média.[6] No entanto, os padrões de entrada, saída e crescimento das empresas variam com o porte da empresa. Empresas pequenas com rápido crescimento da produtividade parecem atrair mais empregos. Isso pode ter relação com a formalização do trabalho, principalmente na construção civil, varejo e transporte (Barbosa Filho e Veloso, 2016). Em contrapartida, nas grandes empresas o trabalho parece se deslocar para empresas menos

QUADRO 2.2

## Decomposição das medidas de produtividade do trabalho nas empresas

As fontes de mudanças de produtividade do trabalho que permeiam toda a economia podem ser decompostas - nas empresas - em cinco subcomponentes, incluindo os conceitos de Schumpeter de entrada e saída de empresas:

- **Dentro-da-empresa *(Within-firm)*:** mede a contribuição da inovação (melhor uso dos recursos) para o aumento da produtividade do trabalho nas empresas sobreviventes. Contribui positivamente (negativamente) para a produtividade do setor se a produtividade do trabalho das empresas sobreviventes aumentar (diminuir).
- **Entre-empresas *(Between-firm)*:** mede a contribuição das mudanças na participação no mercado para a produtividade do trabalho em nível empresarial, pela realocação entre empresas sobreviventes. Contribui positivamente (negativamente) para a produtividade do setor com o aumento (redução) da participação no mercado de empresas de alta produtividade ou com a redução (aumento) da quota de mercado de empresas de baixa produtividade.
- **Transversal *(Cross)*:** mede a contribuição do aumento do tamanho das empresas por meio da realocação entre empresas sobreviventes. Contribui positivamente (negativamente) para a produtividade do trabalho no setor se empresas de rápido crescimento aumentarem (diminuírem) de tamanho ou se empresas de crescimento lento diminuírem (aumentarem) de tamanho.
- **Entrada:** mede a diferença média entre a produtividade do trabalho das empresas entrantes e a produtividade de trabalho inicial no setor. Contribui positivamente (negativamente) para a produtividade do trabalho no setor se as empresas entrantes tiverem produtividade maior (menor) do que a média inicial do setor.
- **Saída:** mede a diferença média entre a produtividade inicial do trabalho no setor e a produtividade do trabalho das empresas que saem do mercado. Contribui positivamente (negativamente) para a produtividade do trabalho no setor se as empresas que saem têm produtividade menor (maior) do que a média inicial do setor.

À medida que os trabalhadores mudam de empresas em declínio para empresas em expansão, ou de empresas que saem para empresas que entram no mercado, eles podem permanecer no mesmo setor ou mudar. Desta forma, o deslocamento de empregos entre empresas também gera mudanças de produtividade devido às mudanças estruturais.

FIGURA 2.10

**Mudanças de produtividade do trabalho dentro do setor dominaram as mudanças gerais, 1991-2005**

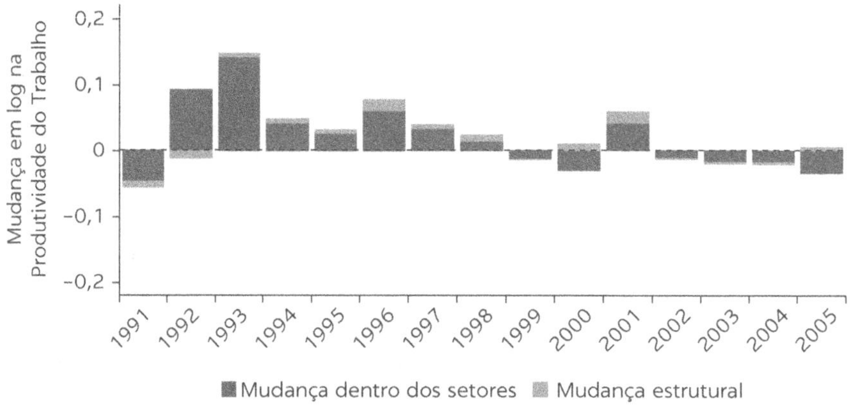


*Fonte:* Bazzi, Muendler e Ricky (2014).
*Nota:* 20 indústrias ao todo, sendo 11 de manufatura.

FIGURA 2.11

**A entrada de empresas reduz o crescimento da produtividade do trabalho; A saída contribui positivamente, 1991-2005**

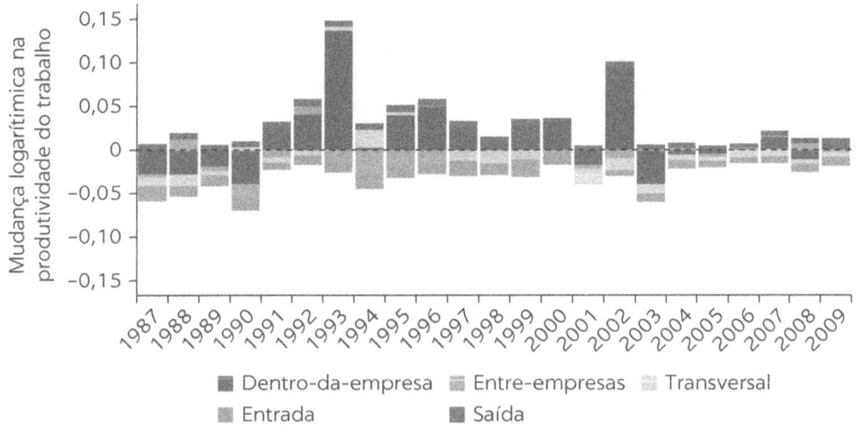


*Fonte:* Bazzi, Muendler e Ricky (2014).

produtivas com o passar do tempo (Bazzi et al., 2014). Esse padrão em particular não é consistente com a experiência de países de rápido crescimento e indica a presença de distorções na alocação de recursos em detrimento do crescimento geral da produtividade.

Uma comparação dos níveis de PTF entre empresas reforça ainda mais a impressão de barreiras à concorrência e, portanto, à alocação eficiente de recursos. Em uma economia que funciona bem, a concorrência faz com que mais recursos sejam alocados para empresas mais produtivas, possibilitando a expansão da produção e a geração de mais empregos; as empresas menos produtivas aprendem com seus concorrentes ou reduzem de tamanho e saem do mercado. Esse processo deve levar a distribuições de PTF, entre indústrias, relativamente estreitas e concentradas em uma taxa média elevada e em ascensão. No Brasil, a dispersão da PTF real em empresas da mesma indústria manufatureira é, em média, alta e assimétrica, com uma cauda inferior mais elevada (Vasconcelos 2017). A alta dispersão da PTF indica que houve má-alocação de recursos. Essa alta dispersão significa que algumas empresas conseguem produzir mais com a mesma quantidade de insumos. Além disso, a distribuição no Brasil ficou mais dispersa com o passar do tempo - mais empresas concentradas na cauda inferior da distribuição da PTF em 2011 do que em 1996 (ver o gráfico superior Figura 2.12) - sugerindo que o problema vem aumentando com o tempo.

Essa suspeita se confirma por comparações internacionais da dispersão da produtividade. Comparada a pares internacionais nas indústrias de manufatura e serviços, a cauda das empresas de baixa produtividade é mais espessa - e a produtividade média é menor no Brasil (gráfico inferior da Figura 2.12) (Barbosa Filho e Correa, 2017). Além disso, a dispersão da produtividade no Brasil é a maior entre os países analisados. A desagregação dos dados por setor mostra que o problema afeta a maioria dos setores da economia, embora em níveis diferentes (Barbosa Filho e Correa, 2017). A alta dispersão observada no Brasil, associada à concentração de empresas com baixa produtividade e aos deslocamentos limitados de recursos de empresas menos produtivas para empresas mais produtivas, é indicativa da má alocação expressiva e persistente de recursos. Os potenciais ganhos de produtividade decorrentes da realocação de recursos para o produtor

FIGURA 2.12

**As distorções na concorrência são sugeridas por caudas mais espessas do lado esquerdo das distribuições de produtividade nas empresas**

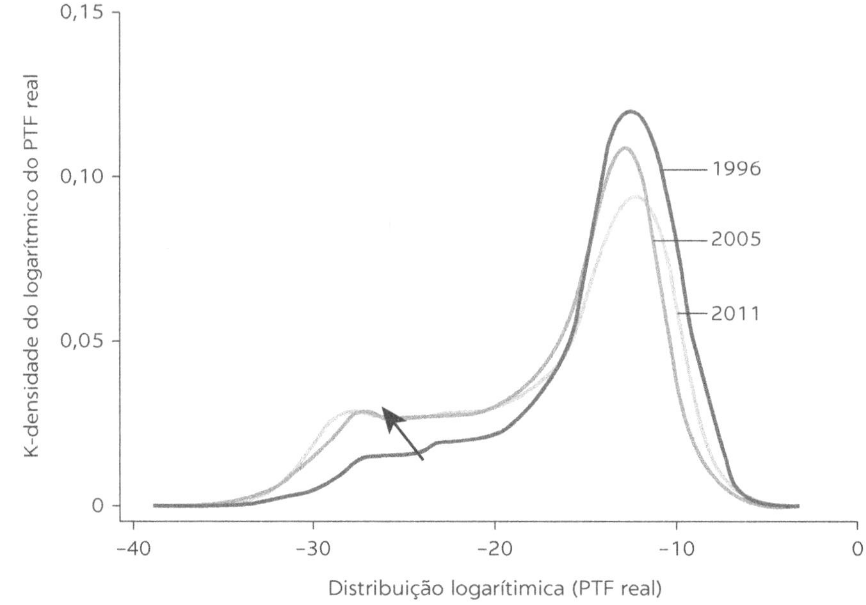


*Fonte:* Vasconcelos (2017).

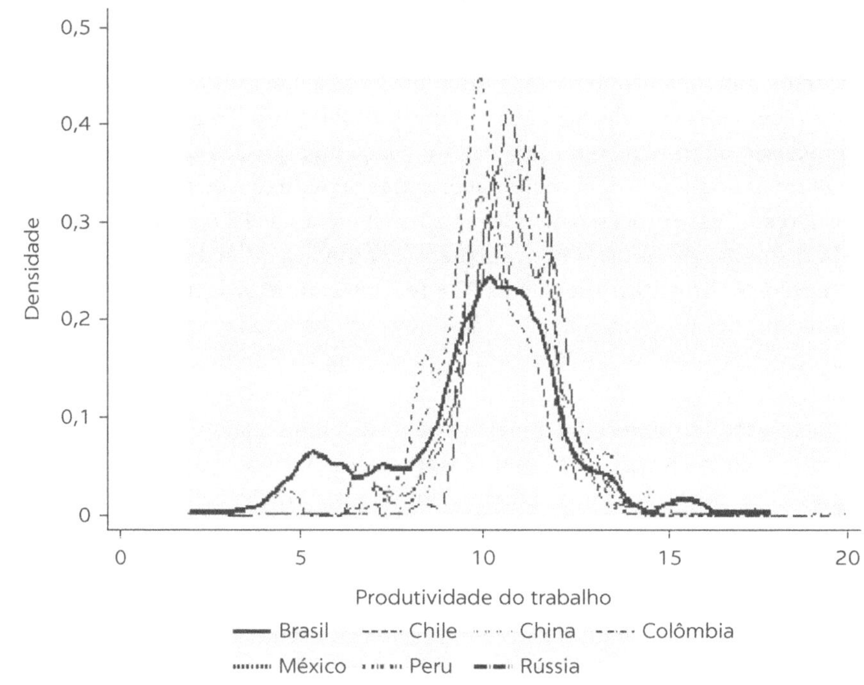


*Fonte:* Barbosa Filho e Correa (2017).

mais eficiente dentro da indústria *(within-industry)* são da ordem de 40 por cento na manufatura e de mais de 250 por cento no varejo (De Vries, 2014). Assim como ocorre em nível agregado, o Brasil poderia alcançar ganhos expressivos de produtividade nos setores e empresas se utilizasse os insumos e recursos existentes com maior eficiência.

A má alocação de recursos é acentuada, principalmente, pelo capital, e reflete profundas distorções políticas nos mercados financeiros. Se capital e trabalho fossem alocados com eficiência, as diferenças nos retornos marginais do capital e do trabalho entre empresas seriam limitadas. No Brasil, a diferença de produtividade dos insumos - ou a lacuna entre os produtores do 90º e do 10º percentil, tanto para o capital quanto para a mão-de-obra - aumentou entre 1996 e 2011. É importante ressaltar que a lacuna de capital é mais que o dobro da lacuna do trabalho: a produtividade do capital do produtor no 90º percentil é aproximadamente 4 vezes mais alta do que a produtividade do capital do produtor no 10º percentil, em contraponto à razão é de 2 para 1 no caso do trabalho (Figura 2.13). Em comparação a outros países na América Latina, as distorções de insumos medidas pela dispersão do retorno do capital em relação ao trabalho entre os produtores no 90º e 10º percentis também eram maiores no Brasil em 2005. Conforme veremos nos capítulos seguintes, os mercados financeiros no Brasil sofreram com severas distorções induzidas por políticas, incluindo poupanças forçadas, crédito direcionado, taxas de juros determinadas pelo governo e spreads extremamente elevados. Essa é uma causa importante da má alocação significativa de capital e a decorrente estagnação da produtividade no Brasil, de modo geral.

Juntas, as análises agregadas e de micro nível sugerem que o baixo crescimento da produtividade resulta de barreiras à concorrência e distorções expressivas no funcionamento dos mercados de capitais - que sufocam a inovação que inclui a adoção de tecnologia por parte das empresas e dificultam a alocação eficiente de recursos. Os resultados da análise são consistentes com as características do ambiente político brasileiro, examinadas em detalhes nos capítulos subsequentes. Embora seja impossível mapear diretamente as distorções nos padrões de produtividade e atribuir pesos relativos à sua contribuição para o baixo crescimento, os Capítulos 3 e 4 apresentam evidências indicativas dos fatores mais importantes e nos permitem tirar algumas conclusões sobre

FIGURA 2.13

**Lacuna de produtividade entre as empresas no 90º e no 10º percentil é bem maior para o capital do que para o trabalho**

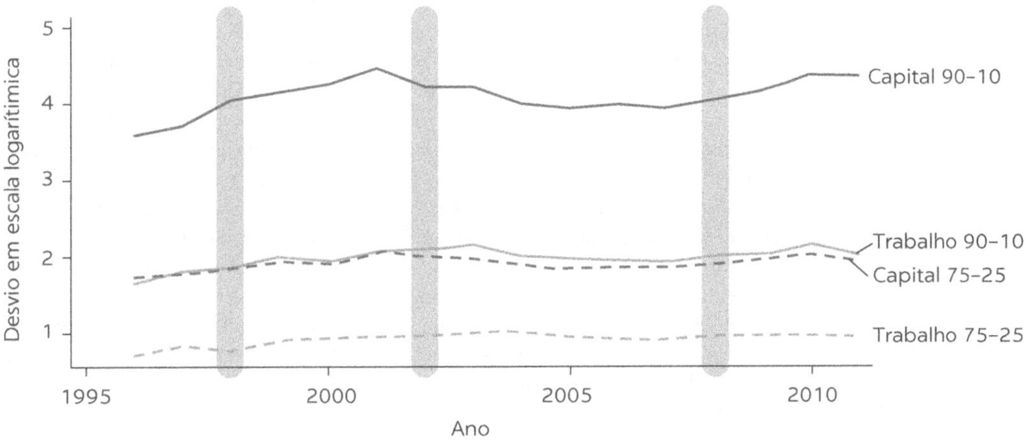


*Fonte:* Vasconcelos (2017).
*Nota:* As barras verdes claras indicam três choques ocorridos no período: a crise econômica na Ásia reduziu a disponibilidade de capital na economia brasileira, que havia recentemente estabilizado a inflação e instituído um regime de taxas de câmbio fixas; a segunda foi uma crise nacional ocorrida em 2002 devido às incertezas em relação à situação política no Brasil; a terceira foi a crise do subprime de 2008-2009.

as políticas. Em uma análise quantitativa recente sobre este assunto, a OCDE constatou que as reformas para elevar o ambiente de políticas do Brasil ao nível típico de países de renda média poderiam aumentar o crescimento anual em 1,3 por cento (OCDE, 2018). Isso equivaleria a dobrar o aumento da produtividade do trabalho com relação a média histórica dos últimos vinte anos. A promessa de produtividade do Brasil não podia ser mais clara.

## NOTAS

1. Esta análise da contabilidade do crescimento baseia-se em uma função de produção simples, que possibilita avaliar as fontes de crescimento desde 1996. Ela utiliza uma função de produção Cobb-Douglas com retorno de escala constante e uma parcela de capital de 46 por cento do PIB. A oferta de mão-de-obra é estimada ajustando-se a população em idade ativa por taxa de participação, taxa de emprego e média de escolaridade. O estoque de capital foi estimado utilizando o Método de Inventário Perpétuo, presumindo-se taxa de depreciação de 5 por cento. Vale notar que a estimativa do estoque de capital é bastante problemática. Também vale notar que a PTF pode ser vista como um componente da produtividade do trabalho, mas que as duas não coincidem, já que a última também é influenciada pela quantidade de capital por trabalhador.
2. A "janela de oportunidade" demográfica do Brasil está se fechando rapidamente, à medida que a população envelhece. Em breve, o perfil demográfico do Brasil começará a se equiparar ao de diversos países europeus - embora com níveis bem inferiores de desenvolvimento econômico e valor agregado per capita. As projeções feitas pela Divisão de População da ONU apontam que a parcela da população brasileira entre 15 e 64 anos deverá chegar ao ápice no início da próxima década. A taxa de dependência começará a aumentar em 2020, impulsionada por uma parcela crescente de idosos na população.
3. O crescimento da produtividade do trabalho foi negativo até 2003, mas se tornou positivo nos anos seguintes, reportando uma média de 1.3 por cento entre 2003 e 2014. Com a recessão de 2015-2016, a produtividade do trabalhou caiu recentemente.
4. Para fins de comparação, Macmillan e Rodrik (2011) calculam que, entre 1990 e 2005, o componente "dentro" na China, Hong Kong, Índia, Malásia, Ilhas Maurício, Taiwan, China e Turquia oscilou entre 7,8 por cento e 1,7 por cento ao ano, enquanto que o componente de mudança estrutural variou de 1,4 por cento a 0,4 por cento ao ano. No entanto, eles também constataram que em vários países da América Latina e da África subsaariana, a "mudança estrutural" entre 1990 e 2005 foi negativa, deprimindo o crescimento econômico (McMillan e Rodrik 2011).
5. O efeito entre-dinâmico negativo de 1996 a 2002 foi motivado pela queda da produtividade do trabalho nas companhias de serviços públicos, aliada à expansão de sua parcela de emprego. Entre 2003 e 2008, o setor de manufatura absorveu mão de obra ao passo que a produtividade do trabalho diminuiu, gerando um efeito entre-dinâmico negativo - embora muito menor do que no período anterior. Da mesma forma, entre 2009 e 2013, a mineração e os serviços governamentais ampliaram sua parcela de mão de obra, enquanto a produtividade do trabalho nesses setores diminuiu ligeiramente.
6. O fato das empresas entrantes exibirem menor produtividade não surpreende muito. O ponto crítico da entrada em uma economia que funciona bem e apresenta alto crescimento da produtividade é a contribuição de um número relativamente grande de novas empresas de sucesso para o crescimento, graças à sua rápida expansão após os ajustes iniciais aos padrões prevalecentes de demanda. No caso dos EUA, Haltiwanger et al. (2013) acreditam que as empresas de alto crescimento tendem a ser relativamente jovens e contribuir desproporcionalmente para a produção, a produtividade e o crescimento do emprego. Em relação ao Brasil, Bastos e Silva (2017) afirmam que menos de 1 por cento das novas empresas entrantes representam mais de um terço do número relativamente baixo de novos empregos criados por essa coorte 13 anos após a criação.

## REFERÊNCIAS

Barbosa Filho, F. H., and P. Correa. 2017. "Distribuição de produtividade do trabalho entre as empresas e produtividade do trabalho agregada no Brasil." In *A Anatomia da Produtividade no Brasil,* edited by Regis Bonelli, Fernando Veloso e Armando Castelar Pinheiro, 109–42. Rio de Janeiro: Elsevier.

Barbosa Filho, F., and F. Veloso. 2016. "A Contribuição da Formalização para a Elevação da Produtividade do Trabalho no Brasil nos Anos 2000: Uma Análise Exploratória." In *Causas e Consequências da Informalidade no Brasil,* edited by F. Barbosa Filho, G. Ulyssea, e F. Veloso, 303–25. Rio de Janeiro: Editora Elsevier.

Bastos, Paulo, and Joana Silva. 2017. "The Origins of High-Growth Firms: Evidence from Brazil." Mimeo, Washington, DC: World Bank.

Bazzi, Samuel, Marc-Andreas Muendler, and Lindsey Rickey. 2014. "Sources of Labor Productivity Changes in Brazil." Mimeo, San Diego.

Caselli, Francesco. 2016. "The Latin American Efficiency Gap." In *Understanding Latin America and the Caribbean's Income Gap,* edited by J. Araujo, M. Clavijo, E. Vostroknutova, and K. Wacker, 34–58. Washington, DC: World Bank.

De Vries, Gaaitzen J. 2014. "Productivity in a Distorted Market: The Case of Brazil's Retail Sector." *The Review of Income and Wealth* 60 (3): 499–524.

Ferreira, P., and F. Veloso. 2013. "O Desenvolvimento Econômico Brasileiro no Pós-Guerra." In *Desenvolvimento Econômico: Uma Perspectiva Brasileira,* edited by F. Veloso, P. Ferreira, F. Giambiagi, and S. Pessôa, 129–65. Rio de Janeiro: Campus/Elsevier.

Haltiwanger, J. C., R. S. Jarmin, and J. Miranda. 2013. "Who Creates Jobs? Small versus Large versus Young." *Review of Economics and Statistics* 95 (2): 347–61.

McMillan, Margaret, and Dani Rodrik. 2011. "Globalization, structural change and productivity growth." Chapter 2 in *Making Globalization Socially Sustainable,* edited by Marc Bacchetta and Marion Jansen, 49–84. Geneva: ILO and WTO.

OECD. 2018. *Economic Survey of Brazil.* Paris: OECD.

Raiser, Martin, and Marina Wes. 2014. *Turkey's Transitions: Integration, Inclusion, Institutions.* Report 90509-TR. Washington, DC: World Bank.

Vasconcelos, Rafael. 2017. "Misallocation in the Brazilian Manufacturing Industry." http://bibliotecadigital.fgv.br/ojs/index.php/bre/article/view/61801.

Veloso, F., S. Matos, P. Ferreira, and B. Coelho. 2017. "O Brasil em Comparações Internacionais de Produtividade: Uma Análise Setorial." In *Anatomia da Produtividade no Brasil,* edited by R. Bonelli, F. Veloso, and A. Pinheiro, 63–107. Rio de Janeiro: Elsevier.

Wu, X., and M. Ramesh. 2014. "Market Imperfections, Government Imperfections, and Policy Mixes: Policy Innovations in Singapore." *Policy Sciences* 47 (3): 305–20.

# 3 As causas do baixo crescimento da produtividade

## POLÍTICAS QUE IMPEDEM A INTEGRAÇÃO INTERNA E GLOBAL E OUTRAS DISTORÇÕES À CONCORRÊNCIA NO MERCADO DE PRODUTOS

O baixo índice de abertura econômica do país tem efeito negativo sobre a produtividade da economia brasileira ao limitar, ao mesmo tempo, a entrada de novos competidores no mercado e o acesso das empresas locais a novas tecnologias. A burocracia excessiva e o chamado Custo Brasil desestimulam os produtores locais a buscar mercados fora do país. "Conseguimos preços melhores no exterior, e a exportação poderia nos proteger das flutuações do mercado interno", avalia Daniel Marques, sócio-diretor da grife Doce Paixão, fabricante de moda íntima no sul de Minas Gerais, que dá os primeiros passos na exportação regular. No entanto, Marques afirma: "é um processo difícil para a maioria das pequenas empresas, que, por isso, acabam se limitando a vendas de pequenas quantidades pelos Correios".

**SUMÁRIO** Os fluxos comerciais representaram menos de um terço do PIB em 2015, fazendo do Brasil o país menos aberto entre as grandes economias mundiais. Essa falta de abertura traz prejuízos diretos para a produtividade no Brasil, limitando a exposição à concorrência internacional e desacelerando a aquisição de novos conhecimentos e tecnologias modernas. No entanto, os benefícios da integração às redes globais de comércio poderiam ser ampliados se fossem acompanhados pela integração paralela dos mercados nacionais de produtos. A falta de integração no mercado interno limita o grau de concorrência entre fornecedores domésticos e exportadores e reduz os vínculos da abertura com o comércio internacional e investimentos. Os altos custos da conectividade no Brasil reduzem as oportunidades de mercado nas regiões mais isoladas e exacerbam o impacto adverso da concorrência estrangeira em indústrias e locais específicos. Outras distorções importantes para a concorrência e que impedem o crescimento da produtividade são as barreiras regulatórias para a entrada, operação e saída de produtos do país, que são componentes fundamentais do Custo Brasil. Já as políticas de apoio às empresas - principalmente na forma de isenções fiscais - acabaram não permitindo a alocação de recursos para as empresas mais produtivas. A eliminação de barreiras à integração externa e interna exige uma sequência de reformas. Este relatório sugere que o compromisso com a liberalização gradual do comércio exterior poderia servir como âncora para a criação do ambiente necessário para as empresas apoiarem as reformas internas que aumentariam a concorrência nesse ínterim, estimuladas pela necessidade de se adaptar às tendências tecnológicas globais. Da mesma forma, as regras constitucionais de gastos do Brasil podem servir como âncora para uma análise cuidadosa das políticas de apoio às empresas, como um primeiro passo importante em direção à integração doméstica complementar e às reformas relativas à concorrência.

Uma das principais causas do baixo crescimento da produtividade no Brasil é, sem dúvida, a falta de concorrência decorrente de falha na integração dos mercados internos e externos. Este Capítulo explora algumas das principais causas das distorções induzidas por políticas nos mercados de bens e serviços capazes de explicar o baixo crescimento da produtividade. Seu foco é nos custos para a sociedade brasileira das barreiras à concorrência que limitam o comércio exterior, na integração do mercado doméstico e numa rivalidade mais acirrada entre as empresas locais para atender às necessidades dos consumidores, bem como nos benefícios de uma concorrência mais vigorosa (Quadro 3.1).[1]

A principal conclusão deste Capítulo é de que o Brasil tem muito a ganhar com a abertura ao comércio exterior e a redução de barreiras à integração dos mercados domésticos. Fortalecer a integração da economia brasileira nos mercados globais pode gerar diversas fontes de ganhos de eficiência para as empresas nacionais e incentivar o deslocamento de recursos para empresas mais produtivas:

- a integração amplia o mercado onde as empresas vendem seus produtos, reduzindo ao máximo os custos por meio de economias de escala;
- permite que as empresas tenham acesso a insumos de maior qualidade e variedade a menor custo, o que aumenta o retorno dos investimentos e da inovação; e
- expõe as empresas brasileiras à concorrência de produtos importados e também à concorrência nos destinos de suas exportações. Também as expõe a oportunidades de aprendizagem para que atualizem suas capacidades, com base no acesso aos novos conhecimentos globais que o comércio possibilita. Isso, por sua vez, fomenta os incentivos, de modo geral, e a capacidade das empresas de se tornarem mais eficientes e inovadoras.

No entanto, para o Brasil aproveitar ao máximo as oportunidades da integração externa, os mercados internos também precisam funcionar melhor, para que:

- as mudanças nos preços internacionais sejam repassadas e refletidas nos mercados locais;
- as empresas possam abrir novos negócios e construir fábricas com facilidade em qualquer município do país; e
- os bens e serviços circulem com facilidade entre os municípios e estados do país.

QUADRO 3.1

## O que é a concorrência e como ela serve à sociedade?

A concorrência de produtos no mercado refere-se à disputa entre empresas no mesmo mercado de bens ou serviços para atrair os consumidores por meio de preços mais baixos e maior qualidade. O oposto de uma concorrência intensa é o poder de mercado - ou seja, a capacidade de uma empresa de reter as vendas para aumentar os preços bem acima dos custos ou oferecer serviços de menor qualidade sem perder muitos clientes. Existem três argumentos principais sobre como a concorrência serve à sociedade:

- **produtividade:** A concorrência estimula as empresas a inovar e produzir com mais eficiência, aumentando a produção. Ela promove a produtividade ao incentivar as empresas existentes a experimentar e adotar novas tecnologias, e ao realocar recursos para as empresas mais eficientes. Isso tira as empresas ineficientes do mercado e cria espaço para empresas já estabelecidas e *start-ups* mais produtivas ampliarem suas vendas e criarem mais empregos;
- **acessibilidade financeira:** A concorrência reduz o preço para o consumidor (tanto para os usuários corporativos de bens e serviços produzidos por empresas mais acima na cadeia de valor quanto para os usuários finais). Essa redução é direta - por meio da redução dos *mark-ups* acima dos custos (a entrada e a expansão de empresas concorrentes tornam os consumidores menos cativos e pressionam os preços para baixo) - e indireta, pelos ganhos da empresa pela produtividade (que reduz os custos e, por conseguinte, baixa ainda mais os preços); e
- **integridade:** A concorrência estimula as empresas a investir recursos para atrair consumidores, e não privilégios do governo; ela possibilita à sociedade acesso ao melhor que o mundo tem para oferecer. Com a concorrência, as empresas ficam impossibilitadas de criar monopólios por meio de normas governamentais e, portanto, não desperdiçam recursos, do ponto de vista da sociedade, com suborno ou corrupção ("rendas econômicas" são lucros inesperados ou ganhos excedentes para o titular dos recursos, acima do custo de oportunidade - ou do rendimento de tais recursos em um mercado competitivo). A falta de livre entrada nos mercados pode levar agentes públicos a favorecer fornecedores locais, privilegiados por vínculos de amizade ou política e não por sua custo-efetividade. Agentes políticos que privilegiam fornecedores locais com base em relacionamentos (e não na eficiência) o fazem à custa do contribuinte ou do consumidor, que pagará mais ou receberá serviços de qualidade inferior. Embora alguns saiam ganhando, a sociedade como um todo sai perdendo.

*Fonte:* Tirole 2017.

A integração do mercado interno é limitada pela infraestrutura inadequada, grandes barreiras regulatórias e políticas distorcidas de apoio aos negócios. Se os custos de realocação - que, no final das contas, são influenciados pelas intervenções das políticas - forem altos, então os potenciais ganhos de produtividade decorrentes de uma maior integração com a economia global serão mais limitados e a liberalização poderá levar a uma piora da desigualdade doméstica. A integração do mercado interno também é necessária para fortalecer a concorrência em setores não comercializáveis, conforme apresentado no Capítulo anterior, que mostra que a produtividade está ainda mais estagnada na maioria dos serviços. Mesmo sem levar em consideração esses importantes efeitos complementares, no entanto, a liberalização externa é inequivocamente favorável ao bem-estar em média para todos os brasileiros em toda a distribuição de renda. Este ponto importante é elaborado e enfatizado com mais detalhes no Capítulo 5.

O impacto da concorrência na produtividade é quantitativamente expressivo. Novas conclusões deste relatório demonstram que uma queda de 10 por cento na margem preço-custo média da manufatura no Brasil - que é o que provavelmente ocorreria com o aumento da concorrência - está associada a um aumento no crescimento da produtividade do trabalho de mais de 3 por cento ao ano.[2] Esses resultados são ainda mais importantes visto que o Brasil parece sofrer com barreiras à concorrência bem mais elevadas do que as de países comparáveis (Figura 3.1). As restrições ao comércio internacional são particularmente notáveis; assim como o fato de o Brasil ser o único no grupo de países comparáveis em que a restritividade das políticas e normas em geral não diminuiu entre 2008 e 2013 (Figura 3.2).[3] O restante deste Capítulo enfoca, primeiro, os custos das

FIGURA 3.1

**O Brasil tem maiores restrições políticas e regulatórias à concorrência do que a maioria dos países comparáveis...**

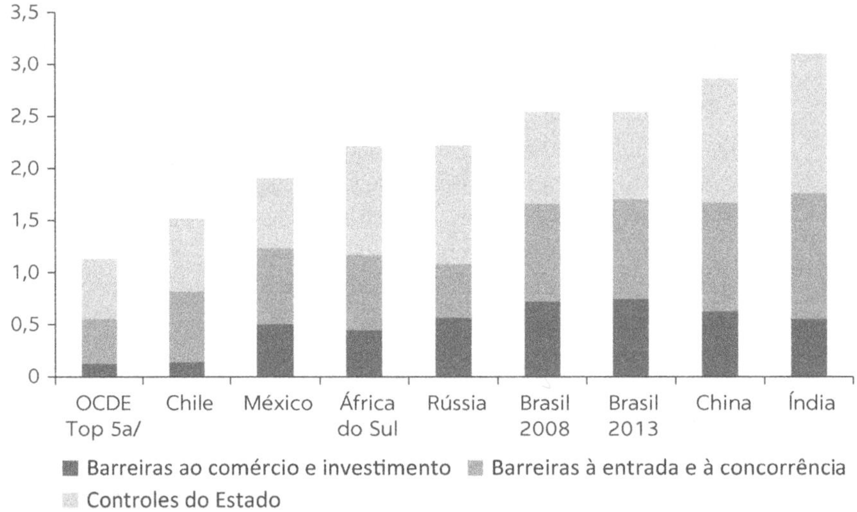


*Fonte:* Base de dados Product Market Regulation OCDE.
*Nota:* OCDE top 5 são Áustria, Dinamarca, Holanda, Nova Zelândia e o Reino Unido.

FIGURA 3.2

**...e é o único país em que não houve qualquer redução na restrição à concorrência**

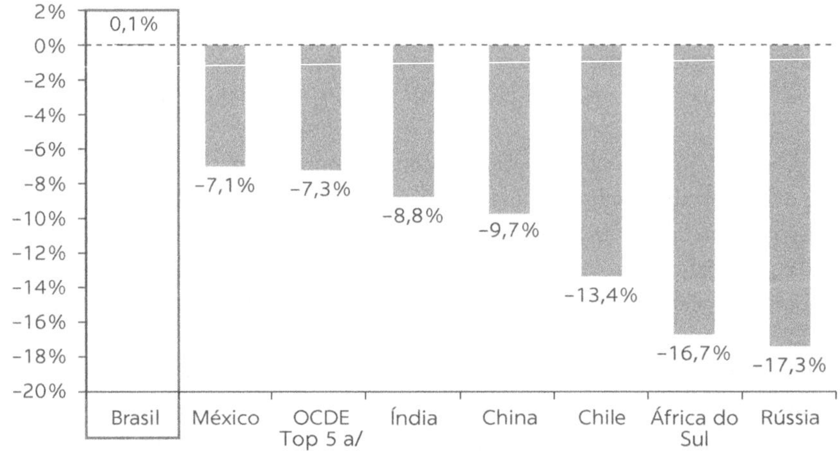


*Fonte:* Base de dados Product Market Regulation Banco Mundial - OCDE.
*Nota:* OCDE top 5 são Áustria, Dinamarca, Holanda, Nova Zelândia e o Reino Unido.

barreiras à integração global, seguidos de uma visão geral das distorções causadas pelas políticas que dificultam a integração interna. O chamado Custo Brasil recebe atenção especial, bem como os fatores que elevam o custo de fazer negócios e políticas de apoio às empresas que agravam a alocação de recursos. Em seguida, discute-se as evidências do impacto da concorrência limitada sobre o comportamento das empresas e conclui-se com uma análise de opções de políticas para aumentar a concorrência.

## INTEGRAÇÃO INTERNACIONAL LIMITADA

Em comparação a outros países, a abertura comercial do Brasil é limitada e reflete uma posição de política altamente intervencionista e protetora. O Brasil tem um dos indicadores mais baixos de abertura comercial do mundo, com exportações mais importações representando 24,6 por cento do PIB em 2016, em face à média global de 51,3 por cento (Figura 3.3a)[4]. As políticas de proteção comercial, que impõem altas barreiras tarifárias e não tarifárias às importações, contribuem para a falta de integração global. A alíquota tarifária praticada pelo Brasil em 2015 foi de 8,3 por cento, em média - a mais elevada entre as economias emergentes e avançadas.[5] Além das tarifas, as MNTs (medidas não-tarifárias) e os obstáculos processuais ao comércio também são generalizados, aumentando os custos de comércio (Figura 3.3b). O índice de cobertura – ou a porcentagem de importações sujeitas a pelo menos uma MNTs - é maior no Brasil do que em outros países: 89 por cento estão sujeitas a barreiras técnicas, 66 por cento a medidas sanitárias e fitossanitárias e 65 por cento a controles de quantidade - bem acima da média mundial (Figura 3.4a). Entre 2008 e 2014, o Brasil ficou em segundo lugar – atrás da Indonésia - em matéria de ECLs (exigências de conteúdo local), com 17 ECLs em vigor.[6] Em média, o Brasil tem mais restrições ao comércio de serviços do que a média na região da ALC, de acordo com o World Bank Services Trade Restrictiveness Index (STRI- Índice do Banco Mundial sobre Restrições ao Comércio de Serviços), com os escores mais restritivos nos serviços financeiros e profissionais, que são insumos críticos para o aumento da produtividade e concorrência em todas as indústrias (Figura 3.4b).[7]

O Brasil também enfrenta desafios na facilitação do comércio. Para competir na economia global, os comerciantes precisam de cadeias de suprimentos bem afinadas, incluindo processos eficientes de administração de fronteiras e desembaraço alfandegário. De modo geral, a integração do Brasil às CGVs (Cadeias Globais de Valor) é baixa em comparação aos pares internacionais, em parte devido a procedimentos relativamente longos e dispendiosos de importação e exportação.[8] De fato, a integração das empresas às CGVs depende, fundamentalmente, de sua capacidade de fornecer produtos de boa qualidade entregues dentro do prazo para os compradores mais à frente na cadeia de valor. A falta de previsibilidade no desembaraço aduaneiro - devido a inspeções físicas ou atrasos nos postos de fronteira, decorrentes do manuseio excessivo da carga para atender às medidas de controle de diversos órgãos de fronteira - aumentam a incerteza dos prazos de entrega. A recente introdução do Portal Único, um sistema eletrônico de intercâmbio de dados, somada a reengenharia e a revisão de todos os processos e formalidades de importações e exportações, reduziu o tempo de cumprimento das exigências documentais de exportação e importação.[9]

FIGURA 3.3A

**O comércio internacional tem uma participação menos relevante no Brasil quando comparado aos seus pares (média 2010-16)**

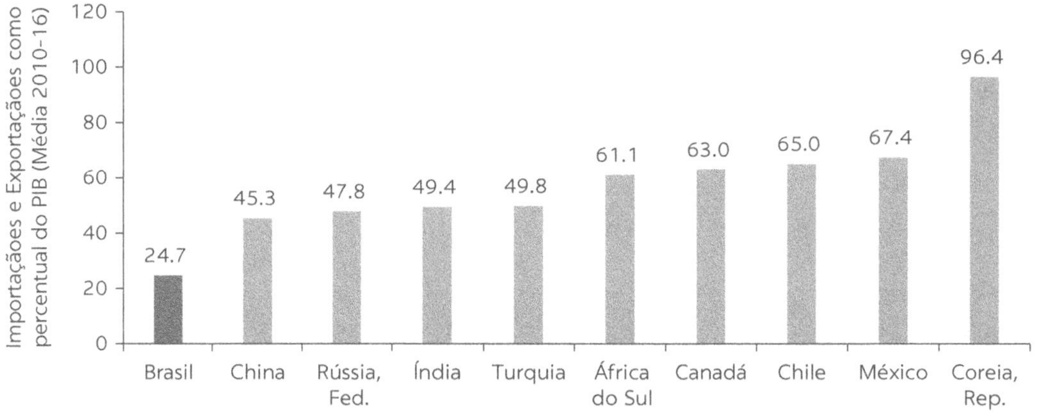


*Fonte:* Estimativas com dados da UNCTAD TRAINS e UN COMTRADE.

FIGURA 3.3B

**O Brasil tem custos de comércio mais elevados do que os pares (tarifas efetivas, média de 2015)**

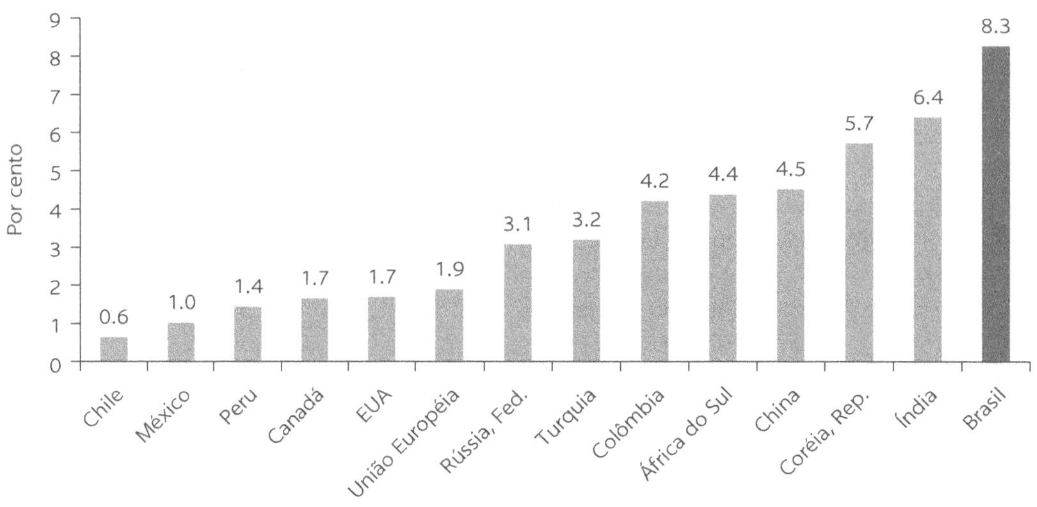


*Fonte:* Estimativas com dados da UNCTAD TRAINS e UN COMTRADE.

No entanto, quando comparado a uma série de pares, o Brasil ainda está atrasado em termos de custos monetários de fronteira e documentação (Figura 3.5). O Brasil também está buscando formas de cooperação entre autoridades aduaneiras e outras agências de controle de fronteiras, bem como com agências de outros países.[10]

A política de proteção persiste no Brasil apesar dos grandes efeitos positivos do processo de liberalização comercial unilateral do final da década de 1980 e início da década de 1990. Os efeitos da liberalização comercial unilateral sobre a produtividade revelaram-se extremamente positivos no país (ver Rossi Jr e Ferreira 1999, Schor 2004, Muendler 2004 e Lisboa et al. 2010).[11] Cirera et al (2015) também veem um impacto positivo na produtividade entre empresas brasileiras graças aos efeitos dos insumos importados

FIGURA 3.4A

**A cobertura de MNTs no Brasil é mais elevada que a média mundial na maioria das áreas, 2015**

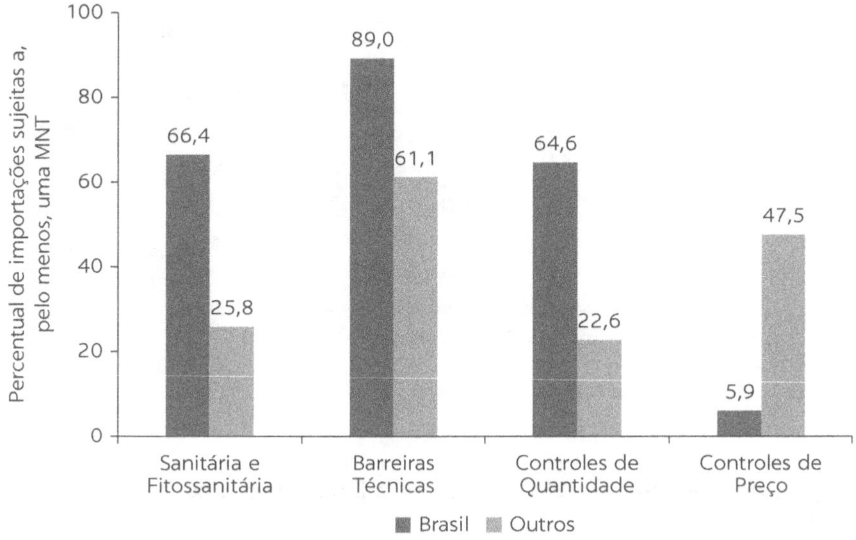


*Fonte:* Estimativas com dados da UNCTAD TRAINS e UN COMTRADE.

FIGURA 3.4B

**Índice de restrição ao comércio de serviços no Brasil comparado à média da ALC**

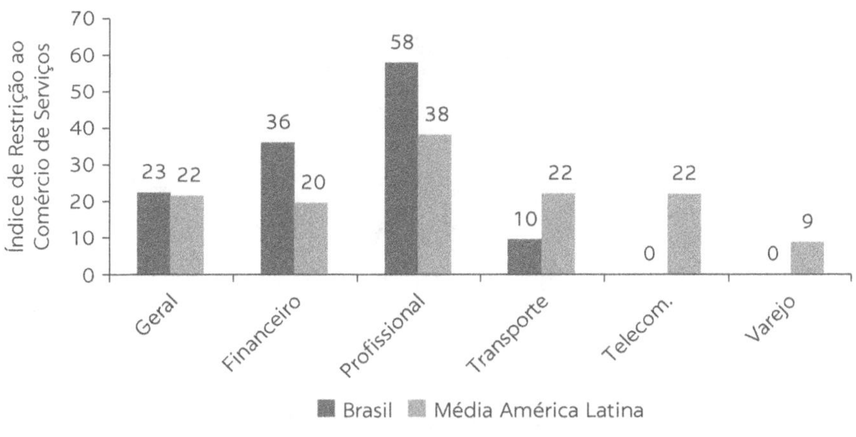


*Fonte:* conjunto de dados sobre o STRI do Banco Mundial.
*Nota:* valores mais elevados significam regimes mais restritivos.

de melhor qualidade (aprendizado através do processo de importação), que disseminam os efeitos positivos (spillovers) da importação direta para outras empresas. Essa experiência, portanto, fornece evidências importantes que corroboram a importância da abertura comercial para o aumento da produtividade.

Os efeitos positivos da liberalização do comércio descritos em estudos históricos são confirmados por simulações de políticas. Usando um modelo de equilíbrio geral computável (EGC), exploramos vários cenários de liberalização do comércio para avaliar o potencial impacto sobre o crescimento econômico, a

FIGURA 3.5

**O Brasil fica atrás de seus pares em matéria de custos de cumprimento das exigências de fronteira, em US$ (exc. as importações argentinas)**

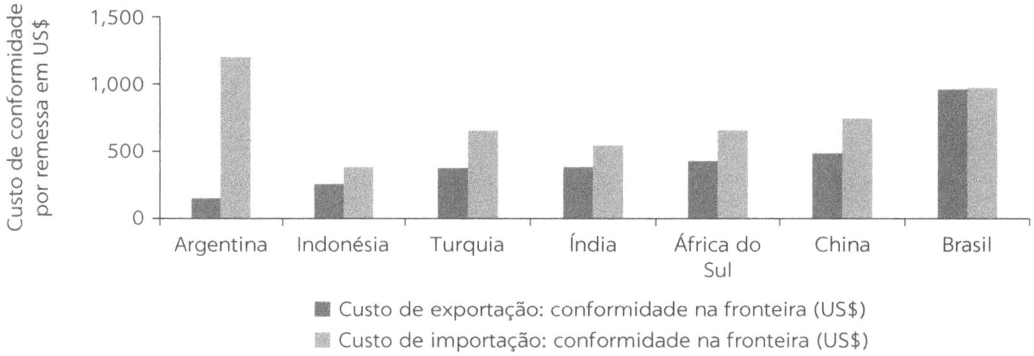


*Fonte:* dados do *Doing Business 2018*.

FIGURA 3.6

**Efeitos dos cenários do EGC referentes à liberalização comercial em toda a economia...**

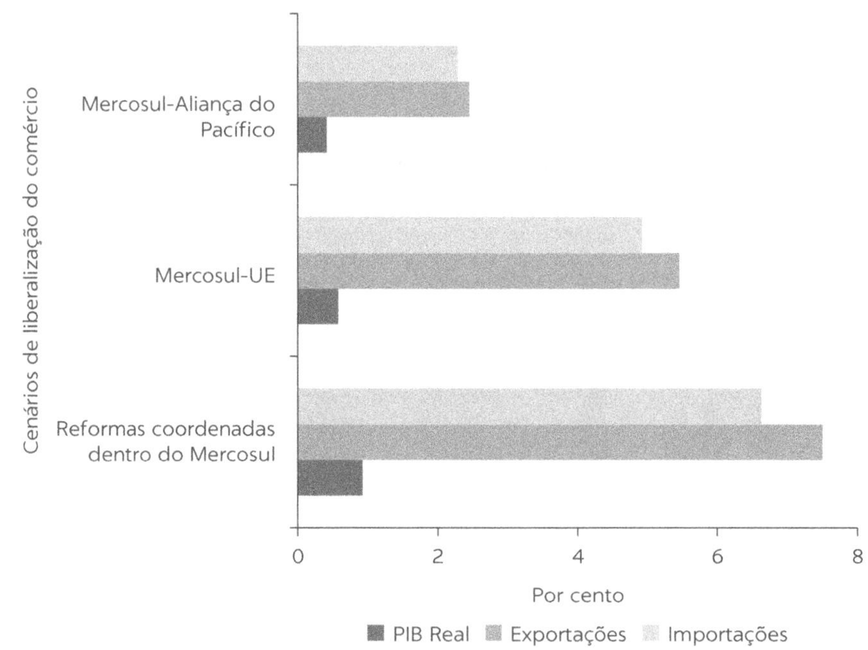


*Fonte:* Estimativas da análise EGC.
*Nota:* PIB = produto interno bruto.

exportação e a importação (Figuras 3.6 e 3.7);[12] Todos os cenários modelados são meramente ilustrativos para dar ideia do impacto.[13]

- Reformas comerciais coordenadas no Mercosul: cada membro do Mercosul reduz unilateralmente suas tarifas em 50 por cento para países fora do bloco, as MNTs são simplificadas entre os países do Mercosul[14] e os impostos de exportação são eliminados entre as partes – isso aumentaria as exportações e as importações em 7,5 e 6,6 por cento, respectivamente; já o PIB real teria um aumento de 0,93 por cento (acima das projeções de linha de base para 2030);
- Um acordo preferencial de comércio recíproco entre o Mercosul e a UE - em que a tarifa média aplicada pelo Brasil aos produtos da UE passa de 10,7 para 3,2 por cento em um período de 10 anos[15], enquanto a tarifa média na UE

FIGURA 3.7

**...e desvios da produção setorial em relação à linha de base, 2030**

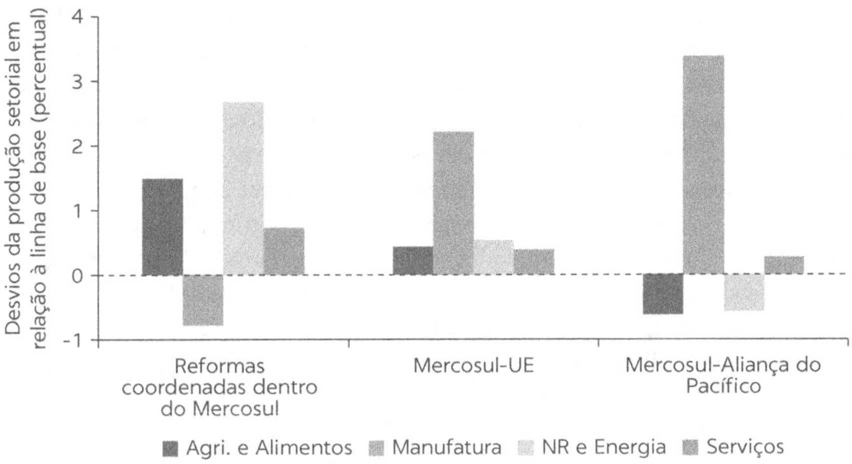


*Fonte:* Estimações de Equilíbrio Geral Computável (EGC).

para os produtos brasileiros cai de cerca de 2,5 para cerca de 1 por cento, os equivalentes tarifários das MNT são reduzidos em 15 por cento e os impostos de exportação são eliminados entre os países do Mercosul e da UE - aumentaria as exportações e as importações em 5,5 e 4,9 por cento, respectivamente, com um aumento permanente do PIB de 0,58 por cento;

- um acordo preferencial de comércio entre o Mercosul e a Aliança do Pacífico - em que os países do Mercosul e os membros da Aliança do Pacífico reduzem gradualmente as tarifas ao longo de 10 anos, os equivalentes tarifários da MNT são reduzidos em 15 por cento e os impostos de exportação são eliminados entre as partes - aumentaria as exportações e as importações em 2,4 e 2,3 por cento, respectivamente, com um aumento do PIB de 0,41 por cento (acima das projeções de linha de base até 2030).

Os ganhos dinâmicos da liberalização do comércio provavelmente excedem - em várias ordens de grandeza - os ganhos decorrentes da realocação de recursos. Na interpretação dos resultados acima, é importante notar que os ganhos de bem-estar e do PIB associados à liberalização tarifária, segundo os modelos de EGC, tendem a ser pequenos. Os ganhos dinâmicos provenientes do aumento da concorrência, do maior acesso a insumos e tecnologias e novas oportunidades de exportação não podem ser facilmente modelados no modelo EGC, mas são, provavelmente, muitas vezes maior. Um estudo que compara episódios de liberalização comercial entre países aponta para um aumento na taxa de crescimento médio de 2 por cento ao ano após a liberalização (Wacziarg e Welch, 2008).

Para as empresas, a integração às cadeias globais de valor (CGVs) oferece benefícios potenciais de produtividade que são extremamente importantes. A participação na CGV pode ter efeitos positivos na produtividade por meio de três canais principais: especialização em determinadas tarefas, acesso a uma maior variedade de insumos intermediários de qualidade e difusão de conhecimento a partir de empresas multinacionais. As novas conclusões deste relatório sugerem que uma integração mais forte com as CGVs (como compradores e vendedores) está associada a níveis de produtividade mais elevados entre as empresas brasileiras. De fato, as diferenças entre as empresas brasileiras são muito maiores do que em outros países, provavelmente porque a integração, de modo geral, tem sido muito limitada.[16]

O aumento do número e da profundidade dos Acordos Preferenciais de Comércio (APCs) é uma maneira importante de aumentar a participação das empresas nas CGVs (Figura 3.8): O Brasil está isolado de oportunidades de aprendizagem com outros países tanto em termos de número de acordos comerciais assinados quanto em termos de conexões com países e regiões onde ocorre uma quantidade significativa de comércio relacionado a CGV (Figura 3.8).[17] O comércio relacionado às CGVs - proxy do comércio de peças e componentes - é mais alto, em média, entre os países que assinaram acordos de maior alcance, como compromissos sobre medidas antidumping, regras de concorrência e direitos de propriedade intelectual (Figura 3.9a). Em comparação a outros países do BRIC, o Brasil tem grande potencial para ampliar o número de APCs e também aprofundá-los: em comparação à Rússia (20 APCs ativos) e à Índia (11), o Brasil conta com um único APC (Mercosul) (Figura 3.9b); além disso, apenas 6 das 17 disciplinas cobertas encontram-se, atualmente, em vigor.

A ampliação do programa brasileiro OEA (Operador Econômico Autorizado) para mais empresas e a inclusão de todos os órgãos de controle de fronteiras poderiam ajudar a promover as exportações brasileiras, de modo geral, e a integração às CGVs. A Receita Federal do Brasil criou o programa OEA em 2014 para certificar importadores, exportadores, despachantes aduaneiros e prestadores de serviços de transporte e logística que cumprem uma lista de requisitos de segurança, fiscais e alfandegários (os "operadores certificados"). Os benefícios pretendidos incluem o desembaraço aduaneiro mais rápido, maior previsibilidade e menor custo de logística devido à redução da movimentação da carga dentro dos terminais de logística. A parcela de declarações de exportação e importação coberta pelo programa OEA em 2016 foi de 12 por cento. Espera-se que esse número suba para 18 por cento até 2019. Considerando-se que os exportadores do percentil mais elevado (190 empresas) representavam 72 por cento do valor das

FIGURA 3.8

**A atual rede de acordos comerciais do Brasil deixa o pais relativamente isolado**

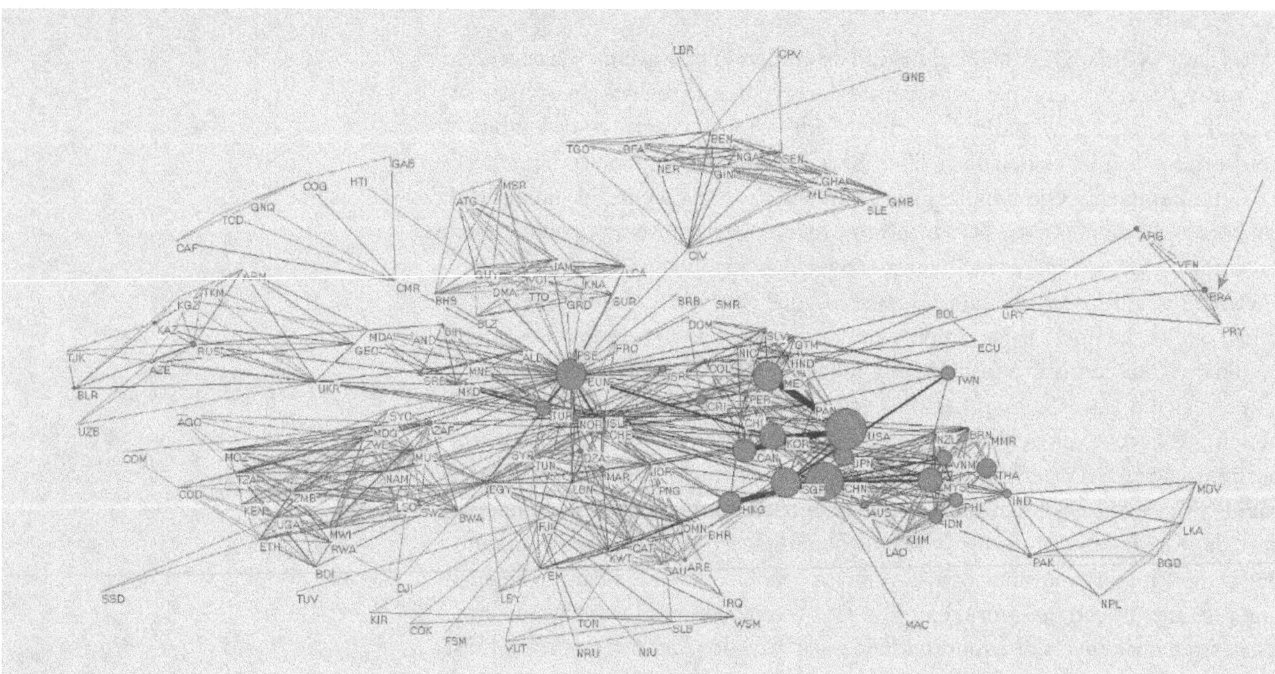


*Fonte:* Hollweg e Rocha (2016).

FIGURA 3.9A

**APCs mais aprofundados estão associados ao aumento do comércio relacionado às CGVs**

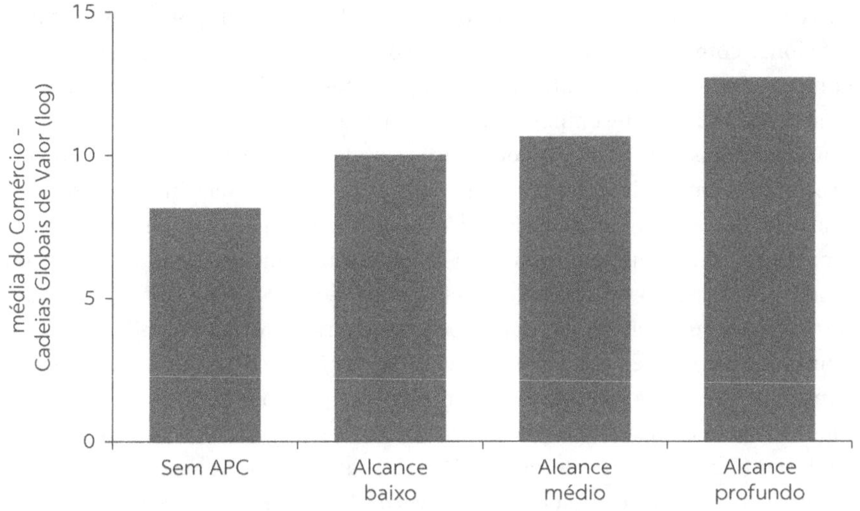


*Fonte:* Hollweg e Rocha 2017.
*Nota:* CGV = Cadeia Global de Valor. Acordos de alcance baixo, médio e profundo constituem menos de 15 provisões, entre 15 e 30, e mais de 30 provisões, respectivamente.

FIGURA 3.9B

**O Brasil tem grande potencial para firmar APCs mais ativos, em comparação a seus pares do BRICS, 2015**

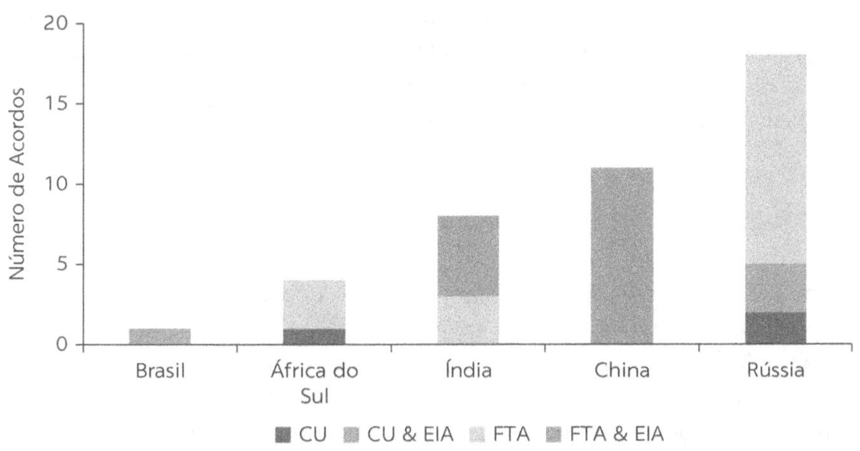


*Fonte:* Hollweg e Rocha 2016.

exportações brasileiras em 2014,[18] se a cobertura do programa OEA for ampliada para abarcar uma massa crítica de empresas, isso pode trazer benefícios importantes para as receitas de exportação, aumentando a margem intensiva das exportações e a participação das empresas em CGVs. A expansão dos órgãos de controle de fronteira dentro do programa OEA facilitaria os processos de controle de fronteira, evitando a duplicação de exigências e fortalecendo a estratégia de gerenciamento de risco. Ao envolver mais participantes, ela também aumenta a transparência dos processos de inspeção. A *Vigiagro*, órgão encarregado da inspeção agrícola nas fronteiras, aderiu recentemente ao Programa OEA e está, atualmente, implementando um piloto com a Receita Federal do Brasil.[19]

A abertura ao comércio externo não ameaçaria a sobrevivência dos produtores nacionais? As políticas de proteção comercial costumam ter como base a noção equivocada de que ajudam as empresas nacionais a se preparar para a concorrência. Na verdade, a proteção comercial referente às importações costuma funcionar como um imposto direto sobre os exportadores, tornando-os menos competitivos - e não o contrário[20]. Isso pode ser confirmado por uma análise mais detalhada do desempenho recente das exportações no Brasil (Canuto, Cavallari e Reis 2013). Desconsiderando-se os efeitos do boom da demanda e dos preços das commodities associado ao rápido crescimento da China, o desempenho "puro" das exportações no Brasil foi mais fraco do que o da maioria das principais economias emergentes. A conexão entre importações e exportações ficou ainda mais clara no contexto do comércio no século XXI: as CGVs podem ser descritas como "fábricas que transpõem fronteiras internacionais" (Taglioni e Winkler 2016), e fica evidente que as importações são fundamentais para as exportações, e que a redução dos custos das importações é fundamental para o país tornar-se um exportador mais dinâmico. Nesse sentido, o caso da empresa Embraer (fabricante brasileira de aviões) e sua cadeia de valor é emblemático: enquanto a exportação de aeronaves e suas partes totalizaram US$6,1 bilhões no período de 2011-16, apenas a importação de partes de aeronaves atingiu US$4,2 bilhões, uma alta relação de importações vs. exportações.

Outra preocupação relacionada à liberalização do comércio é de que ela irá prejudicar grande parte dos pobres. Essas preocupações são infundadas e serão discutidas no Capítulo 5. As simulações apresentadas nesse Capítulo sugerem que uma maior liberalização tarifária e uma racionalização de barreiras beneficiariam as famílias brasileiras em todos os pontos da curva de distribuição de renda, e retiraria quase seis milhões de pessoas da pobreza. No entanto, alguns grupos específicos podem vir a sofrer efeitos negativos da pressão exercida pela concorrência e, portanto, o relatório também leva em consideração políticas complementares para mitigar esse risco.

## BARREIRAS À INTEGRAÇÃO INTERNA

Os benefícios da integração externa podem ser ampliados consideravelmente com o aumento concomitante da integração interna. Uma comparação entre o Brasil e o México ilustra como as integrações externa e interna podem ocorrer de forma complementar (Bacha e Bonelli, 2016). Apesar das diferenças fundamentais na orientação de políticas, o crescimento da produtividade em ambos os países seguiu uma trajetória semelhante.[21]No México, apesar do bom desempenho comercial das atividades manufatureiras no norte do país, região externamente bem integrada, os poucos vínculos com o restante do México impediram que o dinamismo externo se espalhasse para os setores que não participam do comércio internacional - especialmente para o grande número de empresas menores e informais em outros pontos do país. O baixo crescimento da produtividade no Brasil, por outro lado, ocorreu sob políticas comerciais altamente protetoras; as grandes empresas manufatureiras não se integraram à economia global, resultando no lento crescimento da produtividade nas principais empresas brasileiras e no enfraquecimento da alavanca que levantaria o restante da economia. Esta seção, portanto, destaca alguns dos desafios remanescentes à integração interna no Brasil para que o país possa tirar máximo proveito das oportunidades do mercado global.

O Brasil sofre com custos mais altos de transporte e logística do que a maioria dos países comparáveis, limitando severamente a integração nacional e internacional. Em todos os tipos de infraestrutura física, a qualidade no Brasil é inferior à de países comparáveis (Figura 3.10). Em matéria de transporte, a qualidade da infraestrutura no Brasil é muito inferior à de países comparáveis - isso inclui ferrovias, aeroportos e, principalmente, estradas e portos (Figura 3.11). Além disso, a qualidade da infraestrutura no Brasil piorou na média, especialmente nos setores de transporte e energia (Figura 3.11). O Brasil também fica atrás da maioria dos países comparáveis em termos de desempenho logístico - incluindo a facilidade de organizar remessas a preços competitivos, a competência e a qualidade dos serviços de logística, a capacidade de rastrear as remessas e a frequência com que as remessas chegam a seus destinatários dentro dos prazos programados ou esperados - embora o desempenho do país tenha melhorado entre 2007 e 2016 (Figura 3.12). Serviços inadequados

FIGURA 3.10

**A qualidade da infraestrutura no Brasil é inferior e cada vez pior que a de países comparáveis...**

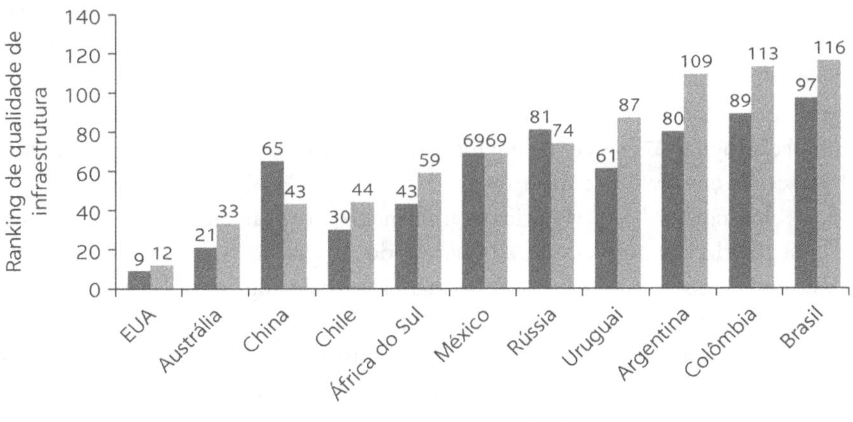


*Fonte:* Relatórios de 2007-08 e 2016-17 do Fórum Econômico Mundial.
*Nota:* escala de classificação: 1 = melhor; 137 = pior.

FIGURA 3.11

**...e a qualidade vem caindo em todas as áreas exceto na telefonia fixa...**

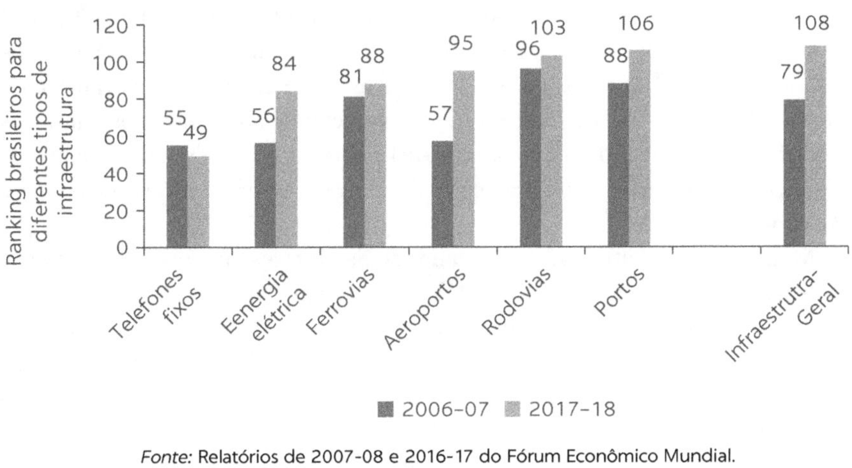


*Fonte:* Relatórios de 2007-08 e 2016-17 do Fórum Econômico Mundial.
*Nota:* escala de classificação: 1 = melhor; 137 = pior.

FIGURA 3.12

**O Brasil fica abaixo dos principais países comparáveis em desempenho logístico (IDL)**

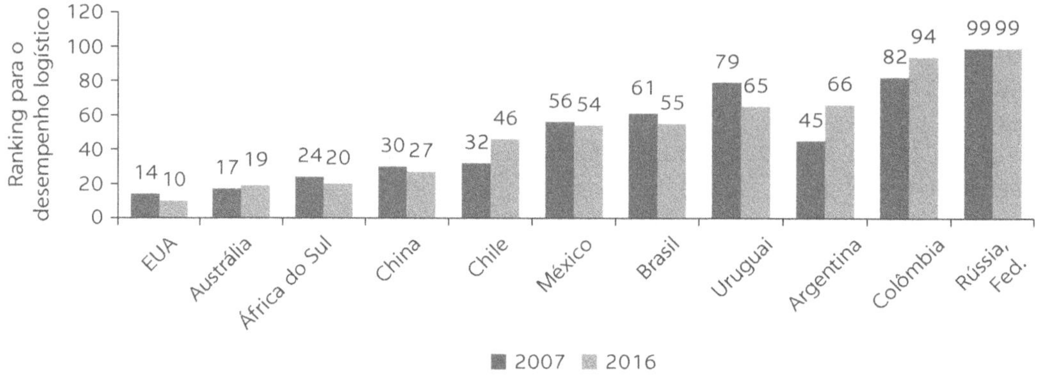


*Fonte:* base de dados do Índice de Desempenho Logístico (2016).
*Nota:* escala: de 1 = melhor; 160 = pior.

de transporte e logística estão associados à segmentação do mercado e ao poder do mercado local. Essas e outras distorções políticas que impedem a integração interna também podem acabar atenuando os benefícios de produtividade decorrentes da abertura do mercado: por exemplo, o repasse das reduções tarifárias para o preço ao consumidor durante a liberalização comercial dos anos 90 foi de apenas 27 por cento, em média, nas áreas metropolitanas, e de apenas 1 por cento em Brasília e Belém.

Os altos custos das tecnologias de informação e comunicação também afetam a conectividade e podem reduzir o ritmo de adoção de novas tecnologias. Em setembro de 2017, um iPad no Brasil era mais caro de que em 57 países pesquisados: custava mais que dobro do que na Califórnia ou Hong Kong.[22] O Brasil é um dos cinco países (de um total de 125) com os custos mais altos de uso de tecnologias digitais (Mapa 3.1), com tarifas que acrescentam 16 por cento e mais 5 por cento de impostos especiais agregados ao custo de uma cesta de bens e serviços de TIC. A estimativa de aumento da adoção anual de TICs por empresas devido à remoção dessas tarifas e impostos especiais no Brasil é considerável: um aumento de 17 a 37 por cento na demanda do consumidor final. A eliminação dessas tarifas e impostos incidentes sobre as TIC aumentaria o PIB per capita em 1,5 por cento ao ano (Miller e Atkinson 2014). Além de aumentar a renda média, a adoção de tecnologias tem o potencial de aumentar o crescimento da produtividade, a criação de empregos e os salários. O investimento em capital de TIC por empresas manufatureiras na Argentina ampliou os empregos e aumentou os salários dos trabalhadores de baixo e alto nível de capacitação (Brambilla e Tortarolo 2018); o uso de internet de alta velocidade aumentou nas empresas manufatureiras da Colômbia (Ospino 2018) e uma parcela maior dos trabalhadores de empresas manufatureiras no México agora usam internet (Iacovone e Pereira-López 2018).

Melhorar a conectividade e a qualidade das infraestruturas de transporte, logística e TIC requer uma estrutura de investimentos melhor. Gastos mais elevados e eficientes com infraestrutura física aumentariam diretamente a produtividade, tornando os demais investimentos mais produtivos. No entanto, os investimentos em infraestrutura no Brasil ficaram abaixo da taxa de depreciação natural (estimada em 3 por cento do PIB) nas duas últimas décadas, reduzindo, portanto, o estoque de infraestrutura (Tabela 3.1). No cerne do desenvolvimento

MAPA 3.1
**O Brasil pode se beneficiar com a redução de tarifas e impostos incidentes sobre os produtos de TIC**

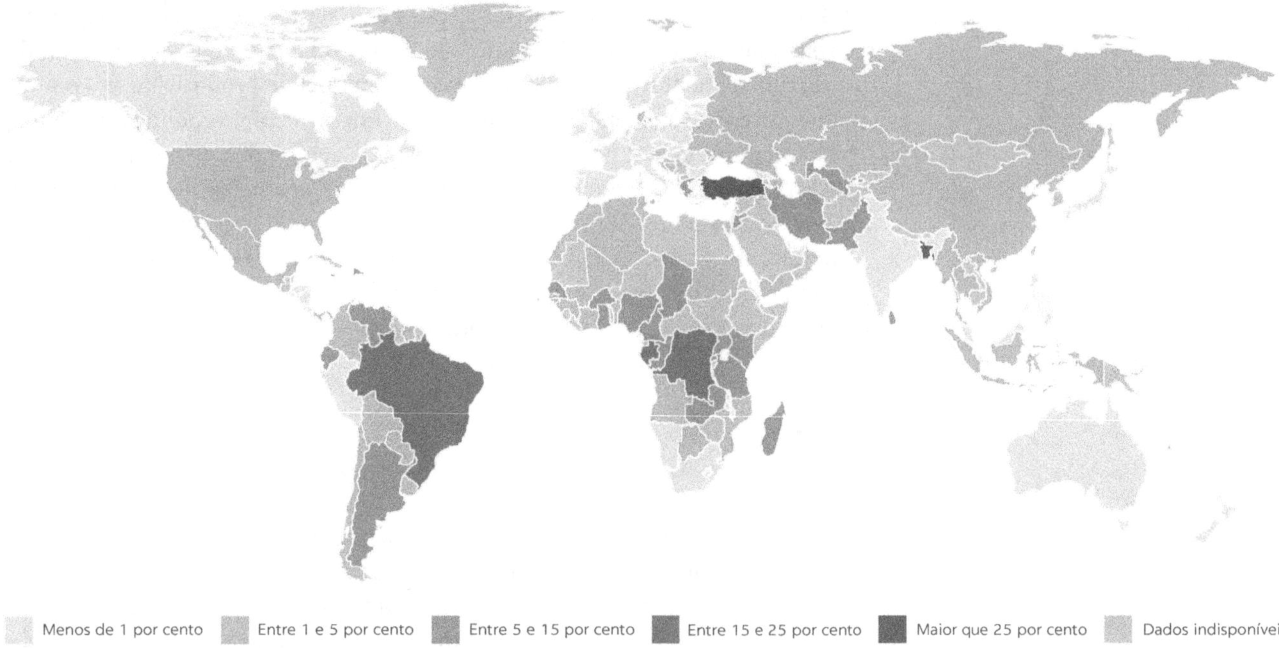


*Fonte:* IBRD 43707 (May 2018) adaptado a partir de Miller e Atkinson 2014.

TABELA 3.1 **A parcela do PIB referente a investimentos em infraestrutura no Brasil caiu drasticamente (% do PIB)**

| | 1971-80 | 1981-89 | 1990-2000 | 2001-11 | 2012 | 2013 | 2014 | 2015 | 2016 | 2017(E) | 2018(P) |
|---|---|---|---|---|---|---|---|---|---|---|---|
| Energia | 2.13 | 1.47 | 0.76 | 0.63 | 0.68 | 0.7 | 0.65 | 0.68 | 0.7 | 0.41 | 0.46 |
| Telecomunicações | 0.8 | 0.43 | 0.73 | 0.67 | 0.5 | 0.42 | 0.52 | 0.46 | 0.41 | 0.29 | 0.33 |
| Água e Esgoto | 0.46 | 0.24 | 0.15 | 0.19 | 0.2 | 0.22 | 0.22 | 0.17 | 0.16 | 0.14 | 0.14 |
| Transporte | 2.03 | 1.48 | 0.63 | 0.65 | 0.83 | 0.96 | 0.92 | 0.79 | 0.68 | 0.53 | 0.50 |
| **Total** | **5.42** | **3.62** | **2.27** | **2.14** | **2,21** | **2.3** | **2.31** | **2.1** | **1.95** | **1.37** | **1.43** |

*Fontes:* Frischtak e Pinheiro 2014, e Inter.B Consultoria.
*Nota:* E = estimado; P = projetado.

limitado da infraestrutura, há restrições orçamentárias significativas que penalizam os investimentos públicos à custa de gastos direcionados, bem como a capacidade restrita de planejamento e elaboração de projetos, práticas inadequadas de aquisição, e gestão de ativos e contratos. Dadas estas restrições, esforços recentes para acelerar os investimentos públicos, como o Programa de Aceleração do Crescimento (PAC), tiveram impacto limitado. As Parcerias Público-Privadas (PPPs) e as concessões concebidas para superar as limitações do financiamento público também enfrentaram restrições semelhantes de capacidade. Além disso, sofreram com incertezas regulatórias, processos de licenciamento inadequados, e a fragmentação da tomada de decisões em todos os níveis de governo, todos os quais aumentam significativamente os riscos de pré-conclusão. O financimanto de infraestrutura proveniente dos mercados de capitais locais tem sido limitado, e continua excessivamente dependente do BNDES (ver Banco Mundial 2017a).

A integração do mercado interno pode ser facilitada por políticas regionais que aproveitem os benefícios da aglomeração econômica. Quando trabalhadores e empresas estão em áreas de aglomeração urbana mais densas, a produtividade aumenta: as evidências de um estudo que serviu de base para este relatório mostram que, em 2010, o aumento de 10 por cento na concentração da população urbana de um determinado município estava relacionado a um aumento de, aproximadamente, 4 por cento do índice nacional de produtividade, com um aumento correspondente nos rendimentos. Em princípio, as políticas de desenvolvimento regional poderiam facilitar essas economias de aglomeração, ao investir em infraestrutura urbana para reduzir as potenciais deseconomias dos congestionamentos de trânsito e da poluição ambiental (entre outras). No entanto, as evidências apresentadas em estudo complementar mostram que os programas de desenvolvimento regional no Brasil podem gerar maiores dividendos de produtividade se melhor coordenados.[23]

## DISTORÇÕES À CONCORRÊNCIA CAUSADAS POR INTERVENÇÕES GOVERNAMENTAIS ADICIONAIS

Não há dúvida de que as grandes barreiras regulatórias e administrativas que dificultam os negócios no Brasil são algumas das principais razões por trás da persistente má alocação de recursos e da concorrência limitada no país. O custo de se fazer negócios no Brasil é tão alto e persistente que já ganhou uma alcunha especial - o Custo Brasil. O que muitas vezes não se percebe é que, enquanto os operadores já estabelecidos aprenderam a conviver com o alto custo de se fazer negócios, o Custo Brasil é uma barreira considerável para as empresas mais jovens e que acabaram de entrar no mercado. Dificultar o crescimento dos inovadores e "disruptores" pode diminuir a concorrência e, portanto, pode reduzir os incentivos à mudança por parte dos operadores já existentes (Klapper et al., 2006)[24]. Os principais componentes do Custo Brasil - além do estado inadequado da infraestrutura física do país, discutido anteriormente - incluem obstáculos regulatórios, como barreiras de entrada (Fuentes e mies, 2017), impostos com alíquotas elevadas e um sistema fiscal extraordinariamente complexo (ver Quadro 3.2), altas taxas de juros e um regime de insolvência fraco (ver Quadro 3.3), além de processos complexos para operar empresas, incluindo o tempo e o dinheiro para registrar imóveis, receber alvarás ambientais e de construção e participar de licitações de contratos com o governo, bem como atender aos requisitos específicos de cada estado e município.[25] Em uma comparação global, o Brasil figura bem abaixo da maioria de seus pares (Figura 3.13). De acordo com pesquisa *Doing Business* de 2018, o tempo necessário para declarar impostos no Brasil é completamente atípico; as alíquotas fiscais e os custos de conformidade fiscal são frequentemente citados como o maior impedimento aos negócios no país.

As políticas de apoio às empresas distorcem ainda mais a alocação de recursos e reduzem os incentivos à inovação. Subsídios, créditos direcionados, isenções fiscais, exigência de conteúdo local, preferências governamentais de licitação, e outras políticas de apoio às empresas são, muitas vezes, justificáveis para compensar o Custo Brasil além de promover outros objetivos - como o desenvolvimento regional e o apoio aos "campeões nacionais". No entanto, há poucas evidências do impacto dessas políticas (BID, 2017). Pelo contrário, elas criaram rendas econômicas expressivas que serviram para proteger empresas ineficientes, dificultar a entrada de novos investidores no mercado e perpetuar práticas comerciais de baixa qualidade. Além disso, apesar dos benefícios limitados,

FIGURA 3.13

**O desempenho do Brasil nos indicadores do *Doing Business* é especialmente baixo no quesito de pagamento de impostos, tanto na distância até a fronteira quanto na classificação relativa do país**

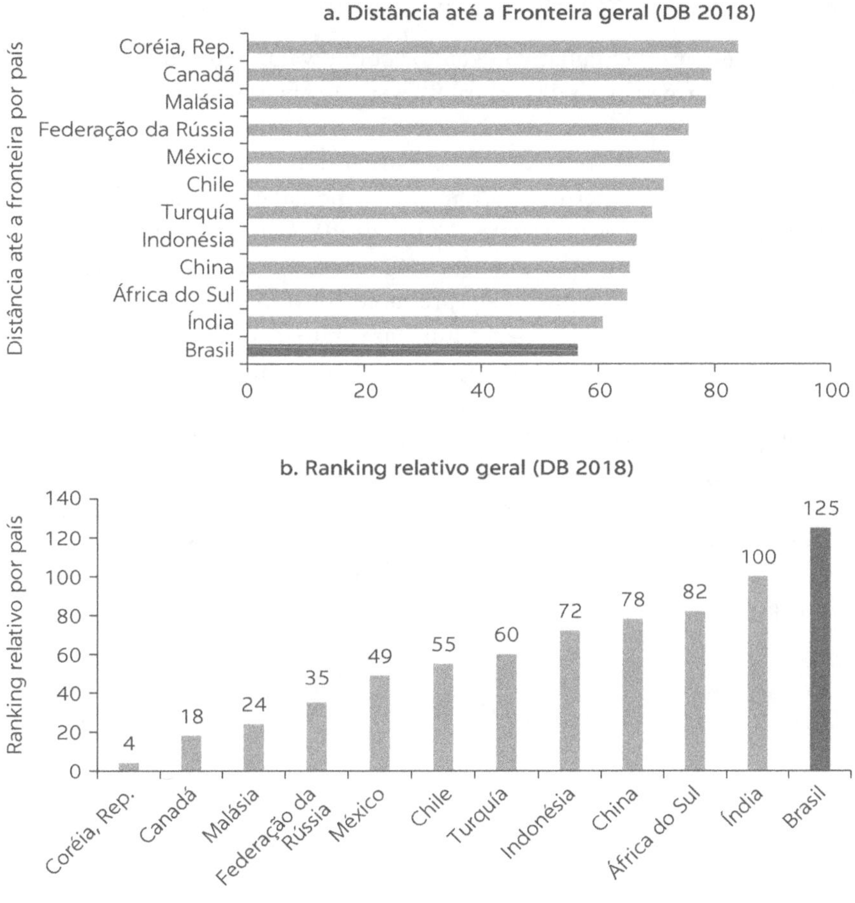


*Fonte:* Banco Mundial 2018.
*Nota:* Escala para a distância até a fronteira: 0 = pior desempenho, 100 = fronteira; Escala para o Ranking de países: 1 = melhor, 190 = país com o pior desempenho

o custo das políticas de apoio às empresas permanece muito elevado. Os gastos federais com políticas de apoio às empresas mais do que duplicaram em termos reais na última década, saltando de R$ 125 bilhões em 2006 para R$ 267 bilhões em 2015, ou cerca de 4,5 por cento do PIB. As principais responsáveis por esse aumento geral das despesas foram as isenções fiscais, seguidas do crédito subsidiado e de despesas gerais (Figura 3.14).

As evidências do impacto de programas específicos de isenção de impostos, como o SIMPLES, indicam que alguns deles não são apenas ineficazes e ineficientes, mas também prejudiciais ao crescimento da produtividade. Embora o objetivo do SIMPLES seja simplificar e reduzir a carga fiscal das micro e pequenas empresas para incentivar a formalização e a criação de novos empreendimentos e para melhorar o desempenho das empresas, há poucas evidências de que isso tenha, de fato, ocorrido. Na realidade, o principal efeito do SIMPLES talvez tenha sido facilitar o uso de artifícios fiscais para profissionais de alta renda que, com isso, "escapam" do imposto de renda e da contribuição ao INSS. Um estudo empírico realizado recentemente por Piza (2016) concluiu que o

QUADRO 3.2

## Como a complexa estrutura fiscal do Brasil pode dificultar a alocação eficiente de recursos entre produtos: concreto vs. aço

A estrutura tributária brasileira é extremamente complexa no que diz respeito a bens e serviços, com quatro impostos principais (ICMS, IPI, ISS e PIS-Cofins) com incidências distintas (cumulativa, não cumulativa e mista). Ainda mais importante, produtos específicos estão sujeitos a regimes diferentes dependendo da indústria, da forma como o processo de produção é estruturado (integração vertical vs. fragmentação) e do local onde ocorre o processo de produção. Isso distorce os preços relativos e traz impactos para a alocação de recursos e a produtividade.

O setor de construção civil é um exemplo bem ilustrativo. Visto que os diversos tipos de edificações são tributados de formas distintas, existe um incentivo para as empresas de construção priorizarem o uso de alguns insumos ao invés de outros. As construtoras devem pagar o ISS (máximo de 5%), mais PIS-Cofins cumulativo (3,65%) sobre o valor agregado em seus locais de construção ao usar cimento nas estruturas de concreto; se usarem estruturas metálicas pré-fabricadas, terão de pagar muito mais - as empresas siderúrgicas, parte das indústrias de manufatura, pagam ICMS (12%), mais PIS-Cofins não-cumulativo (9,75%) e também o IPI (em alguns casos) sobre o valor agregado de sua produção. Visto que os impostos sobre o valor agregado das indústrias de manufatura (incluindo a produção de estruturas metálicas) são bem mais elevados do que os impostos nos locais de construção, a maioria dos prédios comerciais tende a ter estruturas de concreto e não metálicas, apesar das vantagens de custo relativo das estruturas metálicas depois de descontados os impostos, em alguns casos - com impacto adverso sobre a produtividade, já que não haverá ganhos de especialização e economias de escala.

*Fonte:* Appy (2017).

QUADRO 3.3

## Como o regime inadequado de insolvência no Brasil limita a entrada de novas empresas, o crescimento, os empregos e até mesmo os serviços telefônicos - e como seguir adiante

A vontade dos bancos e investidores de apoiar empresas novas, produtivas e em franco crescimento, bem como os empregos que elas geram, dependerá, fundamentalmente, das regras falimentares às quais as empresas estão sujeitas. Um regime efetivo de insolvência é capaz de reestruturar e preservar empregos em empresas que enfrentam dificuldades mas permanecem viáveis, nos casos em que essa solução se revela a mais eficiente, e permite a realocação mais rápida de ativos e empregos de empresas inviáveis para empresas em crescimento, quando essa for a alternativa mais eficiente. Isso aumenta a disposição dos empresários de adentrar novos mercados, experimentar e inovar, já que podem tentar novamente caso o plano de negócios precise de ajustes. Os bancos e investidores também ficam mais dispostos a conceder empréstimos, oferecendo mais financiamento a custos mais baixos, quando sabem que podem recuperar rapidamente parte de seus investimentos e reinvesti-los em empresas produtivas e em expansão.

Um regime de insolvência ineficaz pode dificultar o crescimento da produtividade, impedindo a saída, entrada e o crescimento das empresas. Isso pode acontecer de maneiras diferentes. Uma maneira é manter "vivas" as empresas que ainda são viáveis, sem reestruturar suas dívidas e operações o suficiente para que voltem a prosperar. Outra maneira é proteger empresas inviáveis para que não saiam do mercado, bloqueando recursos valiosos em uma organização ineficiente. Um regime ineficaz poderia desrespeitar a

*continuação*

QUADRO 3.3, *continuação*

prioridade dos credores em relação aos acionistas, limitando a oferta e aumentando o custo do crédito para empresas novas e em crescimento. Além disso, ele poderia limitar a entrada de novas empresas se o custo da falência for alto demais, ou se os empreendedores que falirem não puderem tentar novamente munidos de mais experiência. O regime de insolvência no Brasil parece prejudica o crescimento da produtividade em cada um desses contextos.

Hoje, em média, o processo de recuperação da dívida no Brasil rende apenas 12,7 centavos por dólar e leva 4 anos, em comparação à Argentina, onde rende 21,5 centavos e leva 2,4 anos, e aos EUA, com 82,1 centavos e um ano.[a] A partir do momento em que a empresa brasileira de telecomunicações Oi solicitou proteção de seus credores, em junho de 2016, até chegar-se a um acordo, em dezembro de 2017, passaram-se 18 meses. Esse longo atraso é relevante para os brasileiros? Sim. A Oi não somente é uma grande empregadora cujos postos de trabalho estão ameaçados, como tinha em setembro de 2017, 63 milhões de assinantes de serviços telefônicos que também corriam risco. Esse processo consumiu uma quantidade enorme de recursos, incluindo uma reunião final de credores para votar o acordo de dívidas da Oi, com a presença obrigatória de todas as partes. Os participantes lotaram um dos locais utilizados nos Jogos Olímpicos no Rio de Janeiro, e a reunião durou quase 14 horas.

Reformas para melhorar o quadro de insolvência no Brasil estão sendo elaboradas com base em experiências internacionais relevantes e adaptadas ao contexto brasileiro. Para evitar os tipos de problemas enfrentados por empresas como a Oi, é necessário aprimorar os papéis e os direitos dos credores nos processos de insolvência. Por exemplo, o comitê de credores poderia opinar sobre o plano de recuperação proposto pelos devedores e, caso o plano não seja aprovado em até 4 meses, os credores teriam o direito de aprovar seu próprio plano, desde que ele não imponha maior sacrifício aos interesses dos acionistas do que a liquidação no processo de falência.

Várias emendas simplificariam o processo para as micro e pequenas empresas - uma medida de grande importância, visto que essas empresas representam cerca de 70 por cento de todos os pedidos de recuperação judicial desde 2005. Entre outras medidas, o meio de comunicação eletrônico receberia preferência, alguns documentos onerosos seriam dispensados e alguns termos processuais seriam reduzidos pela metade. Um processo de recuperação judicial mais simples e ágil reduziria os custos e o número de casos nos tribunais.

A proposta de reforma também visa simplificar e acelerar o processo de liquidação de empresas inviáveis, para que seus recursos possam ser alocados de forma mais tempestiva e eficiente de modo que os empreendedores fracassados possam "começar de novo".

*Fontes:* Banco Mundial 2018, 2014; *Financial Times* (14 de janeiro de 2018).
a. Para garantir a comparabilidade entre os países, os valores indicam as taxas de recuperação estimadas com base em um caso de negócios hipotético. Para mais informações sobre a metodologia usada no indicador "Resolução de Insolvência" do *Doing Business* do Banco Mundial, consulte: http://www.doingbusiness.org/Methodology/resolving-insolvency

FIGURA 3.14

**O total dos gastos fiscais (federais) com políticas de apoio às empresas aumentou para 4,5% do PIB**

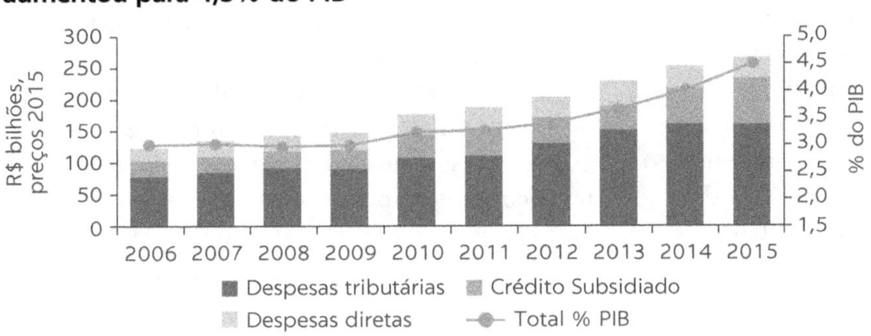


*Fonte:* Dutz et al. 2017.
*Nota:* PIB = produto interno bruto.

SIMPLES não conseguiu aumentar, efetivamente, a taxa de formalização entre as pequenas empresas,[26] reforçando as conclusões anteriores de Monteiro (2016), que não encontra efeitos significativos em termos de formalização, emprego e outros indicadores de desempenho. Com base em dados da Pesquisa Industrial Anual (PIA), Corseuil e Moura (2017) também não identificaram efeitos positivos do SIMPLES no mercado de trabalho e nos indicadores de desempenho. De um modo mais geral, as políticas que definem critérios de elegibilidade inadequados, estipulando um limite máximo para o tamanho das empresas, podem acabar reduzindo os incentivos para as empresas novas e de pequeno porte crescerem além desse limite.[27] O Quadro 3.4 traz evidências adicionais da ineficácia e ineficiência do SIMPLES e de outros incentivos e isenções fiscais.

QUADRO 3.4

## Isenções fiscais: pouco impacto e alto custo fiscal

As isenções fiscais (IFs) são, de longe, o componente mais importante dos gastos federais com políticas de apoio às empresas no Brasil, representando quase 61 por cento do total de gastos e 2,9 por cento do PIB em 2015. As IFs dobraram em termos reais na última década, de R$ 79,6 para R$ 162,8 bilhões entre 2006 e 2015, uma taxa de crescimento anual composta (CAGR) de 8,3 por cento. Devido ao rápido crescimento da desoneração da folha de pagamento, introduzida em 2011, as IFs cresceram a uma CAGR ainda mais rápida, de 10 por cento entre 2011 e 2015. Os principais programas de IF são o SIMPLES, a desoneração da folha de pagamento e a Zona Franca de Manaus:

- **Regimes de simplificação fiscal.** Introduzido em 2007, o SIMPLES Nacional é um regime opcional de tributação que visa incentivar a formalização e melhorar o desempenho das micro, pequenas e médias empresas[a], ao possibilitar que determinados impostos federais, estaduais e municipais sejam pagos de forma unificada, além de oferecer alíquotas mais baixas. Entre outros benefícios, o SIMPLES reduz a necessidade de a empresa contratar advogados e contadores.[b] Em termos de receitas fiscais perdidas, o custo fiscal do SIMPLES representou 1,2 por cento do PIB em 2015. O Simples é o maior programa de IF do país e, em 2015, foi responsável por 43,5 por cento de todas as IFs. Entre as evidências de impacto estão a ineficácia em seus objetivos de formalização e melhora do desempenho, e provavelmente dificultou o crescimento eficiente das empresas (ver texto principal). Outro programa que parece ser ineficaz é o MEI (Microempreendedor Individual), ver Corseuil, Neri e Ulyssea (2016).
- **Desoneração da folha de pagamento.** A desoneração da folha foi introduzida em 2011 para incentivar a criação de empregos. Em 2015, ela custou 0,4 por cento do PIB em termos de receita perdida. Ela substituiu o imposto de INSS na folha de pagamento, com alíquota de 20 por cento, por um imposto de 1,5 por cento sobre a receita bruta de setores selecionados com mão-de-obra intensiva - mais especificamente, vestuário, couro e calçados, software e call centers (2,5 por cento). No início de 2013, 42 setores já se beneficiavam do programa (incluindo a construção civil), e mais 14 foram adicionados em abril daquele ano. À época, o programa beneficiava cerca de 80 mil empresas. Benefícios fiscais foram concedidos independentemente de as empresas contratarem (ou não) mais trabalhadores. Diversos estudos já analisaram esse programa (Afonso e Barros 2013, Diniz e Afonso, 2014, FGV 2013, 2014a, 2014b; Garcia et al, 2018; Silva et al., 2014; Scherer 2015; SPE 2015). Os resultados indicam que o programa tem pouco impacto sobre o emprego e que o custo de cada emprego criado (ou preservado) é muito elevado - mais de 3 vezes o salário dos

*continuação*

QUADRO 3.4, *continuação*

trabalhadores. O custo fiscal de cada emprego criado ou preservado por meio da desoneração da folha foi estimado entre R$ 58.000 e R$ 67.000 ao ano em 2012 - ou seja, 300 por cento a mais do que os trabalhadores afetados recebem de salário por ano. Os trabalhadores poderiam receber os mesmos benefícios monetários e seriam economizados dois terços dos recursos públicos comprometidos com o programa.

- **Zonas Francas.** A Zona Franca de Manaus (ZFM) foi criada na década de 1960 como um polo industrial, comercial e agrícola no estado do Amazonas, na região Norte (a região menos desenvolvida do Brasil). Para promover o desenvolvimento econômico e a integração da região ao resto do Brasil, as empresas localizadas em Manaus estão sujeitas a um regime fiscal preferencial em nível federal, na forma de isenções de impostos, entre eles o de importação. A ZFM foi responsável por R$ 16,8 bilhões em receitas fiscais perdidas em 2015, o equivalente a 0,34 por cento do PIB - ou 16 por cento das despesas com IFs. Praticamente não existem análises do impacto da ZFM, mas evidências não publicadas sugerem que se trata de um sistema altamente ineficiente e que Manaus se beneficiaria mais se recebesse o mesmo montante na forma de transferências de renda. Um estudo realizado por Miranda (2013) sugere que a ZFM é uma política de desenvolvimento regional ineficaz e que deveria, no mínimo, ser reformulada para contribuir efetivamente para a economia local. Vale a pena explorar a melhor forma de atingir os objetivos do programa (provavelmente, com o estímulo ao investimento e a criação de empregos em Manaus) a um custo total mais baixo para o país.
- **Incentivos ao conteúdo local e operações de P&D: a Lei de informática e a Lei do Bem.** Os incentivos fiscais criados pela Lei de Informática, aprovada em 1991 e renovada em 2001, 2004 e, mais recentemente, em 2014, promovem o aumento do conteúdo local no processo de fabricação do hardware das TIC e de equipamentos eletrônicos relacionados, além de investimentos em atividades locais de P&D.[c] O programa visava garantir que as empresas de TICs que produzem hardware e outros eletrônicos fora da ZFM não ficassem em desvantagem caso optassem por não se mudar para lá. O programa sobrevive porque mantém a Região Sudeste como polo de TICs e eletrônicos em paralelo à ZFM.[d] Da mesma forma, a Lei do Bem (Lei de Incentivos Fiscais), instituída em 2007 em substituição a uma lei de 2005, acelerou e ampliou os incentivos a investimentos em P&D e autorizou as empresas que investem em P&D e atendem a certos requisitos a receber incentivos fiscais automaticamente para determinados tipos de gastos. Os incentivos da Lei de informática à P&D e à inovação não foram eficazes. Utilizando dados empresariais de 65.000 empresas referentes ao período de 2000 - 2010, Kannebley e Porto (2012) demonstram que a Lei de Informática foi ineficaz em estimular atividades de P&D para aumentar a produtividade, já que seus beneficiários não conseguiram produzir produtos de TIC competitivos no mercado internacional. Embora os incentivos tenham estimulado as 10 principais empresas mundiais de hardware de TICs a produzirem localmente, o Brasil continua dependendo da importação de bens intermediários. A balança comercial foi negativa em 2010-2014 nos oito subsetores identificados e relacionados a hardware de TICs, com uma piora da balança comercial em sete desses subsetores no período. Além disso, as exportações brasileiras de produtos finais de TIC também caíram nos últimos cinco anos, a uma CAGR de -16 por cento (Zylberberg 2016). Apesar do impacto positivo da Lei do Bem, sua contribuição para o aumento da intensidade das atividades de P&D ficou bem abaixo do que se esperaria de um programa como esse (Devereux e Guceri, 2015). Com base em evidências de diversos países, Bravo-Biosca, Criscuolo e Menon (2013)

*continuação*

QUADRO 3.4, *continuação*

afirmam que o apoio das IFs às atividades de P&D gera impacto positivo apenas no aumento do número de empregos em empresas já estabelecidas e com taxas de crescimento relativamente baixas, e tem efeito negativo na entrada de novas empresas no mercado e em empregos nas empresas que estão no topo da curva de distribuição do crescimento. Isso sugere que os incentivos das IFs à P&D provavelmente favorecem empresas já estabelecidas no mercado e retardam o processo de realocação.

- **Inovar-Auto.** O programa tem um componente importante de IF. Lançado em outubro de 2012 para o período de 2013 a 2017, o objetivo expresso do Inovar-Auto é proteger a indústria automobilística local contra as importações e apoiar a atualização tecnológica. O programa aumentou em 30 por cento o IPI (Imposto sobre Produtos Industrializados) de todos os automóveis e veículos comerciais leves, elevando também o custo de importação de veículos prontos para o mercado brasileiro. O programa permite que fabricantes, montadoras e distribuidoras de veículos compensem este aumento de impostos em até 30 pontos percentuais se atenderem a diversos requisitos de produção ou fornecimento local, gastos mínimos em P&D ou processos de engenharia e rotulagem de veículos visando a eficiência energética. Embora o programa tenha sido eficaz para limitar as importações, ele falhou ao tentar tornar a indústria automobilística brasileira mais competitiva, pois não houve impacto aparente nos níveis de produção e emprego. Na realidade, uma comparação simples com o setor de máquinas agrícolas, que não goza do mesmo tipo de proteção, mostra que a expansão das duas indústrias tem sido bem similar; o programa não alterou a competitividade da indústria o suficiente para causar um efeito positivo sobre a produção e os empregos no setor automobilístico. Os resultados foram a produção em menor escala e preços mais elevados ao consumidor. A maior parte da proteção vem de barreiras comerciais. Os consumidores, portanto, acabam tendo de arcar com a maior parte dos custos, na forma de preços de venda mais altos no mercado interno. Verificou-se que o programa não era compatível com as regras da OMC.

*Fonte:* Dutz et al. 2017.

a. Embora o programa seja voltado, especificamente, para as micro e pequenas empresas (em termos de receita bruta), os critérios de elegibilidade foram sendo ampliados com o passar do tempo e agora incluem também as empresas de médio porte, em termos de número de funcionários.

b. As empresas elegíveis também são isentas de outras contribuições e impostos.

c. Para receber isenção ou redução do IPI (dependendo de onde for a sede da empresa e se os produtos foram desenvolvidos no Brasil), a empresa produtora deve atuar na indústria de computação, automação, telecomunicações ou microeletrônica e investir em P&D.

d. De acordo com os entrevistados, os benefícios concedidos nessas indústrias são tão elevados que se a ZFM ou a Lei de Informática parasse de existir, ocorreria uma migração em massa de produtores de uma para a outra. Ver Zylberberg 2016.

Os recursos gastos com políticas ineficazes de apoio às empresas podem ser redirecionados para promover políticas voltadas à produtividade e à inclusão. Por exemplo, ao eliminar o SIMPLES e outras isenções fiscais para empresas maiores, os recursos poupados podem financiar a redução da carga tributária para todas as empresas, ou investimentos públicos em infraestrutura. Isso causaria muito menos distorções do que as políticas atuais, além de reduzir os custos de se fazer negócios para todas as empresas, estimular a concorrência e incentivar inovações e o aumento da eficiência.

Regulações anticompetitivas reduzem ainda mais a "igualdade de condições" para a concorrência em determinados mercados. Apesar dos avanços recentes no trabalho das autoridades responsáveis pela concorrência (CADE, o Conselho Administrativo de Defesa Econômica, a nova Secretaria de Promoção da

Produtividade e Advocacia da Concorrência pela defesa da concorrência),[28] a percepção da intensidade da concorrência local e da efetividade da política antimonopólio no Brasil não melhorou com relação aos seus pares internacionais. (Figuras 3.15 e 3.16). Isso decorre, em grande parte, de barreiras regulatórias ao empreendedorismo (entrada e rivalidade), com sistemas complexos de

FIGURA 3.15

**O Brasil ficou para trás em relação à intensidade da concorrência local...**

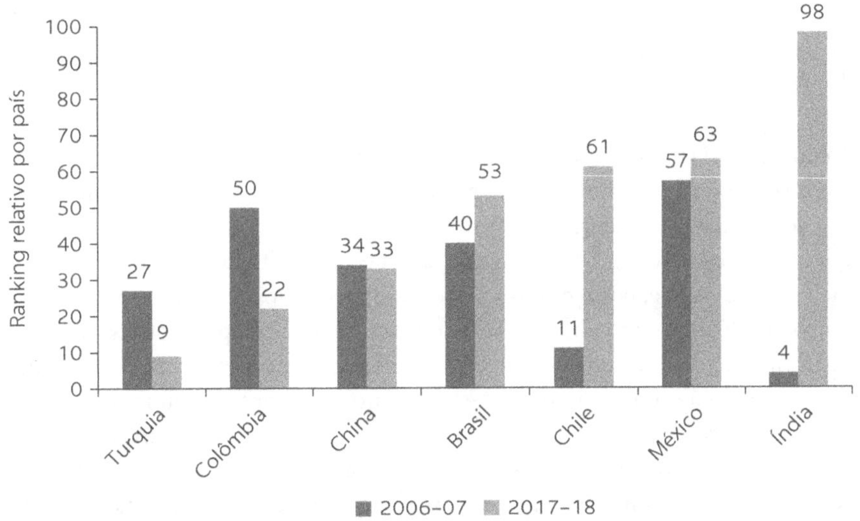


*Fonte:* Relatórios de 2006-07 2017-18 do Fórum Econômico Mundial.
*Nota:* escala de classificação: 1 = melhor; 137 = pior.

FIGURA 3.16

**...e também em relação à eficácia de sua política antimonopólio**

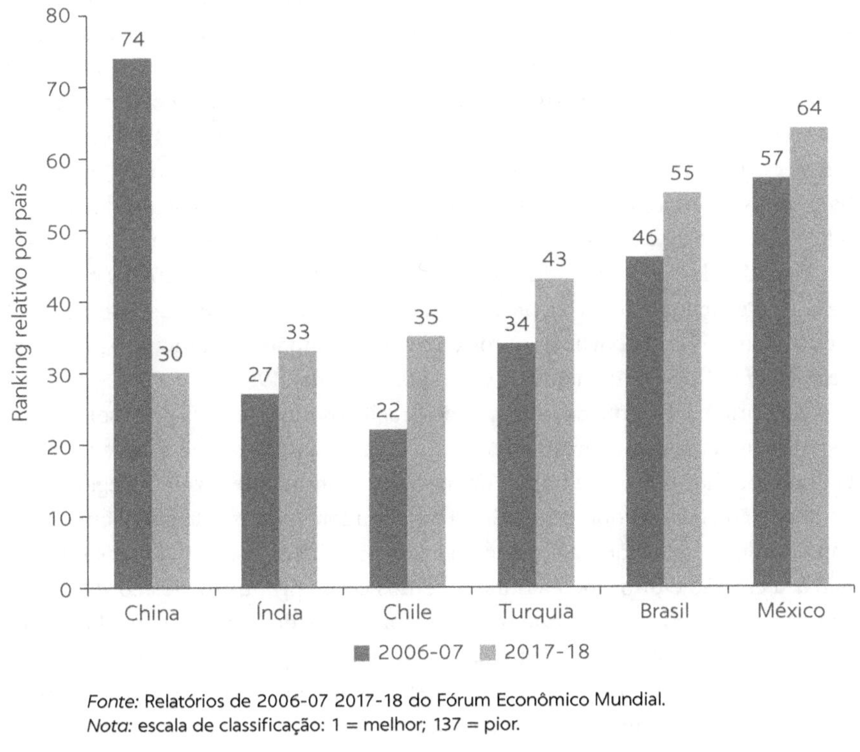


*Fonte:* Relatórios de 2006-07 2017-18 do Fórum Econômico Mundial.
*Nota:* escala de classificação: 1 = melhor; 137 = pior.

licenciamento e autorização, restrições à concorrência nos setores de serviços (especialmente em serviços profissionais) e a grande participação direta do governo – por meio de empresas públicas - em mercados nos quais a participação do setor privado é tipicamente viável e/ou sem a regulação necessária para garantir uma neutralidade competitiva. Além disso, alguns mercados críticos (p. ex., cimento, distribuição de combustíveis e GLP) apresentam características inerentes que reduzem a contestabilidade e facilitam comportamentos anticompetitivos.

## O IMPACTO DA CONCORRÊNCIA LIMITADA NO COMPORTAMENTO DAS EMPRESAS

A concorrência limitada no mercado possibilita as empresas desfrutarem de rendas de monopólio e reduzem os incentivos ao aumento de eficiência e a introdução de inovação. A concorrência limitada pela proteção dos mercados possibilita que as empresas, seus gestores e possivelmente seus trabalhadores desfrutem de mais tranquilidade, com preços mais elevados, salários mais altos para os que têm o privilégio de trabalhar nessas empresas, e menos empregos (devido à produção abaixo do que seria em um cenário de plena concorrência). Os monopólios, ou situações em que um número restrito de empresas detém um grande poder de mercado, costumam produzir custos mais elevados e menos inovação. Sem uma concorrência forte, os proprietários e gestores não são criticados por serem menos dinâmicos, sendo assim, não têm grandes incentivos para investir em inovação (Tirole 2017).

A concorrência limitada também compromete a integridade dos mercados, incentivando as empresas a investir na concorrência por renda, e não por clientes. Por exemplo, os custos associados a processos restritivos de licenciamento incluem não somente o tempo gasto para obter a licença e o custo do aparato administrativo para emiti-la, mas também a mâ alocação de recursos que decorreria da obtenção da licença por uma empresa ineficiente que tenha acesso privilegiado a autoridades responsáveis pelo licenciamento. Além dos custos visíveis, recursos significativos podem ser investidos na concorrência pelas licenças: se a decisão sobre o licenciamento couber a autoridades governamentais, serão investidos recursos não apenas em atividades legais de lobby, mas também para subornar funcionários públicos – e o valor das rendas acumuladas para o licenciado se esvaem com a concorrência nessas atividades não-produtivas.[29] Em outras palavras, os incentivos inerentes ao ambiente de negócios determinam os retornos relativos para o empreendedorismo, a busca de renda (rent-seeking) ou o suborno de autoridades, impactando diretamente o potencial de crescimento e o dinamismo da economia (Baumol, 1990).

O histórico deficiente da inovação no Brasil nos últimos anos pode ser indicativo do impacto da concorrência inadequada no comportamento das empresas. O desempenho na área de inovação pode ser analisado de forma agregada pela combinação de indicadores, incluindo trabalhadores na área de conhecimento e capacidade de absorção de conhecimentos como insumos, e atividades relacionadas à criação e difusão de conhecimentos como produtos. De acordo com o Índice Global de Inovação, que inclui as dimensões de insumos e produtos, em 2017 o Brasil figurava abaixo de todos os países da comparação, incluindo México, África do Sul, Chile e Rússia (Figura -3.17). Pelo menos em parte, isso pode estar ligado à demanda limitada por inovação no mercado, visto que as empresas têm

FIGURA 3.17

**O Brasil tem uma classificação ruim em termos de desempenho em inovação**

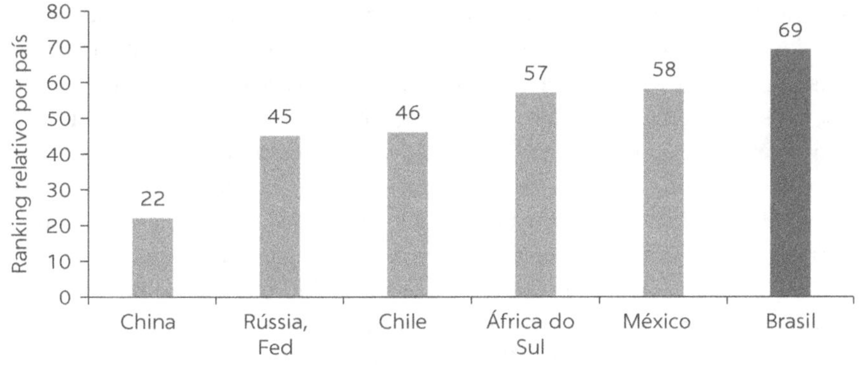


*Fonte:* Global Innovation Index rank, 2017 report.
*Nota:* ranking entre 127 países, 1 = primeiro colocado.

FIGURA 3.18

**A dispersão da qualidade da gestão no Brasil oferece oportunidades de aumento da produtividade**

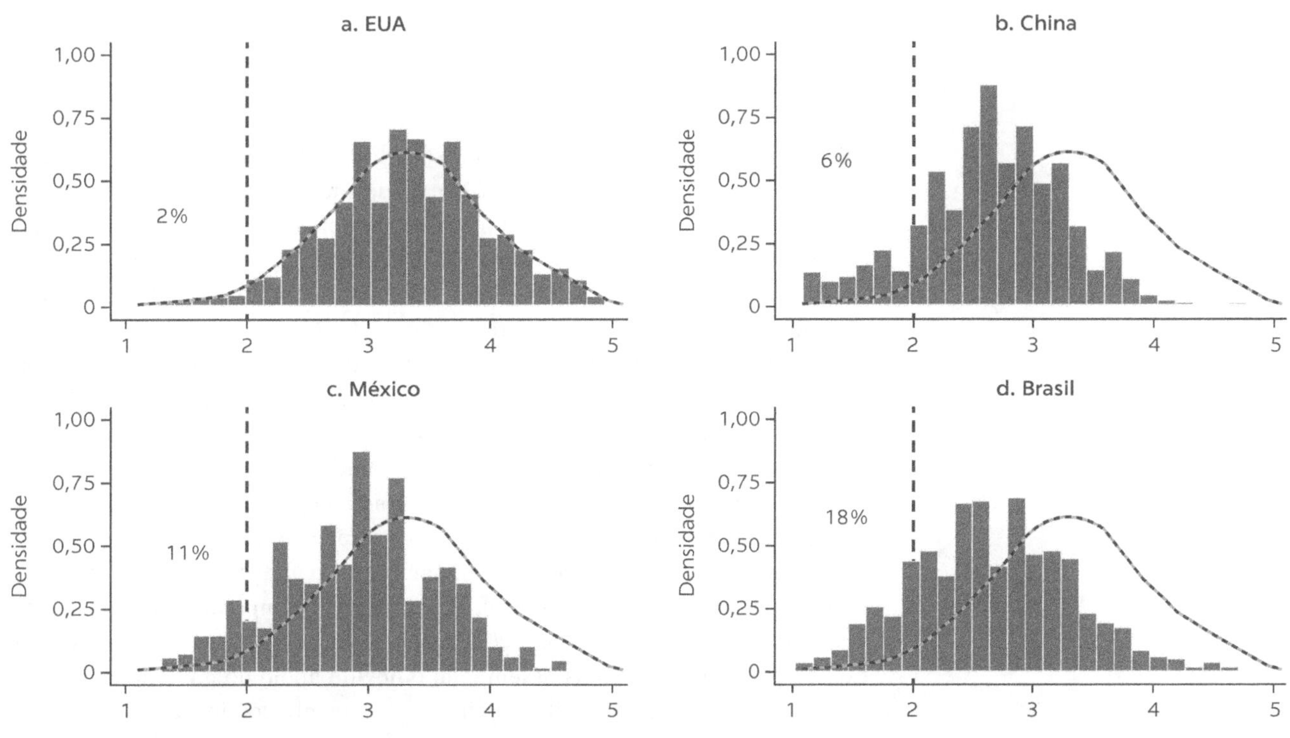


*Fonte:* Elaborado por Daniela Scur utilizando dados do World Management Survey, www.worldmanagementsurvey.org.
*Nota:* cada empresa recebe uma nota de qualidade de gestão entre 1 e 5, sendo que uma nota inferior a 2 está relacionada a empresas com qualidade de gestão muito baixa.

menos incentivos para inovar devido à políticas equivocadas de apoio às empresas e das grandes barreiras ao empreendedorismo.[30]

Outra indicação dos impactos negativos da falta de concorrência sobre o comportamento das empresas vem da comparação da qualidade da gestão nas empresas brasileiras e nas empresas de países pares. Há vasta literatura recente sobre a qualidade da gestão. Um dos resultados desta pesquisa foi o desenvolvimento de um índice de qualidade da gestão de empresas, que pode ser agregado e usado para comparar países. Foi estabelecida uma ligação causal entre a adoção de melhores práticas de gestão e o aumento da produtividade, dos empregos e dos salários nas empresas (Bloom et al. 2013). As diferenças de qualidade na gestão podem ser responsáveis por até 35 por cento da diferença de renda entre os países; as estimativas sugerem que entre um quarto e um terço das lacunas de PTF entre os países e também dentro dos países parecem estar relacionados à gestão (Bloom et al. 2016). Entre os países, o Brasil fica atrás do México, da Polônia, do Chile, da Turquia e da Argentina, em média, e a cauda da distribuição que representa as empresas mal administradas é mais espessa que a do México, da China e dos EUA: quase um quinto das empresas brasileiras foram classificadas como mal administradas - nove vezes mais do que nos EUA (Figura 3.17; Bloom et al. 2014 e Maloney e Sarrias 2017). E mesmo entre as empresas com melhor desempenho, as práticas de gestão ainda precisam melhorar para alcançar o nível das líderes mundiais. A concorrência no mercado de produtos poderia estimular as empresas (independentemente da qualidade da gestão) a trabalharem mais, reduzindo assim o número de empresas mal administradas (ou seja, estreitando a cauda à esquerda) e incentivando os sobreviventes (deslocando toda a distribuição para a direita).[31]

## POLÍTICAS PARA AUMENTAR A CONCORRÊNCIA

Este relatório defende um compromisso político - sequenciado e coordenado - com a integração externa e interna. Um compromisso claro com a liberalização externa pode servir como âncora para um programa de reformas sequenciadas, permitindo que o restante da economia se beneficie de ganhos de produtividade similares ao do setor agrícola (ve anexo 3A).. Nesse sentido, uma alternativa seria um acordo de liberalização comercial unilateral entre o Brasil e seus parceiros do Mercosul - com reduções tarifárias unilaterais de cada membro do Mercosul em relação a países fora do bloco, a racionalização das MNTs entre os parceiros do Mercosul, e a eliminação de impostos de exportação entre as partes. Esse acordo representaria o compromisso de acelerar as mudanças necessárias nas políticas internas para apoiar o crescimento mais rápido da produtividade. Um compromisso de credibilidade do Brasil com a integração externa - ainda que gradual e ao longo de vários anos - poderia ajudar a criar o ambiente para as empresas apoiarem reformas internas que aumentariam sua competitividade nesse ínterim. O aviso prévio sobre as reduções tarifárias permitiria que as empresas afetadas negativamente se ajustassem com o devido apoio do governo. O recente compromisso fiscal do Brasil de limitar o crescimento nominal das despesas fiscais pode servir como âncora doméstica para forçar a revisão de todas as políticas de apoio às empresas. Esse compromisso já ajudou a incentivar reformas a favor da concorrência em diversas áreas.

O foco das reformas domésticas seria a eliminação de distorções que impedem a integração interna e a concorrência. Entre os impedimentos mais importantes à concorrência estão os tratamentos fiscais diferenciados e o acesso ao crédito subsidiado. A agenda mais ampla de políticas internas também deve tratar do Custo Brasil, reduzindo a complexidade do sistema tributário e outras barreiras regulatórias aos negócios, investindo em infraestrutura e TICs e adotando novas políticas de produtividade e inclusão para apoiar o ajuste das empresas e dos trabalhadores.

Além da eliminação de distorções e da redução do Custo Brasil, a política de concorrência tem um papel importante no estímulo à inovação e à equidade das condições comerciais. O órgão responsável pela concorrência no Brasil (CADE) tem o mandato adequado, mas sofreu recentemente com atrasos na nomeação de funcionários essenciais. A aplicação das disposições contra os carteis poderia ser fortalecida para desencorajar as práticas não competitivas de forma mais incisiva. Além disso, regras mal concebidas - como as barreiras de entrada a serviços profissionais, que protegem quem já está no mercado e pouco fazem para aumentar os padrões de qualidade - contribuem para as distorções no mercado.[32] Embora as empresas públicas sejam comuns em indústrias em todo o mundo, no Brasil, diversos mercados potencialmente contestáveis já foram distorcidos pelo acesso privilegiado ao crédito ou por regras que favorecem as empresas públicas. Em todas essas áreas, a defesa (advocacy) robusta da concorrência pela nova Secretaria de Promoção da Produtividade e Advocacia da Concorrência, o monitoramento rigoroso, e a aplicação das disposições da política de concorrência podem ajudar a aumentar a eficácia das reformas regulatórias e a mantê-las ao longo do tempo.

## ANEXO 3A: A HISTÓRIA DO CRESCIMENTO DA PRODUTIVIDADE AGRÍCOLA

A agricultura se destaca no Brasil como o único setor com taxas de crescimento da produtividade altas e consistentes. Na verdade, e diferentemente da manufatura e (em menor escala) dos serviços - áreas em que o Brasil fica atrás do resto dos países de renda média e alta - a agricultura brasileira é líder em inovação, com altas taxas de crescimento da produtividade. Um país que, na década de 1970, sofria com fome generalizada e precisava importar grande parte dos alimentos que consumia, tornou-se um dos principais exportadores mundiais de alimentos e fibra. A título de ilustração, antes da década de 1970 o Brasil produzia quantidades insignificantes de soja; hoje, o país exporta oitenta vezes mais do que há quarenta anos, e é o maior exportador do mundo (os Estados Unidos permanecem como os maiores produtores). O sucesso na agricultura também contribuiu para a prosperidade compartilhada, por meio da criação de empregos e da redução dos preços reais e da volatilidade dos preços dos alimentos (Figura 3.19). O que temos a aprender com o sucesso do setor agrícola sobre o impacto que as mudanças nas políticas podem ter sobre o desempenho, tanto para a agricultura quanto para as indústrias de manufatura e serviços?

O crescimento impressionante da produtividade agrícola no Brasil nas últimas décadas foi possível graças ao aumento do uso de insumos e à adoção de novas tecnologias. Junto com a China, o Brasil apresentou o maior índice de crescimento anual médio da PTF agrícola nos últimos 55 anos, incluindo agricultura e pecuária. Entre 2005 e 2014, o país manteve a sua taxa de crescimento da PTF superior à da maioria dos países comparáveis, exceto China, França e Índia (Figura 3A.1).[33] O crescimento da PTF foi possível graças ao uso mais produtivo de terras cultivadas e de grandes quantidades de recursos hídricos e de terras que, até então, vinham sendo subutilizados - por exemplo, as extensas regiões tropicais e semiáridas do Cerrado, que antes eram menos produtivas.

FIGURA 3A.1

**O crescimento da agricultura no Brasil reduziu os preços e a volatilidade dos alimentos, beneficiando tanto as populações rurais quanto os centros urbanos (preços da cesta básica no município de São Paulo)**

** Valores corrigidos pelo IGP-DI da FGV*
*Fonte:* Dieese
*Fonte de referência:* Embrapa/SGI

FIGURA 3A.2

**O crescimento da PTF na agricultura brasileira tem sido - e continua sendo - mais rápido do que em diversos países comparáveis**

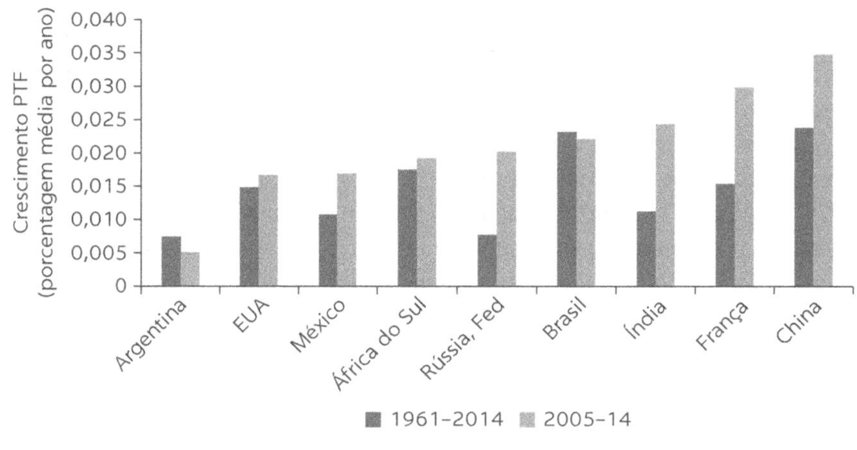


*Fonte:* Cálculos com base nos dados do Departamento de Agricultura dos EUA.
*Nota:* PTF = produtividade total dos fatores

O crescimento da produtividade agrícola nas últimas décadas destaca os benefícios à produtividade da (i) abertura global, com exposição a preços mundiais; e (ii) dos benefícios proporcionados por políticas públicas relativamente efetivas - embora a relação custo-eficiência e a combinação de políticas possam ser aprimoradas para promover ainda mais o crescimento da produtividade e da competitividade. A expansão e o aumento da eficiência da produção agrícola contaram com o apoio de políticas públicas voltadas para a inovação agrícola (pesquisa, extensão e educação agrícola). Complementadas por pesquisas e desenvolvimento no setor privado, essas políticas ajudaram, principalmente, os produtores maiores e mais eficientes a encontrar formas de aumentar o rendimento das culturas e da pecuária, com a adaptação das tecnologias de produção às condições ecológicas e topográficas específicas dos diversos biomas brasileiros. A expansão agrícola também foi auxiliada pelo aumento no volume de crédito rural disponível (incluindo o crédito subsidiado e a renegociação da dívida de produtores comerciais e familiares), especialmente após a estabilização macroeconômica de meados da década de 1990. Vale notar que as políticas favoráveis a exportação e a redução das tarifas de importação sobre os alimentos, no início da década de 1990, preservaram a competitividade do mercado e possibilitaram o aumento da produtividade.[34] Esta é uma diferença fundamental em relação setor industrial, e pode explicar por que o crédito subsidiado e outras intervenções políticas foram associadas a aumentos da produtividade.

Apesar do sucesso no passado, as políticas brasileiras de apoio à agricultura podem estar chegando ao limite, e poderiam ser direcionadas com maior eficiência. Historicamente, o nível de apoio oferecido pelas políticas e programas públicos voltados para a agricultura no Brasil foi baixo, e até negativo, até 2000, devido à tributação (ver Figura 3A.3). O apoio atual ao setor equivale a apenas 3,8 por cento das receitas agrícolas brutas, o correspondente a apenas 0,55 por cento do PIB (em comparação à média de 1 por cento nos países da OCDE). No entanto, essas políticas são distorcidas e dependem fortemente do crédito agrícola direcionado e subsidiado como principal ferramenta operacional, e de preços agrícolas subsidiados e administrados por meio de compras diretas do governo e diversos programas de subsídio ao seguro rural. Essas políticas de apoio distorcem os mercados de crédito, de modo geral, e também as decisões dos agricultores em relação ao que produzir, visto que muitos dos programas são direcionados a culturas, produtos pecuários e insumos específicos, e muitas vezes variam de acordo com a região. Além disso, a maioria do crédito rural subsidiado beneficia os grandes agricultores brasileiros, que têm acesso a financiamento de mercado

FIGURA 3A.3
**Evolução da Estimativa de Apoio ao Produtor (PSE) no Brasil**

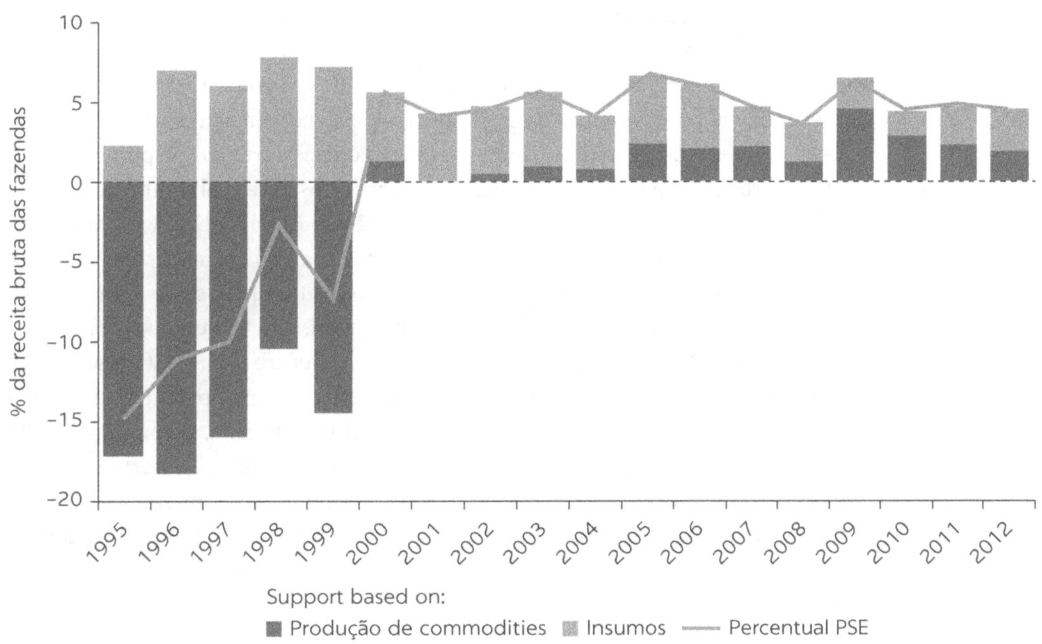


*Fonte:* OECD, PSE/CSE database, 2013. http://dx.doi.org/10.1787/888932875057.

e dificilmente precisam de apoio suplementar. Se essas políticas e programas fossem reformados e passassem a concentrar o apoio estatal nas pequenas e médias empresas a fim de possibilitar o desenvolvimento de soluções de apoio complementares e baseadas no mercado para a agricultura comercial de grande escala, sempre que possível, a produtividade e a competitividade do setor aumentariam ainda mais.

No futuro, o setor agrícola precisará se ajustar para manter o sucesso do passado e conciliar o papel do Brasil como fonte global de alimentos e a necessidade de proteger seu patrimônio natural. Está cada vez mais claro que a rápida expansão da produção de alimentos e fibras no Brasil está chegando ao limite. As pastagens são cada vez mais degradadas por práticas de gestão precárias e os solos esgotados pela monocultura. Além disso, as fontes de água doce do Brasil estão ficando menos confiáveis devido às mudanças climáticas, e cada vez mais regiões do país enfrentam conflitos resultantes da escassez de água e de incêndios devastadores. Além disso, as deficiências do sistema nacional de garantia de qualidade fizeram com que o Brasil perdesse participação de mercado em setores importantes, como o de carne. A demanda global está tendendo cada vez mais para a produção de qualidade superior e ambientalmente sustentável, que é onde se espera o maior crescimento do valor agregado. A qualidade dos alimentos continuará se deslocando na direção das proteínas e o sistema alimentar ficará muito mais integrado, recorrendo a mecanismos como o blockchain para que o produto final seja totalmente rastreável e as melhores práticas fiquem aparentes. As políticas de apoio ao setor agrícola - e, principalmente, o grande programa de crédito rural - não foram concebidas para incentivar esses métodos de produção sustentável e controle aprimorado da qualidade; pelo contrário, podem acabar afastando o financiamento de mercado de áreas onde ele poderia ser facilmente usado.

O Brasil pode lançar mão de sua capacidade de inovação na agricultura para realizar a transição necessária, ao mesmo tempo que preenche a lacuna de produtividade interna. A Empresa Brasileira de Pesquisa Agropecuária (Embrapa) foi pioneira na adaptação de práticas agropecuárias internacionais às regiões tropicais e semiáridas do Brasil, um fator essencial para o sucesso do país nas últimas décadas. O Brasil também foi pioneiro em uma série de tecnologias agrícolas de baixa emissão de carbono e alguns estados conseguiram angariar apoio internacional para conciliar o uso produtivo da terra com a preservação das florestas e da vegetação nativa. Com base em pesquisas agrícolas de ponta realizadas com recursos públicos, os produtores brasileiros desenvolveram tecnologias que, se amplamente implantadas, possibilitarão ao Brasil dobrar (no mínimo) a sua produção, sem a necessidade de reduzir ainda mais os recursos florestais brasileiros, de suma importância para todo o planeta. Trata-se de uma necessidade premente: a taxa de desmatamento no Brasil, que foi reduzida em 83 por cento entre 2004 e 2012, aumentou novamente entre 2015-16 (apesar deste aumento dar sinais de estancamento no ano passado) e não parece que atingirá a meta nacional - que restringe o desmatamento no Brasil a, no máximo, 3.900 quilômetros quadrados por ano até 2020 - ou o compromisso internacional do país em matéria de mudança climática, de eliminar completamente o desmatamento ilegal até 2030.[35] As políticas internas de apoio à agricultura poderiam ser alteradas para acelerar a difusão e a adoção dessas tecnologias e o cumprimento do código florestal brasileiro por parte dos produtores rurais. Por último (mas não menos importante), a dispersão da produtividade entre as regiões (por nível) e os tipos de propriedade rural (com base nas taxas de crescimento da

PTF) é enorme (Figura 3A.4). O foco do apoio público em garantir que agricultores menos produtivos conheçam e aprendam com as tecnologias e os processos de produção que transformaram os principais produtores em campeões internacionais de eficiência, pode ajudar o Brasil a dar continuidade à expansão de sua produção agrícola até 2040 seguindo as tendências mais recentes de crescimento, sem a necessidade de converter mais terras nativas para uso produtivo.

FIGURA 3A.4

**A grande dispersão da produtividade agrícola no Brasil em propriedades rurais de todos os tamanhos (com base no aumento da PTF, 1985-2006) e em todas regiões (produção por hectare, 2006) abre margem para ganhos potenciais**

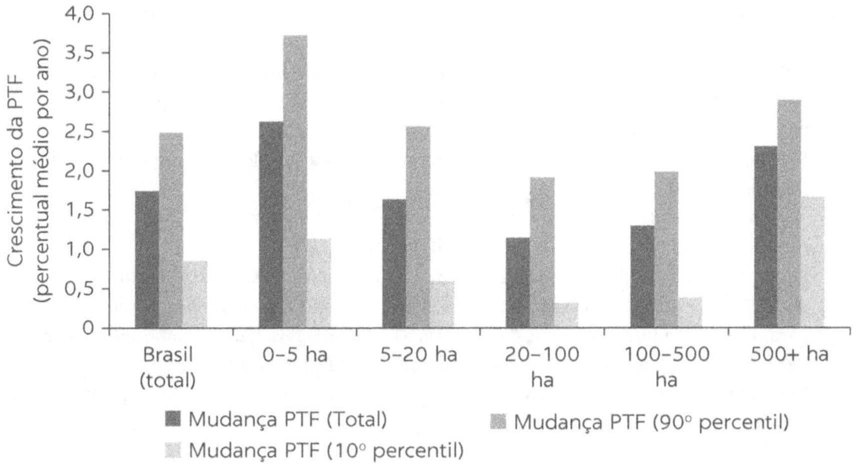


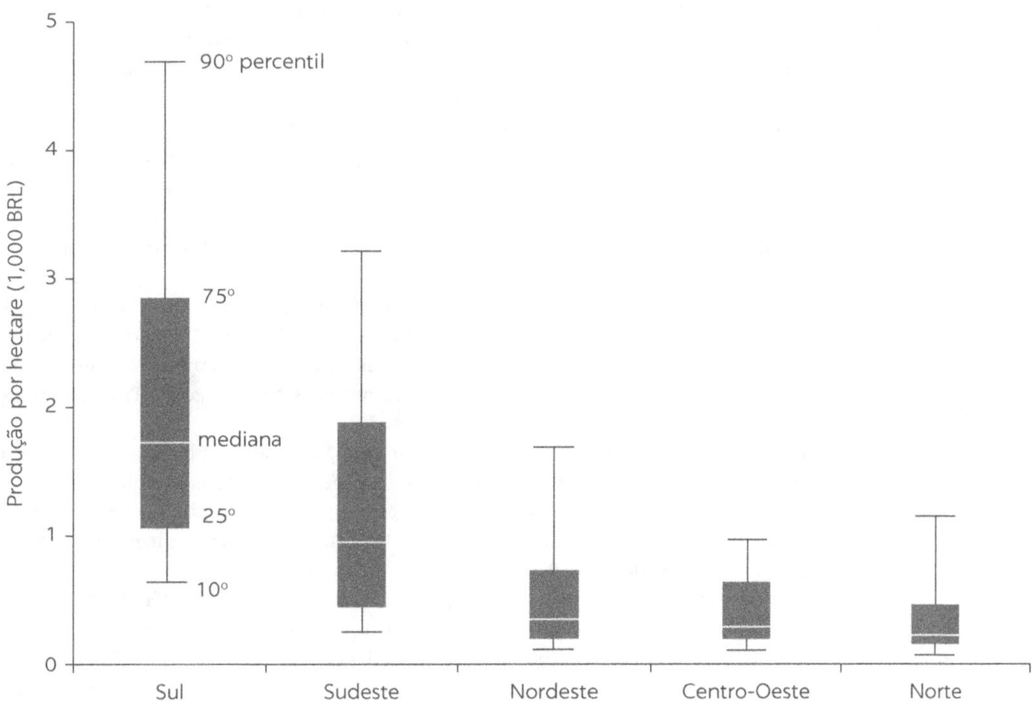


*Fonte:* Helfand et al. 2015.
*Nota:* PTF = Produtividade Total dos Fatores; ha = hectares.

## NOTAS

1. Este Capítulo discute uma série de políticas que podem melhorar a concorrência. No entanto, não reflete uma avaliação abrangente da implementação da política de concorrência do Brasil, que está além do escopo deste relatório. Para mais detalhes sobre o que a política de concorrência engloba, veja, por exemplo, Kitzmueller e Licetti (2012).
2. O estudo que subsidiou este Capítulo apresenta uma análise econométrica que mede a associação entre a margem preço-custo e subsequente crescimento da produtividade do trabalho no nível setorial. A análise parte da metodologia de Aghion et al. (2008) e usa dados da CNAE de 3 dígitos da Pesquisa Industrial Anual 2007-2014. Os resultados sugerem que uma queda de 10% na média geral da margem preço-custo de 0.14 é associada com um aumento no crescimento da produtividade do trabalho de 3.4 por cento ao ano.
3. Houve melhora no Chile, México, África do Sul e Rússia (países usados na comparação), bem como em todos os outros países da OCDE, à exceção da Islândia, Irlanda, Luxemburgo e Nova Zelândia.
4. Embora seria esperado que o comércio no Brasil fosse menor por se tratar de um país grande e mais distante dos principais parceiros comerciais, o país é o menos aberto e está significativamente abaixo da sua abertura de benchmark com base em várias especificações econométricas que controlam o tamanho e distância dos países para os principais parceiros comerciais (Lederman et al, 2014).
5. Este número considera preferências bilaterais. A média simples da tarifa MFM foi de 13.5 no Brasil em 2016.
6. Ver em Stone et al (2015) a lista completa de medidas em vigor na América Latina e implementadas no Brasil entre 2008 e 1 de abril de 2014.
7. Estes resultados também são válidos quando se utiliza o OCDE STRI; os últimos números de 2017 mostram que o Brasil tem um desempenho pior do que o México, Chile e Colômbia para contabilidade, arquitetura, engenharia e serviços legais, bancos comerciais e seguros. Para telecomunicações e varejo, o valor do índice STRI para o Brazil é zero.
8. Isso obriga as empresas a adotarem estratégias dispendiosas de hedge e prejudica sua capacidade de produzir segundo o modelo just-in-time ou reagir rapidamente às mudanças de demanda. As evidências sugerem que os custos de retenção de estoque podem variar de 15 a 50 por cento do custo dos bens por ano (Clark et al., 2016). Da mesma forma, cada dia em trânsito equivale a uma tarifa ad-valorem entre 0,6 e 2,3 por cento; o comércio de componentes, por exemplo, é extremamente sensível a prazos (Hummels e Schauer, 2013). Os atrasos alfandegários também reduzem o valor das exportações e a própria diversificação do mercado exportador (Volpe Martincus et al., 2015).
9. Organizado como um esforço conjunto entre mais de 20 agências e o setor privado, o Portal Unico promove a simplificação, racionalização e redução de custos de procedimentos e formalidades relacionados ao comércio com o apoio de ferramentas de gerenciamento de riscos, automação e tecnologia da informação. A iniciativa visa eliminar formalidades redundantes e requisitos documentais, otimizar o desempenho das agências que intervêm no comércio e reduzir em 40% o tempo médio para exportar e importar. De acordo com 2018 *Doing Business*, o tempo médio para cumprir as obrigações documentais de exportação caiu de 18 a 12 horas entre 2016 e 2017, uma redução de um terço. O tempo médio no lado das importações diminuiu de 120 para 48 horas, uma redução de 60%. O Brasil melhorou por dez posições no indicador "Trading across borders".
10. Exemplos recentes incluem a cooperação entre o Mercosul e os países da Aliança do Pacífico para possibilitar o intercâmbio de documentos de comércio eletrônico. Certificados de origem, originalmente em papel, já estão sendo substituídos por documentos digitais com Argentina, Chile e Uruguai. O Brasil também está trabalhando para trocar certificados fitossanitários eletrônicos com os Estados Unidos.
11. Rossi Jr e Ferreira (1999) demonstram que uma redução de 10% nas tarifas de importação estaria associada a um aumento do crescimento da produtividade do trabalho de 0,88% ao ano e da PTF de 3,3% ao ano nos setores. Muendler (2004) e Schor (2004) relatam efeitos semelhantes decorrentes da pressão da concorrência estrangeira sobre a produtividade das empresas. Lisboa et al. (2010) confirmam que a liberalização do comércio nos anos 90 trouxe impactos positivos para a produtividade das empresas manufatureiras, sendo que o fator mais importante foi a redução das tarifas de insumos.

12. O modelo de EGC utilizado foi o LINKAGE, um modelo dinâmico, multissetorial e multirregional que abrange toda a economia. O modelo rastreia as interconexões entre os setores por meio de transações insumo -produto (input-output), bem como várias fontes de demanda final, incluindo o consumo pelo governo e por empresas privadas, importações, exportações e investimentos. O primeiro passo da análise dinâmica é a criação de um cenário de linha de base a longo prazo, que reflita a projeção das economias do Brasil e do mundo com as políticas em vigor. Esta linha de base é usada para comparar cenários alternativos nos quais as políticas são alteradas. As diferenças nos efeitos estimados (sobre o PIB, o comércio e a produção) refletem diferentes hipóteses sobre os cenários de reforma de políticas.
13. Os resultados do EGC são estimativas conservadoras. Embora o modelo seja dinâmico no sentido de que o estoque de capital pode mudar ao longo do tempo, ele não inclui outros fatores dinâmicos, como o aumento da produtividade devido aos efeitos de crescimento endógeno causados por spillovers tecnológicos, o "aprender fazendo" e o influxo de tecnologia externa e IDEs em busca da eficiência proporcionada pela liberalização.
14. O resultado é uma redução de 15 por cento dos equivalentes tarifários para bens e serviços.
15. Nesse caso, a tarifa média ponderada pelo comércio e aplicada pelo Brasil aos produtos dos países da Aliança do Pacífico passaria de 1,3 para 0,3 por cento. A tarifa média da Aliança do Pacífico para o Brasil passaria de 2,9 para 0,8 por cento.
16. As empresas manufatureiras do Brasil que atuam em indústrias com alto nível de integração estrutural às CGVs - ou seja, que são iguais ou superiores ao 75o percentil em todos os 22 países da amostra relativa a indústria em questão - apresentam níveis muito mais elevados de produtividade do trabalho do que empresas que atuam em indústrias com menor integração às CGVs. Na amostra brasileira, a diferença de produtividade é maior quando a integração à CGV envolve um vendedor (11,2 por cento, em média) do que quando a integração à CGV envolve um comprador (8,5 por cento, em média), se todas as demais variáveis permanecerem constantes. Em comparação, os resultados sugerem que a integração à CGV como vendedor, em nível industrial, está correlacionada com um menor excedente de produtividade do trabalho (3,8 por cento, em média) na amostra de 22 países; não existe correlação no caso de integração à CGV como comprador.
17. Na Figura 3.8, o número de acordos assinados é representado pelas linhas que conectam diferentes países (nós) através de APCs. O comércio relacionado ao CGVs é representado pelo tamanho dos nós e a largura das linhas que ligam os pontos
18. Banco de dados Exporter Dynamics Database.
19. O órgão de inspeção agrícola supervisiona o comércio internacional de animais, vegetais e insumos agrícolas, incluindo alimentos para animais e outros produtos de origem animal ou vegetal. Atualmente, realiza 100 por cento de inspeções físicas e, com isso, tem margem para melhorar sua estratégia de gerenciamento de risco.
20. Do ponto de vista conceitual, o aumento das tarifas de importação aprecia a taxa real de câmbio nacional, à medida que a taxa da política interna e o diferencial da taxa de juros internacional aumentam. A apreciação dos termos comerciais, por sua vez, induz um efeito positivo sobre o consumo, mas também desacelera as exportações líquidas reais (Linde e Pescatori 2017).
21. Bacha e Bonelli (2016) ressaltam que o Brasil e o México seguiram traje tórias relativamente similares em matéria de produtividade do trabalho, por um período muito mais longo do que os últimos vinte anos apresentados na Figura 2.3 - com queda do crescimento anual da produtividade do trabalho de 4,2 para 0,4 por cento no Brasil e de 3,4 para -0,2 por cento no México entre 1950-80/81 e 1981/82-2014.
22. As diferenças de preços incluem tarifas e impostos adicionais sobre o consumo local, gastos com frete e mark-ups diversos. O dispositivo é o tablet iPad Pro de 10,5 polegadas da Apple, com Wi-Fi e 64GB, que custava US$ 1.619 no Brasil, US$ 703 na Califórnia e US$ 638 em Hong Kong, na China, no dia 9 de setembro de 2017 (Commonwealth Bank of Australia 2017).
23. A análise empírica apresentada no estudo de base para este Capítulo aplica um método de pontuação de propensão combinado com um estimador de diferença em diferenças para avaliar como o crédito fornecido nos Fundos de Financiamento Constitucional regionais e os empréstimos concedidos pelo BNDES sob a Política de Dinamização Regional (a PDR) - especificamente as linhas BNDES Automatico e BNDES FINEM - impactam o crescimento da produtividade local entre 2008 e 2014. A análise compara áreas minimamente

comparáveis (MCAs) de acordo com o tipo de créditos que recebem: Fundos Constitucionais, BNDES e ambos os tipos de créditos. Uma análise cuidadosa das políticas espacialmente visadas mostra pouca evidência de um impacto diferenciado na produtividade local. Só quando as políticas sectoriais e espaciais são coordenadas e reforçam-se mutuamente, elas estão associadas à melhoria da produtividade.

24. Reduzir o custo de fazer negócios é uma medida importante, mas não necessariamente suficiente, para aumentar a concorrência. Mesmo que o custo do pagamento de impostos, a obtenção de eletricidade, ou o tratamento de licenças de construção seja reduzido, ainda pode haver barreiras regulatórias (licenças, permissões) específicas à entrada de cada mercado ou setor, outras intervenções governamentais, e características estruturais dos mercados que facilitem o comportamento anticompetitivo, como os acordos colusivos.
25. Segundo a Endeavor Brasil (2017), a variação em termos do tempo médio para se abrir uma empresa nos municípios é alta. Entre os 32 municípios pesquisados, Cuiabá ficou em primeiro lugar, com um tempo médio de 20 dias. Porto Alegre é o último município da lista, com 145 dias. O mesmo relatório classifica os municípios em termos de "carga" tributária, considerando os seguintes elementos: as alíquotas fiscais (ICMS, IPTU e ISS) e o número médio de incentivos fiscais; Ribeirão Preto foi classificado em primeiro lugar, com o índice de 8.14; no último lugar ficou o Rio de Janeiro, com o índice 4.48.
26. Essa conclusão condiz com uma pesquisa recente de avaliações rigorosas do impacto de programas que visam à formalização das PMEs, e que sugere que a maioria dos programas de formalização tem impacto limitado e que os esforços de fiscalização da formalidade costumam ter melhores resultados (Piza et al., 2016).
27. A análise do agrupamento de empresas concentradas perto do limite se revelou bastante útil em outros países e poderia ser realizada com facilidade no Brasil, se os dados estivessem disponíveis. Aghion et al. (2017) ilustram o que é possível fazer do ponto de vista empírico. Eles utilizam novos dados administrativos sobre as declarações de imposto de renda de pessoas físicas na França para demonstrar que os critérios de elegibilidade para as alíquotas fiscais e a simplificação do regime fiscal geram um grande acúmulo (agrupamento) de empresas logo abaixo desses limites. Eles também estimam o valor das mudanças nas alíquotas fiscais e a simplicidade para os trabalhadores autônomos / empresários e concluem que o custo da complexidade fiscal é regressivo, e afeta principalmente os trabalhadores autônomos de baixa escolaridade, baixa renda e pouca qualificação.
28. A partir de 1999, o ano da primeira condenação do carré do CADE, até o ano de 2012, ano da introdução da atual lei da concorrência, o CADE arrecadou R $ 450 milhões em multas e assentamentos contra práticas anticompetitivas. De 2013 a 2016, em grande parte devido a um maior foco na aplicação de práticas anticompetitivas e uma estrutura de liquidação melhorada, o CADE coletou R $ 1,6 bilhão, mais de três vezes mais dinheiro em menos de um terço do tempo, um ganho de eficiência de dez vezes . Somente em 2017, a entidade de defesa da concorrência no Ministério dada Fazenda ajudou a moldar a legislação de Uber, defendeu mudanças pró-competição para a nova política automotiva Rota 2030 proposta e realizou intervenções diretas para limitar o impacto anticoncorrencial das medidas antidumping entre outras actividades.
29. Krueger (1994) estima o valor das rendas ligadas às importações, investimentos públicos, commodities controladas, ferrovias e racionamento de crédito na Índia em mais de 7 por cento do PNB em 1964; o valor das rendas advindas de licenças de importação na Turquia, em 1968, foi estimado em cerca de 15 por cento do PNB. Com a busca competitiva de renda (rent-seeking), o valor das rendas representa o valor dos recursos nacionais que podem ser completamente perdidos pela economia, à medida que são transferidos para contas bancárias estrangeiras e investidos em outros locais.
30. Baseados em uma comparação da situação no Brasil - em matéria de atividades de pesquisa, transferência de tecnologia e inovação - e em países comparáveis, Zuniga et al. (2016) ressaltam a necessidade de uma concorrência mais efetiva no mercado como condição necessária para um apoio estatal mais efetivo à inovação.
31. Segundo Maloney e Sarrias (2017), esse resultado vale para as economias mais avançadas; eles não conseguiram replicar esse resultado em todos os países da amostra. Para uma análise mais aprofundada do papel das práticas de gestão enquanto capacidades essenciais para a inovação nas empresas, ver o Capítulo 4 de Cirera e Maloney (2017).
32. O Banco Mundial (2016c, d) apresenta análises comparativas entre o Brasil e as economias da OCDE em matéria de restrições regulatórias relacionadas à concorrência e que afetam a prestação de serviços de engenharia, jurídicos, contábeis e de arquitetura.

33. O documento de referência sobre a produtividade agrícola destaca que houve uma quebra estrutural positiva na taxa de crescimento da PTF em 1997, da taxa média anual de 3 por cento desde a década de 1970 para a taxa de 4,3 por cento em 2014, e que ela foi impulsionada pelo maior crescimento da PTF na pecuária em 1990 e exacerbada pelo aumento da PTF na agricultura a partir de 2002 (e mais intensamente a partir de 2008).
34. Um estudo de Gasques (2012), destacado no documento de referência, conclui que aumentos de um por cento nas despesas públicas com pesquisa agrícola, no valor do crédito agrícola e nas exportações do agronegócio aumentariam a PTF agrícola em 0,35 por cento, 0,25 por cento e 0,14 por cento, respectivamente, com diversos níveis de defasagem.
35. A taxa de desmatamento no Brasil chegou ao ápice de quase 27 mil quilômetros quadrados por ano em 2004. Em seguida, caiu para 4.570 quilômetros quadrados por ano em 2012, antes de subir de novo e atingir a marca de 7.890 quilômetros quadrados entre agosto de 2015 e julho de 2016, de acordo com o Instituto Brasileiro de Pesquisas Espaciais (INPE).

## REFERÊNCIAS


Afonso, José Roberto, and Gabriel Barros. 2013. "Desoneração da Folha: Renúncia Revisitada," Nota Técnica do IBRE, FGV-IBRE, Rio de Janeiro.

Aghion, P., U. Akcigit, A. Hyytinen, and O. Toivanen. 2017. *Leaving the American Dream in Finland: The Social Mobility of Inventors*. Mimeo.

Aghion, P., M. Braun, and J. Fedderke. 2008. "Competition and Productivity Growth in South Africa." *Economics of Transition* 16 (4): 741–68.

Appy, Bernard. 2017. "Tributação e produtividade no Brasil." In *Anatomia da produtividade no Brasil*, edited by Regis Bonelli, Fernando Veloso, and Armando Castelar Pinheiro, 323–60. Rio de Janeiro: Elsevier and FGV/IBRE.

Bacha, Edmar, and Regis Bonelli. 2016. "Dois colapsos de crescimento: Brasil e México desde o início dos anos 1980." *Novos Estudos* 105: 105–81.

Baumol, William J. 1990. "Entrepreneurship: Productive, Unproductive and Destructive." *Journal of Political Economy* 98 (5): 893–921.

Bloom, Nicholas, Benn Eifert, Aprajit Mahajan, David McKenzie, and John Roberts. 2013. "Does Management Matter? Evidence from India." *Quarterly Journal of Economics* 128 (1): 1–51.

Bloom, Nicholas, Renata Lemos, Raffaella Sadun, Daniela Scur, and John Van Reenen. 2014. "The New Empirical Economics of Management." *Journal of the European Economic Association* 12 (4): 835–76.

Bloom, Nicholas, Raffaella Sadun, and John Van Reenen. 2016. "Management as a Technology?," Mimeo, Stanford.

Brambilla, Irene, and Darío Tortarolo. 2018. "Investment in ICT, Productivity and Labor Demand: The Case of Argentina." Policy Research Working Paper 8325, Washington, DC: World Bank.

Bravo-Biosca, Albert, Chiara Criscuolo, and Carlo Menon. 2013. "What Drives the Dynamics of Business Growth?" *OECD Science, Technology and Industry Policy Papers* No. 1, OECD Publishing, Paris.

Canuto, Otaviano, Matheus Cavallari, and Jose Guilherme Reis. 2013. "Brazilian Exports: Climbing Down a Competitiveness Cliff" *World Bank Policy Research Working Paper* No. 6302, World Bank, Washington, DC.

Cirera, Xavier, and William F. Maloney. 2017. *The Innovation Paradox: Developing-Country Capabilities and the Unrealized Promise of Technological Catch-Up*. Washington, DC: World Bank. https://doi.org/10.1596/978-1-4648-1160-9.

Cirera, Xavier, Daniel Lederman, Juan Máñez, María Rochina, and Juan Sanchis. 2015. https://ideas.repec.org/a/zbw/ifweej/201522.html https://ideas.repec.org/s/zbw/ifweej.html, Kiel Institute for the World Economy (IfW), vol. 9, pages 1-31.

Commonwealth Bank of Australia. 2017. "CommSec iPad/iPhone indexes" *Economic Insights*, September 11, Sydney.

Corseuil, Carlos Henrique L., and Rodrigo Leandro Moura. 2017. "O Impacto do Simples no Nível de Emprego da Indústria Brasileira." Mimeo. IPEA, Rio.

Corseuil, Carlos Henrique L., Marcelo Neri, and G. Ulyssea. 2016. "Uma análise exploratoria dos efeitos da política de formalização dos microemprendedores individuales." In *Causas e consequências da informalidade no Brasil*, edited by F. Barbosa Filho, G. Ulyssea and F. Veloso. Rio de Janeiro: Elsevier.

Devereux, Michael, and Irem Guceri. 2015. "Can 'the Good Law' get better? An impact study of Isenção Fiscal em Pesquisa e Desenvolvimento, 'the Good Law,'" Mimeo, Centre for Business Taxation, University of Oxford.

Diniz, Érica, and José Roberto Afonso. 2014. "Benefícios Fiscais Concedidos (e Mensurados) pelo Governo Federal", Texto de Discussão, January, FGV-IBRE, Rio de Janeiro.

Dutz, Mark, Rafael Barroso, Joao Bevilaqua Teixeira Basto, Xavier Cirera, Cornelius Fleischhaker, Antonio Nucifora, and Mariana Vijil. 2017. "Business Support Policies in Brazil: Large Spending, Little Impact." Background Paper to *Um Ajuste Justo: Análise da eficiência e equidade do gasto público no Brasil*. World Bank, Brasilia.

Endeavor Brasil. 2017. *Índice de Cidades Emprendedoras - Brasil 2017*. Sao Paulo: Endeavor Brasil.

FGV. 2013. *Avaliação do Impacto da Desoneração Tributária da Folha de Pagamento nos Setores de Confecções, Couro e Calçados e Tecnologia de Informação e Comunicação*. Ministério da Fazenda. Secretaria de Política Econômica (SPE). Relatório Final, Brasilia.

——. 2014a. *Avaliação de Impactos Econômicos e Setoriais da Desoneração Tributária da Folha de Pagamentos*. Ministério da Fazenda. Secretaria de Política Econômica (SPE). Relatório Preliminar, Brasilia.

——. 2014b. *Avaliação de Impactos Econômicos e Setoriais da Desoneração Tributária da Folha de Pagamentos—Setores Selecionados*. Ministério da Fazenda. Secretaria de Política Econômica (SPE). Relatório Preliminar, Brasilia.

Frischtak, Claudio, and Armando Castelar Pinheiro, eds. 2014. *Gargalos e soluções na infraestrutura de transportes*. Rio: FGV Editora.

Fuentes, Rodrigo, and Veronica Mies. 2017. "Technological Absorptive Capacity and Development Stage: Disentangling Barriers to Riches." Mimeo, October, Santiago, Chile.

Garcia, Felipe, Adolfo Sachsida, and Alexandre Xavier Ywata de Carvalho. 2018. "Impacto da Desoneração da Folha de Pagamentos sobre o Emprego: Novas Evidências", Texto para Discussão 2357, IPEA, Brasilia.

Gasques, J. G., E.T. Bastos, C. Valdes, and M.R.P. Bacchi. 2012. "Produtividade da agricultura brasileira e os efeitos de algumas políticas." *Revista de Política Agrícola*, 21 (3): 83–92.

Helfand, Steven M., Marcelo M. Magalhães, and Nicholas E. Rada. 2015. "Brazil's Agricultural Total Factor Productivity Growth by Farm Size." IDB Working Paper Series No. 609. Washington, DC: IADB.

Hollweg, Claire, and Nadia Rocha. 2017. "Global Value Chain Participation and Deep Integration in Brazil." Policy Note, World Bank, Washington, DC.

Hummels, David L., and Georg Schaur. 2013. "Time as a Trade Barrier." *American Economic Review* 103 (7): 2935–59.

Iacovone, L., and M. Pereira-Lopez. 2018. "ICT Adoption and Wage Inequality: Evidence from Mexican Firms." Policy Research Working Paper 8298, Washington, DC: World Bank.

IADB (Inter-American Development Bank). 2017. *Assessing Frim-Support Policies in Brazil*. Office of Evaluation and Oversight. Washington, DC: IADB.

Kannebley, Sérgio, Jr., and Geciane Porto. 2012. "Incentivos Fiscais à Pesquisa, Desenvolvimento e Inovação no Brasil: Uma avaliação das políticas recentes." Discussion Paper 236, Washington, DC: Inter-American Development Bank.

Klapper, Leora, Luc Laeven, and Raghuram Rajan. 2006. "Entry Regulation as a Barrier to Entrepreneurship." *Journal of Finance* 82 (3): 591–629.

Krueger, Anne. 1974. "The Political Economy of the Rent-Seeking Society." *American Economic Review* 64 (3): 291–303.

Lederman, D., J. Messina, S. Pienknagura, and J. Rigolini. 2014. *Latin American Entrepreneurs: Many Firms but Little Innovation*. Washington, DC: World Bank.

Linde, J., and A. Pescatori. 2017. "The Macroeconomic Effects of Trade Tariffs: Revisiting the Lerner Symmetry Result." IMF Working Paper 17/151, Washington, DC: International Monetary Fund.

Lisboa, M., N. Menezes Filho, and A. Schor. 2010. "The Effects of Trade Liberalization on Productivity Growth in Brazil: Competition or Technology?" *Revista Brasileira de Economia* 64 (3): 277–89.

Maloney, William, and Mauricio Sarrias. 2017. "Convergence to the Managerial Frontier." *Journal of Economic Behavior and Organization* 134 (C): 284–306.

Miller, Ben, and Robert Atkinson. 2014. "Digital Drag: Ranking 125 Nations by Taxes and Tariffs on ICT Goods and Services." Mimeo. Washington, DC: The Information Technology and Innovation Foundation (ITIF).

Miranda, Ricardo Nunes. 2013. "Zona Franca de Manaus: Desafios e Vulnerabilidades." Texto para Discussão 126. Senado Federal, Brasilia.

Monteiro, Joana. 2016. "Saindo da informalidade: O impacto do SIMPLES na formalização de empresas." In *Causas e Consequências da Informalidade no Brasil*, edited by Fernando Holanda Barbosa Filho, Gabriel Ulyssea and Fernando Veloso. 169-86. Rio de Janeiro: Elsevier.

Muendler, Marc-Andreas. 2004. "Trade, Technology, and Productivity: A Study of Brazilian Manufacturers, 1986–1998." Mimeo, San Diego, CA: University of San Diego.

OECD. 2013. "Competition and Poverty Reduction: Contributions from Brazil to the Global Forum on Competition." Directorate for Financial and Enterprise Affairs Competition Committee, Paris: OECD.

Piza, Caio. 2016. "Revisiting the Impact of the Brazilian SIMPLES Program on Firms' Formalization Rates." Policy Research Working Paper 7605, Washington, DC: World Bank. http://documents.worldbank.org/curated/en/901421467995383598/Revisiting-the-impact-of-the-Brazilian-SIMPLES-program-on-firms-formalization-rates.

Rossi, J.L., Jr., and P. Ferreira. 1999. "Evolução da Produtividade Industrial Brasileira e Abertura Comercial." Texto para Discussao IPEA # 0651, IPEA, Brasilia.

Scherer, Clóvis. 2015. "Desoneração da Folha de Pagamentos: Efeitos no Emprego e nos Salários." *Mercado de Trabalho* 59 (outubro): 35–43.

Schor, Adriana. 2004. "Heterogeneous productivity response to tariff reduction: Evidence from Brazilian manufacturing firms." *Journal of Development Economics* 75 (2): 373–96.

SPE (Secretaria de Política Econômica). 2015. "Nota de Análise sobre a Desoneração da Folha", April, Ministry of Finance, Brasilia.

Stone, S., D. Flaig, and J. Messent. 2015. "Emerging Policy Issues: Localisation Barriers to Trade." Working Party of the Trade Committee, TAD/TC/WP(2014)17/FINAL, OECD, Paris.

Sturgeon, Timothy, Gary Gereffi, Andrew Guinn, and Ezequiel Zylberberg. 2013. *Brazilian Manufacturing in International Perspective: A Global Value Chain Analysis of Brazil's Aerospace, Medical Devices, and Electronics Industries.* Report prepared for Brazil's Confederação Nacional da Indústria (CNI). http://www.cggc.duke.edu/pdfs/CNI_Brazil_GVC_Report_Final_2013-09-05.pdf.

Taglioni, Daria, and Deborah Winkler. 2016. *Making Global Value Chains Work for Development. Trade and Development*. Washington, DC: World Bank.

Tirole, Jean. 2017. *Economics for the Common Good*. Princeton, NJ: Princeton University Press.

Volpe Martincus, Christian, Jerónimo Carballo, and Alejandro Graziano. 2015. "Customs". *Journal of International Economics*, 96:1, 119–37.

Wacziarg, Romain, and Karen Horn Welch. 2018. "Trade Liberalization and Growth." *World Bank Economic Review* 22 (2): 187–231.

World Bank. 2014. "Debt Resolution and Business Exit: Insolvency Reform for Credit, Entrepreneurship, and Growth." Viewpoint, Note 343, Washington, DC: World Bank.

——. 2016a. "Restrições Regulatórias Relacionadas à Concorrência em Serviços de Engenharia no Brasil." Mimeo. Washington, DC: World Bank.

——. 2016b. "Uma Breve Análise das Restrições Regulatórias Relacionadas à Concorrência em Serviços de Advocacia, Contabilidade e Arquitetura no Brasil com base nos Indicadores de Regulação do Mercado de Produtos da OCDE." Mimeo. Washington, DC: World Bank.

——. 2017a. *Back to Planning: How to Close Brazil's Infrastructure Gap in Times of Austerity (English)*. Washington, DC: World Bank. http://documents.worldbank.org/curated/en/386151499876913758/Back-to-planning-how-to-close-Brazils-infrastructure-gap-in-times-of-austerity.

——. 2017b. *Um ajuste justo: análise da eficiência e equidade do gasto público no Brasil: Volume I: síntese (Portuguese)*. Washington, DC: World Bank. http://documents.worldbank.org/curated/en/884871511196609355/Volume-I-síntese.

——. 2018. *Doing Business 2018. Reforming to Create Jobs*. Washington, DC: World Bank.

Zuniga, Pluvia, Fernanda de Negri, Mark Dutz, Dirk Pilat, and Andre Rauen. 2016. "Conditions for Innovation in Brazil: A Review of Key Issues and Policy Challenges", Mimeo, World Bank, Washington, DC.

Zylberberg, Ezequiel. 2016. "Redefining Brazil's Role in Information and Communications Technology Global Value Chains." MIT-IPC Working Paper 16-003, MIT, Cambridge, MA.

# 4 As causas do baixo crescimento da produtividade

## A NECESSIDADE DE MELHORAR O FUNCIONAMENTO DOS MERCADOS FINANCEIRO E DE TRABALHO

Atrair investidores privados para o negócio. Essa foi a alternativa encontrada pelo empresário carioca Dalmo Marcolino para viabilizar sua marca de cerveja artesanal, a Bierteria. Dalmo buscou ajuda, sem sucesso, junto à Federação das Indústrias do Estado do Rio de Janeiro e a Financiadora de Estudos e Projetos (Finep). O BNDES não configurou entre as opções do empresário devido à burocracia e falta de garantias suficientes para cumprir os requisitos do banco público de fomento. O caminho para o crédito público e subsidiado, historicamente, sempre foi mais fácil para grandes empresas. Dalmo lamenta as dificuldades de acesso a meios de financiamento: "aqui no Brasil, você paga para abrir a empresa e enfrenta a burocracia para só depois faturar".

**SUMÁRIO** Uma das principais razões da má alocação de capital e mão de obra - e, portanto, da queda da produtividade no Brasil - é o conjunto de distorções prevalecentes causadas por políticas introduzidas ostensivamente para compensar falhas no mercado. Por exemplo, o crédito subsidiado direcionado a empresas e setores específicos não teve efeitos perceptíveis na produtividade dos beneficiados. Na realidade, ele tem sido usado de modo geral como ferramenta para proteger empresas já estabelecidas no mercado e distorcer a concorrência. Muitas empresas inovadoras, jovens e com potencial de crescimento ficaram sem acesso a financiamento - o que pode explicar, em parte, sua contribuição limitada para a criação de empregos e o crescimento da produtividade. Da mesma forma, as políticas para o mercado de trabalho estão mais voltadas a proteger os trabalhadores com empregos formais; enquanto que o apoio à busca por emprego, a capacitação e outras políticas para o mercado de trabalho recebem bem menos atenção e recursos no Brasil do que em países comparáveis. A sobreposição e má coordenação dos benefícios para os desempregados incentivam o aumento da rotatividade e desestimulam o aprendizado no local de trabalho e a formação de capital humano nas empresas.

Essas distorções podem ter contribuído para a queda dos retornos (em toda a economia) dos grandes investimentos que o Brasil fez em educação, ainda que os retornos privados permaneçam bastante positivos. As reformas dos mercados de crédito e de trabalho foram etapas iniciais importantes para reduzir a má alocação de capital e mão-de-obra induzida por políticas no Brasil. São, portanto, ingredientes fundamentais da agenda para aumentar a produtividade.

As políticas de capital e de mercado de trabalho podem ter contribuído para a baixa da produtividade do Brasil, ao agravar, em vez de reduzir, as distorções. Mais da metade da diferença de renda entre o Brasil e os EUA pode ser explicada por diferenças de eficiência no uso de recursos e trabalhadores (Capítulo 2). Portanto, embora este Capítulo mencione brevemente as taxas de poupança e de investimento em capital físico e humano, ele trata, principalmente, das ineficiências na alocação de capital e mão-de-obra. O Capítulo relata como as políticas financeiras que visavam alocar financiamento de baixo custo para empresas existentes, bem como políticas do mercado de trabalho voltadas para a proteção e o aumento dos rendimentos dos trabalhadores em empregos formais, tiveram efeitos perversos e negativos sobre o crescimento da produtividade. O tema subjacente é como políticas supostamente bem-intencionadas e concebidas com outros objetivos acabaram gerando distorções que impedem a alocação de capital e mão-de-obra para empresas jovens, produtivas e em crescimento.

As distorções nos mercados de insumos, portanto, agravaram as distorções nos mercados de produção e enfraqueceram ainda mais a pressão da concorrência. Além disso, se os mercados de capital e de trabalho não permitirem que os recursos fluam facilmente entre empresas e setores, isso pode neutralizar o impacto do aumento da concorrência no mercado de produtos decorrente da integração externa e interna sobre a produtividade; e quem tiver que enfrentar os choques negativos dos preços pode não conseguir se ajustar. As reformas dos mercados de capital e de trabalho são, portanto, parte integrante da agenda de políticas voltadas para o aumento da produtividade e da prosperidade compartilhada.

## DISTORÇÕES NO MERCADO FINANCEIRO E NOS INVESTIMENTOS

O Brasil é tradicionalmente um país com baixas taxas de poupança agregada e, consequentemente, baixas taxas de investimento. A poupança nacional vem se mantendo consistentemente abaixo de 20 por cento do PIB. Esse baixo nível de poupança se traduz em baixos níveis de investimento agregado, que raramente ultrapassaram esse nível, mesmo com grandes influxos de Investimento Externo Direito; assim como na década de 1970, o resultado foi uma crise da dívida externa e da balança de pagamentos. Um dos motivos para os baixos níveis de poupança e investimentos pode ser o histórico de volatilidade macroeconômica do Brasil desde o início da década de 1960, que pode ter desincentivado o aumento das taxas de intermediação financeira.

Os desequilíbrios macroeconômicos e o legado de dívidas públicas volumosas se traduzem em margens de juros elevadas. Exacerbados por ineficiências microeconômicas e institucionais, os spreads da taxa de juros permanecem excepcionalmente elevados em comparação a economias similares (Figura 4.1). A regulação dos bancos é prudente para evitar a tomada de risco excessiva e, em geral, os bancos apresentam níveis adequados de capitalização e lucratividade.

O setor bancário manteve renda saudável mesmo durante a recente crise, refletindo práticas de empréstimos cautelosas e a facilidade de cobrar margens altas. Uma parcela enorme do total de ativos do setor bancário é investida em títulos do governo (Figura 4.2), proporcionando o aumento das margens. Por outro lado, o acesso de muitas empresas ao crédito permanece limitado enquanto os prazos de vencimento costumam ser curtos, prejudicando o financiamento de investimentos de capital a longo prazo.

FIGURA 4.1

**Os spreads bancários no mercado aberto são um ponto fora da curva (outlier) no cenário internacional...**

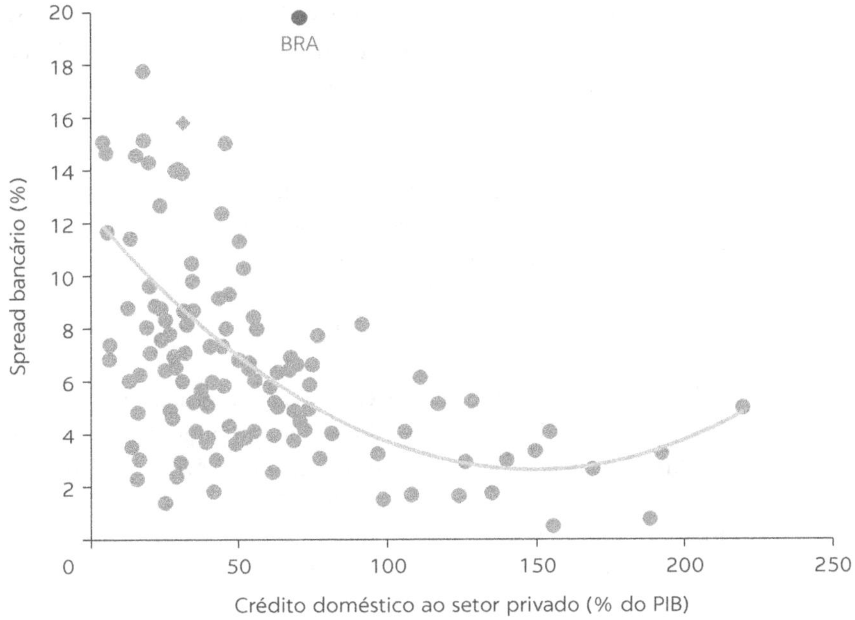


*Fonte:* World Development Indicators.

FIGURA 4.2

**...ao passo que grande parcela dos ativos bancários é investida em títulos do governo**

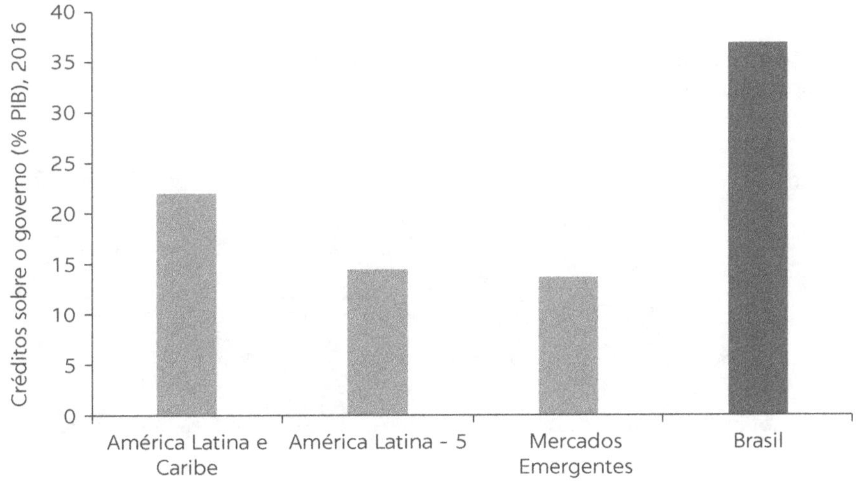


*Fonte:* World Development Indicators.
*Nota:* América Latina-5 são Argentina, Brazil, Chile, Colómbia e México; Mercados Emergentes são AL-5 mais China, Índia, Indonésia, Hungria, Malásia, Perú, Filipinas, Polônia, Rússia, Tailândia, Tunísia, Turquia e África do Sul.

A estrutura e a contestabilidade do mercado bancário também podem ajudar a explicar os spreads excepcionalmente elevados no Brasil. Quase metade do sistema bancário é estatal e está ficando cada vez mais concentrado: os seis maiores bancos representam 81 por cento dos ativos do sistema. Os dois maiores bancos, Banco do Brasil e Caixa Econômica Federal, são públicos e representam cerca de 40 por cento dos ativos do sistema, enquanto 69 por cento dos ativos dos bancos privados pertencem aos três maiores bancos privados do país. Além disso, as políticas de concorrência apresentam deficiências capazes de alçar os poderes de mercado a um nível incontrolável, incluindo regras complexas para a abertura de agências e subsidiárias de bancos estrangeiros, que chegam a precisar da aprovação do presidente, e a falta de interoperabilidade do sistema de pagamentos. Também é importante ressaltar que a legislação talvez não defina com clareza as responsabilidades do Banco Central e da autoridade de regulação da concorrência e não elucide qual órgão é responsável por garantir a concorrência adequada no sistema bancário e evitar abusos do poder de mercado por parte dos bancos.[1]

Para combater os efeitos do ambiente macrofinanceiro volátil e resolver as falhas remanescentes de mercado, o Governo Federal tem recorrido a fortes intervenções nos mercados de crédito. Não apenas por meio da propriedade direta dos bancos comerciais, mas também e de forma ainda mais importante, através do chamado sistema de crédito direcionado que passou a representar cerca de metade do total de crédito para a economia (Figura 4.3). O crédito direcionado subsidiado cresceu rapidamente na esteira da crise financeira mundial com um objetivo contracíclico, mas não foi reduzido quando o crescimento retornou. O crédito direcionado destina-se, principalmente, a projetos de infraestrutura e desenvolvimento, atividades rurais e habitação. O crédito total se divide em partes aproximadamente iguais entre empresas e agregados familiares e, nessas categorias, se divide quase por igual entre o crédito direcionado e não direcionado (Figura 4.4).

Embora os bancos privados tenham uma participação marginal no sistema de crédito direcionado, ele é intermediado, na maioria dos casos, por bancos públicos. O Banco do Brasil e a Caixa Econômica Federal dominam os mercados de crédito rural e financiamento de imóveis residenciais, com 55 por cento e 73

FIGURA 4.3

**O crédito direcionado aumentou rapidamente após a crise financeira mundial...**

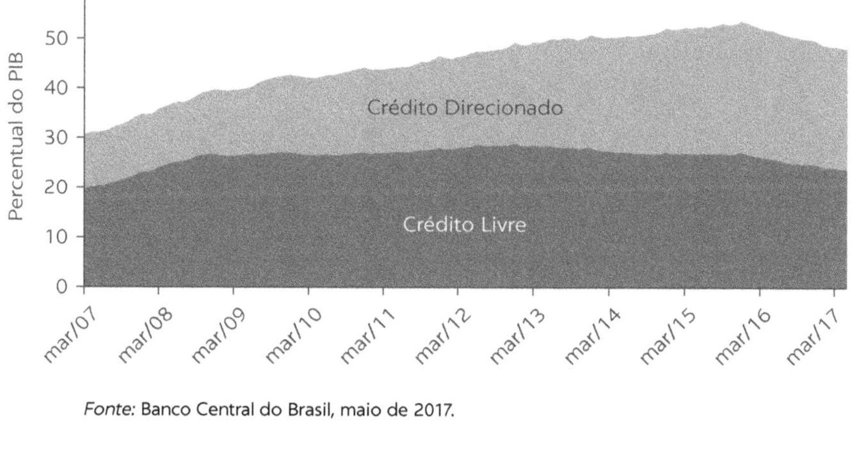


*Fonte:* Banco Central do Brasil, maio de 2017.

FIGURA 4.4

**...tanto para empresas quanto para agregados familiares**

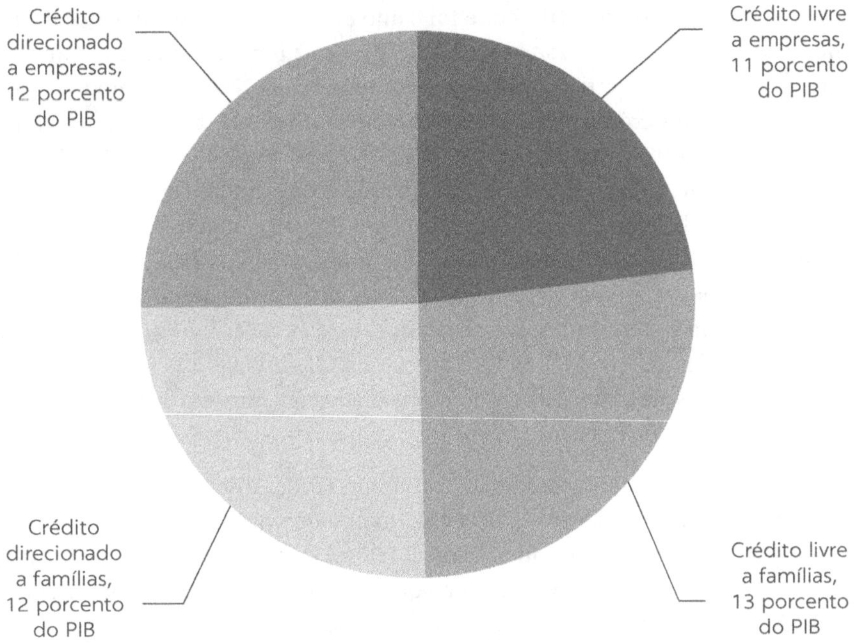


*Fonte:* Banco Central do Brasil, SGS, maio de 2017.

por cento de participação de mercado, respectivamente.[2] No entanto, o BNDES é o maior intermediário de crédito direcionado - diretamente e por empréstimos intermediados por grandes bancos privados - e representa cerca de metade do total de crédito direcionado. Vale notar que o BNDES representa cerca de três quartos do crédito direcionado a empresas ou um terço do crédito total às empresas; com esses volumes, o BNDES é o maior provedor de crédito ao setor produtivo entre todos os bancos públicos de desenvolvimento.

A regulação das taxas de juros tem sido uma característica fundamental das intervenções do governo nos mercados de crédito. As taxas vêm sendo estipuladas bem abaixo das taxas de mercado, e muitas vezes abaixo dos próprios custos de empréstimos do governo, para proteger setores específicos do alto custo do financiamento. O custo de financiamento às empresas segue uma taxa regulada, a TJLP (Taxa de Juros de Longo Prazo); o mercado de financiamento habitacional tem por base outra taxa regulada, a TR (Taxa Referencial); e grande parte do mercado de crédito rural direcionado foi subsidiado a taxas específicas estipuladas para os diferentes segmentos do mercado. Isso acabou por limitar a eficácia da política monetária, que precisa compensar as taxas de juros nos mercados direcionados que são baixas e não respondem a táxa básica de juros da economia. Assim, a taxa básica de juros e, consequentemente, o custo de intermediação financeira do mercado de crédito livre tem sido mais voláteis e, frequentemente, mais altos do que precisariam ser.

O sistema de crédito direcionado acarretou custos altos para a sociedade brasileira. Os custos são arcados, principalmente, pelo setor fiscal, mas a subremuneração de alguns depósitos e a exigência de poupança forçada também criaram um fardo adicional para uma parcela dos depositantes e trabalhadores. O crédito direcionado subsidiado é a segunda maior categoria de gastos fiscais das políticas federais de apoio às empresas; o subsídio foi responsável por mais de 27 por cento do total de gastos com políticas dessa natureza, ou 1,3 por cento do PIB em 2015 - que foi o ano de pico para subsídios fiscais no mercado de crédito direcionado. Os custos fiscais incluem subsídios diretos para programas específicos e financiamento para o BNDES. De modo geral, as despesas com crédito subsidiado aumentaram de R$ 24,8 para R$ 73,14 bilhões entre 2008 e 2015, a uma CAGR de 16,7 por cento (Figura 4.5). Mesmo depois do apoio do governo retroceder, o crédito subsidiado deverá custar ao orçamento 48 bilhões de reais (0,4 por cento do PIB) em empréstimos ainda remanescentes em 2017. Os subsídios implícitos também diminuiram desde 2015, principalmente devido a queda das taxas de juros definidas pela política monetária e, portanto, a convergência entre as taxas livres de mercado e as taxas reguladas.

Os principais programas de crédito subsidiado com impacto fiscal expressivo nos últimos anos incluem:

- Programa de Sustentação do Investimento (PSI). Iniciado em meados de 2009, o objetivo declarado do PSI era "aumentar a produção, venda e exportação de bens de capital e inovação." O PSI foi introduzido como ferramenta de política anticíclica para reverter a queda acentuada do investimento agregado após a crise financeira mundial, com base nas expectativas dos decisores políticos de que as empresas enfrentariam restrições de crédito. No entanto, o programa expandiu durante a recuperação que se seguiu, e continuou até o final de 2015. Os empréstimos sub-remunerados do Tesouro para o BNDES custam o equivalente a 0,49 por cento do PIB, representando compromissos fiscais de longo prazo firmados pelo governo com convergência para zero apenas em 2060.
- Programa Nacional de Fortalecimento da Agricultura Familiar (PRONAF). O Programa Nacional de Fortalecimento da Agricultura Familiar foi concebido

FIGURA 4.5

**Os custos do crédito direcionado, por tipo**

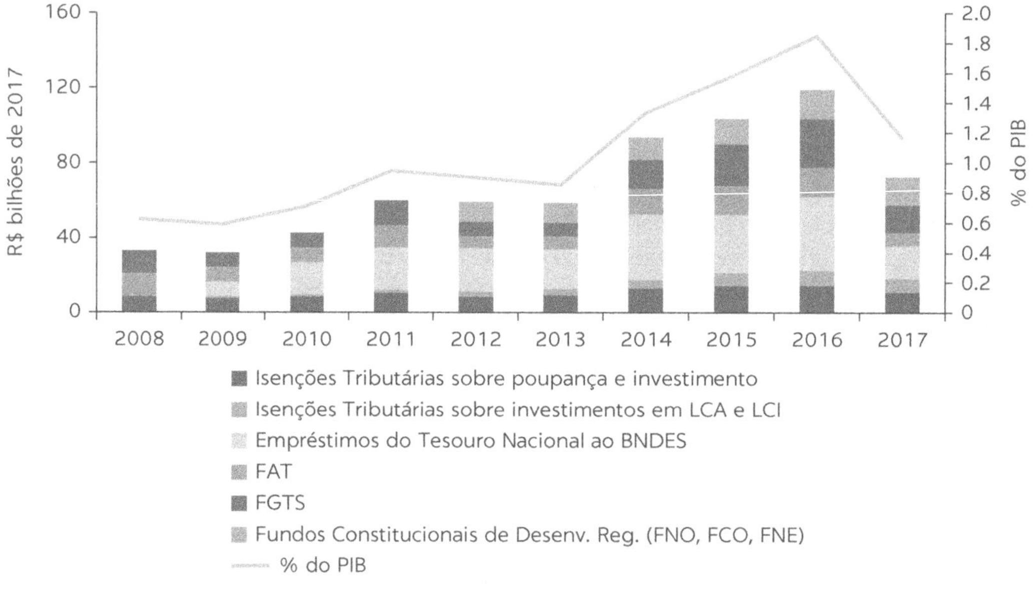


*Fonte:* BNDES, Tesouro Nacional.
*Nota:* Valores em MM de reais, ano base 2017.

para estimular a geração de renda e melhorar o uso do trabalho familiar por meio do financiamento de atividades e serviços rurais agrícolas e não-agrícolas. O custo fiscal explícito da equalização da taxa de juros do PRONAF em 2015 foi de R$ 8,3 bilhões, visto que o programa concedeu empréstimos agrícolas a taxas de juros entre 0,5 e 5,5 por cento - bem abaixo da taxa SELIC e da inflação. Em 2014 e 2015, em grande parte devido ao aumento do PRONAF e do volume de crédito rural agrícola, o programa cresceu mais rapidamente que outras despesas de crédito subsidiado, de R$ 38,4 bilhões em 2013 para R$ 73,1 bilhões em 2015 - uma CAGR de 38 por cento.

- Outros programas. O BNDES é responsável por muitos outros programas de apoio a empresas, com objetivos específicos. Alguns exemplos incluem o FINEM (Financiamento a Empreendimentos) do BNDES, voltado para o financiamento de investimentos em ativos fixos nos setores de manufatura, infraestrutura, comércio, serviços e agricultura; e o BNDES EXIM, programa de apoio às exportações nacionais de bens e serviços. O BNDES sempre usou recursos do Fundo de Amparo ao Trabalhador – FAT - para financiar essas atividades, mas a partir de 2011 esse financiamento foi ampliado drasticamente com apoio fiscal direto do Tesouro Nacional. Existem seis bancos regionais de desenvolvimento no Brasil, que, como o BNDES, têm o objetivo de oferecer financiamento direto, de médio e longo prazos para projetos de desenvolvimento social. Esses bancos têm foco de ação mais limitado, em regiões (bancos do Nordeste, da Amazônia e do Sul) ou estados (Minas Gerais, Espírito Santo e Rio Grande do Sul) específicos. Juntos, seus empréstimos equivalem a apenas cerca de 9 por cento dos empréstimos do BNDES, embora alguns tenham sido responsáveis por parcelas consideráveis de empréstimos de longo prazo em suas respectivas regiões. Um banco regional com volume expressivo de empréstimos é o Banco do Nordeste do Brasil (BNB), que concedeu R$ 24 bilhões em empréstimos em 2015 e é muito ativo no ramo de operações micro financeiras, por meio de seus programas CrediAmigo e AgroAmigo. Os bancos regionais de desenvolvimento geralmente dependem de Fundos Constitucionais para a maior parte de seus financiamentos e não contam com apoio direto do Tesouro.

Apesar dos altos custos fiscais, não há evidências convincentes de que o sistema de crédito direcionado tenha tido um impacto positivo no crescimento da produtividade. Considerando-se a importância relativa do BNDES na estrutura do crédito subsidiado, a maioria das evidências se concentra no impacto do BNDES. Aqui, destacam-se duas conclusões importantes, ambas indicativas de possíveis problemas de eficiência na alocação. Em primeiro lugar, o BNDES costuma almejar empresas grandes, já estabelecidas no mercado, e que, muito provavelmente, conseguiriam empréstimos no setor privado. Portanto, o financiamento do BNDES pode ter se limitado a substituir fontes mais caras de financiamento e a aumentar os lucros e a distribuição dos dividendos dessas empresas, tendo feito pouco para incentivar o investimento e o crescimento.[3] A despeito do recente aumento do financiamento para pequenas empresas, as empresas de grande porte ainda representam a maior parcela do financiamento do BNDES. Em segundo lugar, existem estudos sugerindo que, em alguns casos, a alocação de crédito pode ter sido influenciada por fatores não financeiros. Há evidências de que as empresas brasileiras que doaram para campanhas de candidatos políticos vitoriosos aumentaram suas chances de receber financiamento do BNDES. Além disso, as empresas em regiões governadas por políticos aliados ao governo federal parecem ter recebido mais recursos do BNDES - e não necessariamente as empresas mais produtivas.[4]

O crédito do BNDES aumentou as distorções de produção, possivelmente contribuindo para o fraco crescimento da produtividade agregada. Uma análise dos empréstimos do FINAME no período 2003-14 revela que o crédito do BNDES aumentou as distorções de capital e trabalho para as empresas de manufatura, as maiores destinatárias de crédito direcionado durante esse período (Calice el al. 2018). As políticas de crédito direcionado podem, portanto, ter contribuído para o crescente desajuste do capital descrito no Capítulo 2, com uma contribuição não-intencional para a queda da produtividade no Brasil. Nada disso significa que o BNDES tenha deixado de seguir critérios rigorosos de alocação de risco de crédito ao tomar suas decisões de investimento, visto que a parcela de empréstimos problemáticos sempre foi baixa. No entanto, muitos subsídios parecem não ter sido alocados com base nos potenciais benefícios para a economia como um todo e tenderam a favorecer empresas já estabelecidas, com demonstrativos financeiros robustos e influência política em detrimento de novos concorrentes, potencialmente mais competitivos.

Estima-se que a reforma de preços do BNDES - com a substituição da TJLP, fortemente subsidiada, por uma nova taxa mais atrelada ao mercado - deverá melhorar a alocação de capital. A adoção da nova Taxa de Longo Prazo (TLP) atrelada ao mercado, em setembro de 2017, aplicável à grande maioria de empréstimos do BNDES, foi fundamental para desconectar os subsídios dos empréstimos direcionados e focar os empréstimos nas áreas onde falta crédito. A TLP substituirá a altamente e historicamente subsidiada TJLP ao longo de um período de transição de 5 anos.[5] A nova TLP é um sinal claro para os investidores no mercado e, com isso, pode gerar projetos melhores e mais retornos de investimentos, com o potencial de fomentar a produtividade e o crescimento econômico. O governo ainda pode optar por subsidiar os investimentos, mas terá que fazê-lo de forma transparente usando seu orçamento. O alinhamento da TLP às taxas de mercado reduz a segmentação dos mercados de crédito e aumenta a eficácia da política monetária. Ele pode reduzir a volatilidade das taxas de juros no Brasil, o que, por sua vez, deve favorecer os investimentos de longo prazo. Finalmente, a mudança de financiamento para um índice baseado no mercado facilitará a emissão de títulos nos mercados de capitais, contribuindo assim para a diversificação da gama de instrumentos de baixo risco ao desenvolver uma fonte de financiamento mais sustentável. Considerando que a TLP aplica-se à maioria dos créditos direcionados às empresas, podem ser buscadas reformas similares para outros segmentos de mercado de crédito direcionados, incluindo os setores de habitação e agricultura.

A reforma da TLP poderia ser complementada por outras intervenções para atrair o financiamento privado. Uma possibilidade é repensar o papel do BNDES nos mercados financeiros de longo prazo, passando de provedor de recursos para facilitador de capital privado. As novas políticas operacionais do BNDES, adotadas em março de 2017, enfatizam o papel do banco na mobilização de financiamento comercial para a infraestrutura, inclusive pelos mercados de capitais. Novos instrumentos de mitigação e compartilhamento de risco estão sendo considerados. O BNDES começou a ter um papel catalisador no mercado de títulos de dívidas corporativas. No entanto, a realização do potencial do BNDES como catalisador de financiamento para projetos exigirá que o banco aumente sua tolerância ao risco de projetos e ofereça os devidos incentivos a seus funcionários. A criação das novas políticas operacionais do BNDES foi também uma oportunidade de rever as políticas de crédito público para o setor privado - incluindo empresas, firmas inovadoras criadoras de mercados, e projetos com grandes externalidades na agricultura, manufatura e serviços.

De forma mais geral, a eficiência da alocação pode ser aprimorada com a revisão dos critérios usados na formulação das políticas de crédito dos bancos públicos, e com o fortalecimento da responsabilização *(accountability)*. Conselhos deliberativos, consultivos e de investimento, bem como outros mecanismos similares, são exemplos típicos de parcerias público-privadas que podem ajudar a moldar uma política de crédito efetiva. Além disso, a disciplina de mercado deve se refletir nos programas de incentivo. Condicionalidades, cláusulas de caducidade e componentes de monitoramento e revisão programática são características desejáveis dos programas de incentivo. Por exemplo, limites mais baixos para a participação do BNDES no envelope de financiamento de um projeto ou syndications e outras formas de co-financiamento são fatores que ajudam a disciplinar os mercados, e possibilitam a triagem das empresas com base em sua disposição de arriscar seu capital.

## DISTORÇÕES DE CAPITAL HUMANO E NO MERCADO DE TRABALHO

Apesar da grande ampliação do acesso à educação (e, portanto, do estoque de capital humano) no Brasil, a qualidade do sistema de educação e capacitação profissional ainda é relativamente baixa, o que reduz a produtividade do país. O Brasil fez grandes investimentos em educação, mas, em nível agregado, os retornos são irrisórios. Isto ocorre, em parte, porque o trabalho é mal alocado e - ainda mais importante - porque o capital é mal alocado; isso impede que o capital humano seja utilizado da melhor forma possível. Outro motivo é a baixa qualidade dos investimentos em educação: apesar do aumento do montante investido por aluno, a qualidade dos resultados da educação no Brasil continua muito baixa (Figura 4.6). O foco exagerado na memorização de disciplinas

FIGURA 4.6

**É preciso aumentar a qualidade dos investimentos em educação no Brasil**

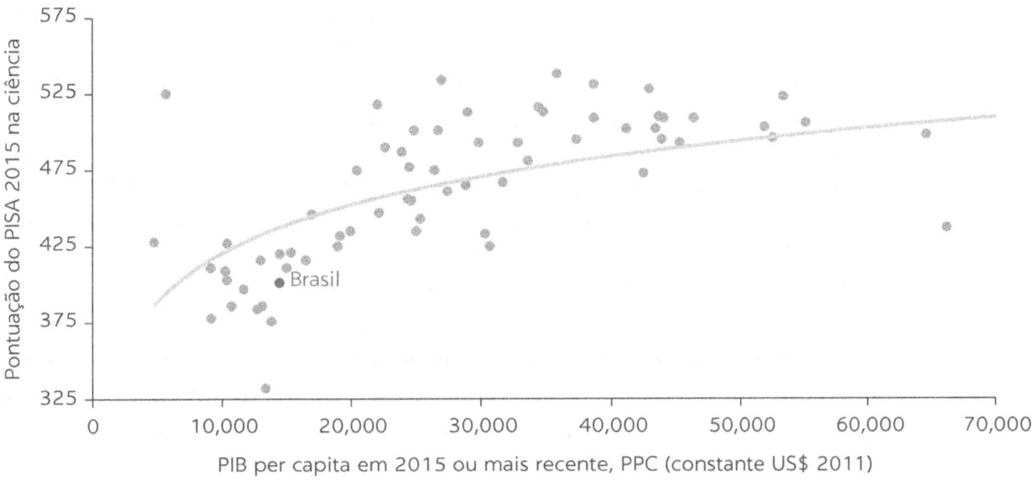


*Fonte:* OCDE 2018.
*Note:* PISA = Programa de Avaliação Internacional de Estudantes, PIB = produto interno bruto, PPC = paridade do poder de compra

acadêmicas, a redução do horário escolar e do tempo de instrução e a percepção de que o currículo do ensino médio perdeu a relevância são algumas das principais deficiências do atual sistema de educação básica. Além disso, o atual sistema também parece contribuir para a persistente desigualdade econômica: alunos das escolas públicas têm dificuldade em progredir para o ensino superior, pois concorrem por vagas em universidades públicas gratuitas com alunos mais bem preparados egressos de escolas particulares.

Recentemente, foram introduzidas reformas no ensino médio que visam melhorar os resultados da educação. Em 2017, o Governo Federal aprovou a reforma do ensino médio, incluindo a introdução de um currículo com base em competências (Reforma do Novo Ensino Médio) e a ampliação do modelo de Escola de Tempo Integral (programa ETI). O novo currículo do ensino médio é uma reforma muito esperada e promissora, que visa reduzir o abandono escolar e apoiar a aprendizagem dos adolescentes. As experiências do México e de outros países da OCDE - como Portugal e Polônia - mostram que um currículo novo, flexível e baseado em competências pode ser um passo importante para aumentar a motivação e o engajamento dos alunos.

O ensino e a formação técnica e vocacional também têm sido inadequados, embora as recentes iniciativas de incluir informações do mundo dos negócios revelem-se promissoras. O ensino técnico, nos últimos anos do ensino médio, pode ter um papel cada vez mais importante na formação do capital humano necessário para o Brasil aumentar sua produtividade. Na esteira das conquistas no ensino médio, uma estratégia bastante eficaz para desenvolver ainda mais as competências é aumentar o protagonismo das empresas, para que elas ajudem a garantir que os trabalhadores tenham as habilidades que as empresas exigem. Isso foi confirmado pelos resultados positivos do Sistema S, administrado pela indústria, e do subprograma PRONATEC-MDIC - que consideraram explicitamente as informações fornecidas pelas empresas ao decidirem sobre o conteúdo e as competências oferecidas nos cursos – muito embora o custo-efetividade desses programas ainda precise ser melhor avaliado.[6] Outros prestadores de treinamento, bem como outros ramos da iniciativa PRONATEC que não contam com serviços informados pela demanda, apresentaram resultados decepcionantes.

As políticas do mercado de trabalho, tanto passivas quanto ativas, não são suficientes para apoiar o crescimento da produtividade. O Brasil gastou cerca de 1,1 por cento do PIB em 2015 com programas federais para o mercado de trabalho, mas seus efeitos sobre a alocação da mão-de-obra foram, em grande parte, contraproducentes. Os gastos com programas para o mercado de trabalho voltados a ajudar as pessoas desempregadas ou à procura de emprego representam uma parcela volumosa do orçamento federal brasileiro, embora fiquem atrás das despesas com pensões e aposentadorias (11,1 por cento do PIB em 2015) e são menores que os gastos com assistência social para os mais pobres (1,5 por cento do PIB em 2015). Em comparação a seus vizinhos e pares e aos membros da OCDE, o Brasil apresenta gastos relativamente elevados com políticas passivas de mercado de trabalho (83 por cento do total) e investimentos limitados em políticas ativas, especialmente em ações de intermediação para busca por emprego no mercado de trabalho. Além disso, esse viés estrutural - que favorece as intervenções de apoio à renda em detrimento do apoio à busca por emprego - beneficia as empresas já estabelecidas no mercado e não as novas, uma vez que os trabalhadores precisam de empregos formais para receber os benefícios.

Os programas brasileiros de apoio à renda para pessoas que perderam empregos formais não são coordenados e se sobrepõem, possivelmente incentivando uma rotatividade excessiva da mão-de-obra e, portanto, prejudicando a produtividade ao restringir o aprendizado no local de trabalho. À semelhança de outros países, o Brasil dispõe de vários instrumentos de política para ajudar os trabalhadores a nivelar o consumo quando ficam desempregados e até conseguirem um novo emprego. Eles incluem fundos individuais de garantia obrigatórios (as contas do FGTS, acessíveis quando o trabalhador perde o emprego), multas pagas pelo empregador por demissões involuntárias (um adicional de 40 por cento sobre o montante acumulado no FGTS durante o período que o trabalhador esteve naquele emprego) e um regime de seguro desemprego com partilha de riscos. No entanto, ao contrário de outros países, esses instrumentos sofrem com problemas de duplicação e falta de coordenação. Um funcionário com carteira de trabalho assinada e demitido sem justa causa tem acesso a todos esses benefícios de uma vez, gerando um fluxo alto e repentino de dinheiro que, para uma grande parcela da população ativa, constitui incentivo forte e perverso. Mesmo na ausência de outros instrumentos, o seguro desemprego apresenta várias características que incentivam a alta rotatividade da mão-de-obra: o valor do benefício é alto em comparação a programas similares em outros países (entre 68 e 80 por cento do salário anterior); o valor do benefício não diminui durante o período de pagamento; e as exigências e requisitos relativos à busca por emprego e aceitação de propostas são relativamente novos (em vigor desde 2015) e pouco aplicados. Os funcionários do setor formal também têm acesso a esses direitos por períodos relativamente breves. Os incentivos perversos da "bonança do desemprego" geraram um dos índices mais altos de rotatividade de trabalhadores formais no mundo; o tempo médio de permanência no emprego não chega a cinco anos (Figura 4.7). Vale ressaltar que as empresas com rotatividade mais baixa e tempo médio de permanência no emprego mais alto apresentam, também, uma taxa de produtividade consideravelmente mais elevada, à medida que desenvolvem competências específicas à empresa por meio de aprendizado no local de trabalho (Figura 4.8).

As restrições das leis trabalhistas às empresas e o alto (e crescente) valor do salário mínimo também têm o potencial de limitar as oportunidades de trabalho formal - principalmente para os jovens em busca de emprego. Os empregadores no Brasil sofrem muito mais restrições do que em outros países em relação ao uso de mão-de-obra terceirizada e contratos de trabalho fixos e temporários (Figura 4.9). Com isso, fica mais difícil para as empresas experimentar novas tecnologias e ajustar a mão-de-obra e as competências necessárias para acompanhar as constantes mudanças de demanda do mercado - prejudicando, assim, suas perspectivas de aumentar a produtividade.[7] Salários mínimos elevados e obrigatórios elevam os custos dos trabalhadores menos qualificados, incentivando a substituição do trabalho por tecnologias que economizam mão-de-obra ou empurrando os trabalhadores para a informalidade. Vale notar que durante a recente fase de rápida criação de empregos no Brasil, o aumento real do salário mínimo foi acompanhado do aumento na formalização. Por isso, algumas pessoas descartam a possibilidade de que o salário mínimo elevado possa incentivar a informalidade. No entanto, desde a recessão de 2015-16, a geração de empregos tem sido, predominantemente, informal. O rápido crescimento da demanda por trabalhadores de baixa qualificação na década de 2000 pode não se repetir, visto que as fontes de crescimento estão se afastando dos bens non-tradables e de consumo. Talvez seja o caso, portanto, de rever as políticas de salário mínimo. Em relação às leis trabalhistas, pesquisas recentes do Banco Mundial indicam que, nos municípios brasileiros que aplicam essas leis

FIGURA 4.7

**O baixo tempo de permanência no emprego é uma característica do mercado de trabalho do Brasil...**

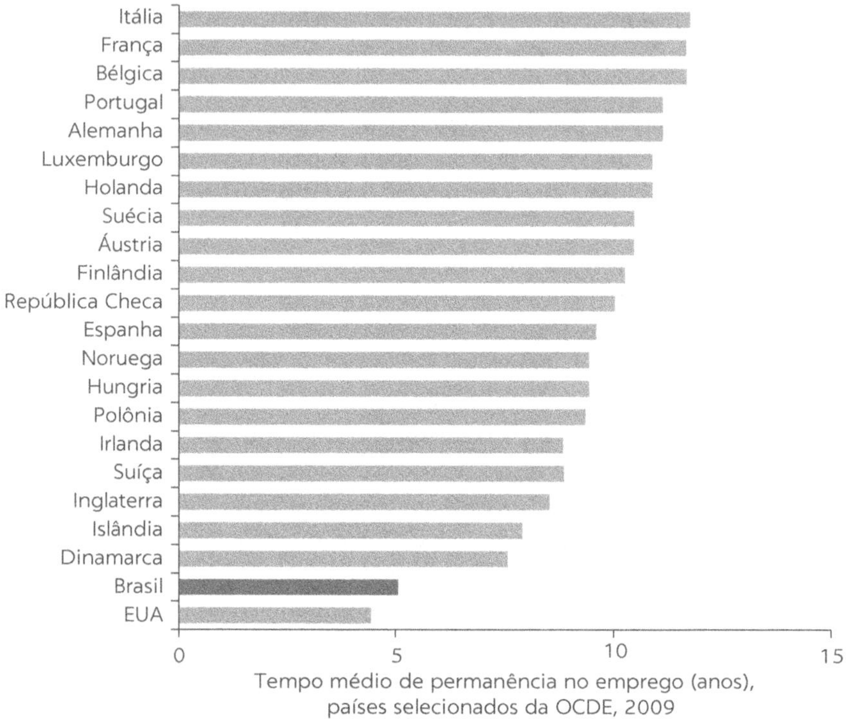


*Fonte:* Silva, Almeida e Strokova 2015.

FIGURA 4.8

**...não conseguir aumentar a produtividade por meio do aprendizado no local de trabalho[a]**

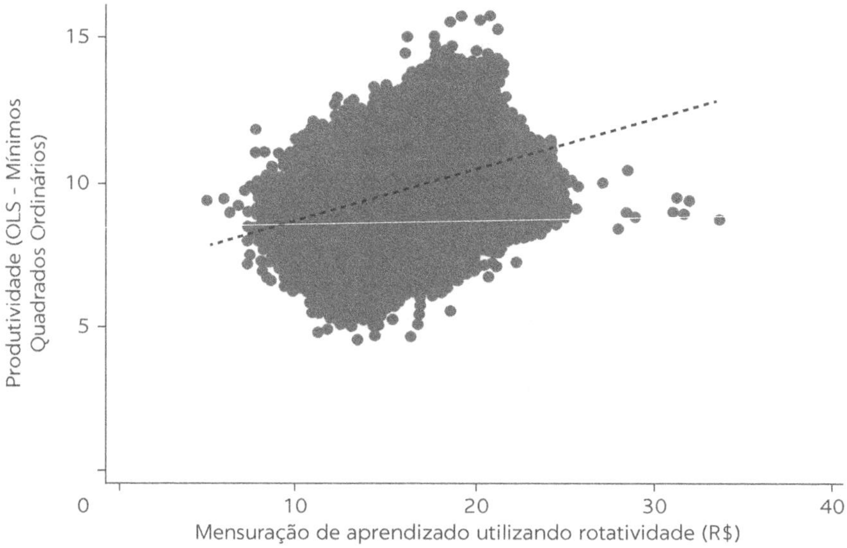


*continuação*

FIGURA 4.8, *continuação*

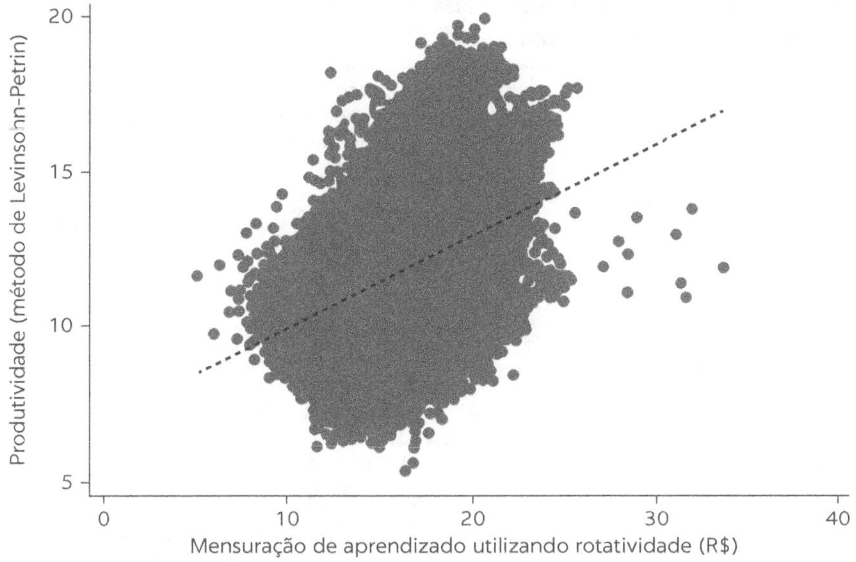


*Fonte:* Da Rocha, Pero e Corseuil (2017) para este relatório, utilizando dados da RAIS (MTE) e da PIA (IBGE).
*Nota:* Da Rocha, Pero e Corseuil (2017) concluem que a TFP é mais alta nas empresas onde a rotatividade é menor e o tempo médio de permanência no emprego é mais longo, com base em dados correspondentes entre empregadores e empregados nos registros administrativos (RAIS e PIA) analisados para a elaboração deste relatório.

FIGURA 4.9
**O Brasil impõe grandes restrições a alternativas mais flexíveis de contratação**

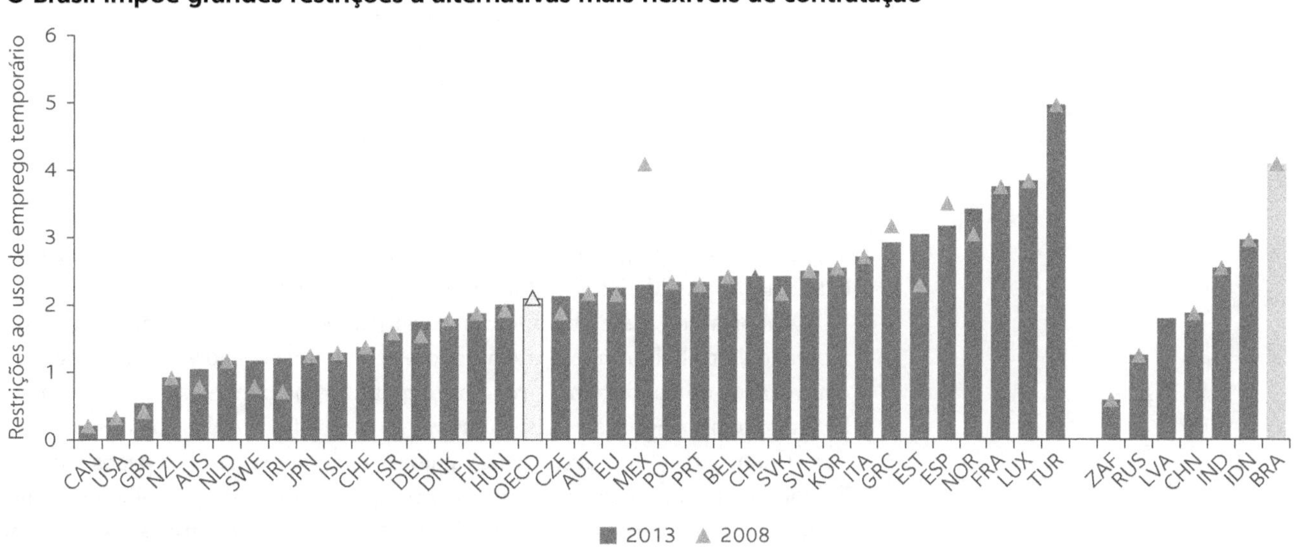


*Fonte:* OCDE 2016.
*Nota:* 0 = sem restrições, 6 = alta restrição

com mais rigor, os trabalhadores pouco qualificados que realizam tarefas rotineiras e manuais são prejudicados quando as empresas adotam novas tecnologias digitais; já os trabalhadores altamente especializados, que realizam tarefas não-rotineiras e cognitivas, são beneficiados.[8] Em outras palavras, as leis que deveriam proteger os trabalhadores dos efeitos da concorrência e da

FIGURA 4.10

**A maioria das políticas ativas do mercado de trabalho é composta por abonos salariais para os empregados de longa data**

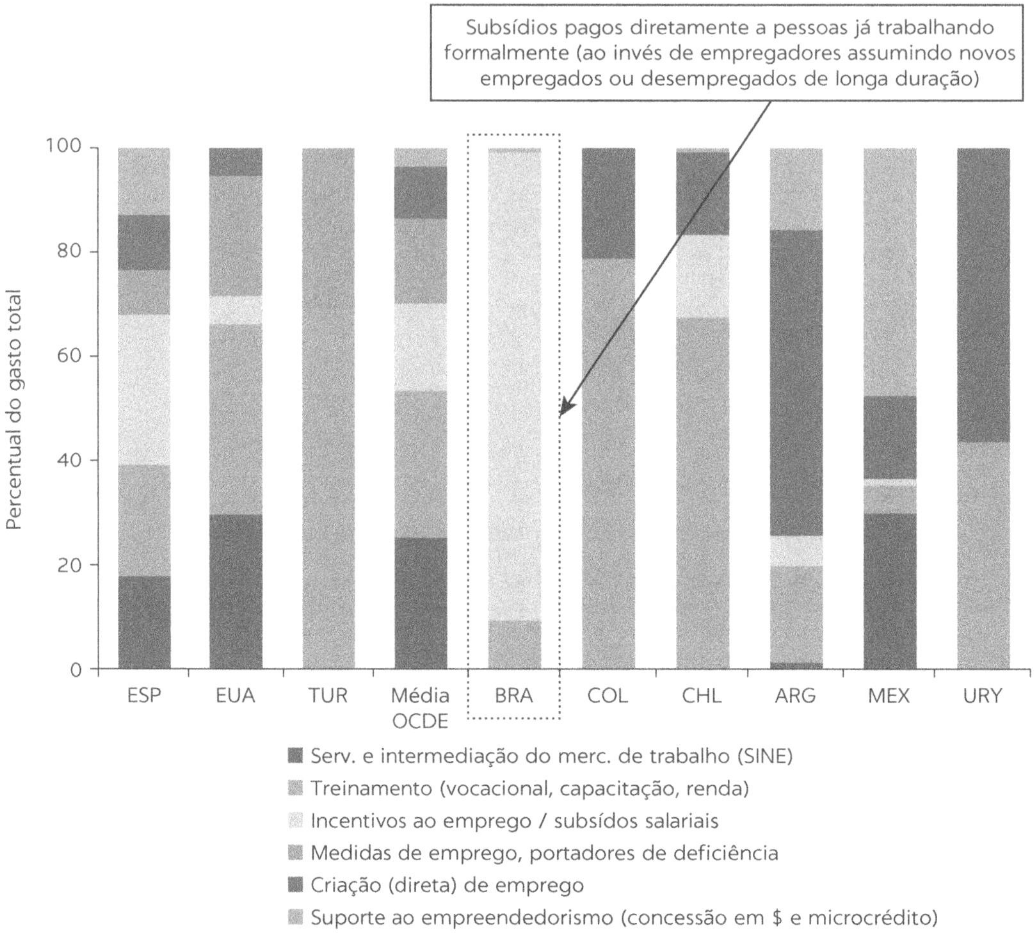


*Fonte:* Banco Mundial 2018.

atualização tecnológica acabam prejudicando os pouco qualificados e exacerbando as desigualdades. (ver também Almeida e Packard, 2018).

A maioria dos gastos brasileiros classificados como "programas ativos do mercado de trabalho" apoia trabalhadores em ocupações formais, e não novos empregados que poderiam aprender enquanto trabalham e os desempregados há muito tempo. As atuais políticas ativas do mercado de trabalho no Brasil tendem a se traduzir, em sua (enorme) maioria, em abonos salariais pagos a trabalhadores com empregos formais há mais tempo (o critério de elegibilidade exige, no mínimo, cinco anos de trabalho formal).[9] Os programas ativos que ajudam novos trabalhadores e pessoas há muito tempo desempregadas a procurar emprego e adquirir experiência pelo aprendizado no local de trabalho são relativamente mal financiados em contraste com a maioria dos países da OCDE, que oferecem serviços importantes de intermediação (Figura 4.10).

No ano passado, o Brasil começou a enfrentar as deficiências de suas políticas de mercado de trabalho. Em 2017, o Brasil adotou mudanças importantes em suas leis trabalhistas.[10] O governo espera que essas mudanças - juntamente com uma nova lei que abra mais espaço para a terceirização e contratos de trabalho temporário - deem mais flexibilidade aos contratos firmados entre empregadores e trabalhadores, incentivando a criação de novos empregos e oportunidades de aprendizado no local de trabalho. As mudanças também visam abrir mais espaço para negociações coletivas nas empresas, abolindo as contribuições sindicais obrigatórias e tornando os sindicatos mais ágeis e passivos de responsabilização.

Espera-se que as reformas facilitem os ajustes das empresas e criem novas oportunidades, especialmente para os menos qualificados, oferecendo opções alternativas de emprego formal. Também se espera que as reformas tornem as relações no local de trabalho menos adversas e diminuam a judicialização abusiva, limitando o alcance da jurisdição e atribuindo custos para desincentivar litígios frívolos ou oportunistas. A necessidade de concorrer pelas contribuições pode deixar os sindicatos mais sensíveis às necessidades dos trabalhadores. Com o tempo, o maior alinhamento entre empregos e empregados e relações mas cooperativas nos locais de trabalho devem aumentar o tempo de permanência no emprego, baixar a (alta) taxa de rotatividade de mão-de-obra e aumentar a produtividade e o aprendizado no local de trabalho. No entanto, ainda não está claro se as reformas de 2017 na educação e no mercado de trabalho do Brasil serão suficientes para ajudar o país a enfrentar os desafios das rápidas mudanças tecnológicas e a mitigar os potenciais efeitos negativos da integração dos mercados externo e interno sobre grupos específicos de trabalhadores. O próximo Capítulo examina alguns desses riscos e sugere políticas com base em evidências internacionais recentes.

## NOTAS

1. As autoridades estão trabalhando em uma proposta de lei para tratar da divisão de responsabilidades. Melhorar a concorrência bancária pode trazer efeitos benéficos para a eficiência da intermediação financeira. Porém, ao afetar os incentivos ao risco, a concorrência bancária também pode ter implicações importantes para a estabilidade financeira. Por conseguinte, talvez sejam necessários mais trabalhos para determinar o tradeoff entre eficiência e estabilidade decorrente de potenciais reformas estruturais e de contestabilidade. Igualmente importante é a avaliação do arcabouço institucional que embasa a política de concorrência no setor financeiro, principalmente no tangente às melhores práticas internacionais, o que pode ajudar a esclarecer as possíveis falhas não-intencionais do sistema atual.
2. No final de 2016, o Banco do Brasil detinha 63 por cento de participação de mercado no financiamento agrícola para agregados familiares e 18 por cento para empresas.
3. Ver Pazarbasioglu et al. (2017) e Bonomo et al. (2015) sobre a alocação de recursos do BNDES. Ribeiro e Nucifora (forthcoming) concluem que fornecedores que utilizaram o programa PSI/FINAME não aumentaram a produtividade do trabalho, e existem evidências sugerindo que a Produtividade Total dos Fatores dessas empresas caiu.
4. Ver Sztutman e Aldrighi (2013) e Lazzarini et al. (2015) sobre os vínculos entre o financiamento do BNDES e as doações a políticos vencedores de eleições. Ver Carvalho (2014) sobre os vínculos com regiões governadas por políticos aliados ao governo federal que contribuíram para o deslocamento dos empregos para regiões de maior apelo político.
5. Essa transição foi acelerada pela convergência da TLP em direção à TJLP, junto com a queda das taxas estipuladas pela política.
6. O'Connell et al. (2017) investigam por que os programas de formação vocacional muitas vezes são ineficazes, e também formas de aumentar a eficácia com base na comparação entre o PRONATEC-MDIC (um programa orientado pela demanda) e o restante do PRONATEC (que não é orientado pela demanda). Eles demonstram que o primeiro teve um efeito causal maior sobre os empregos e rendimentos (aumento de mais de 8 por cento no ano seguinte ao curso), enquanto o último não surtiu efeito algum. A principal diferença foi a composição dos cursos: O primeiro ofereceu formação em competências bem alinhadas com as áreas que apresentaram um aumento da demanda no período seguinte; no segundo, os cursos oferecidos não tinham qualquer vínculo com as necessidades futuras das empresas.

7. Nos países da América Latina e da OCDE, estruturas regulatórias que restringem as decisões das empresas sobre os recursos humanos - incluindo processos de demissão mais onerosos - estão fortemente associadas ao uso menos intenso de tecnologias digitais (ver Packard e Montenegro 2017).
8. Almeida, R., J. Poole e C. Corseuil (2017).
9. Ele é pago aos trabalhadores que ganham até 2 salários mínimos (ou seja, R$ 1.874) e varia de R$ 78 a R$ 937 (o pagamento é pro-rata e depende do número de meses trabalhados); ao todo, foram mais de 24 milhões de trabalhadores em 2016, com um custo estimado de R$ 16,5 bilhões - um valor não trivial.
10. Lei nº. 13.429 (Lei da terceirização) em março; Lei n.º 13.446 (Rentabilidade de contas FGTS) em maio; Lei nº 13.456 (Prazo de vigência do Programa Seguro-Emprego) em junho; e Lei n.º 13.467 (Reforma trabalhista) em julho.

## REFERÊNCIAS

Almeida, Rita, Carlos Corseuil, and Jennifer Poole. 2017. "The Impact of Digital Technologies on Routine Tasks: Do Labor Policies Matter?" Policy Research Working Paper 8187, Washington, DC: World Bank.

Almeida, Rita, and Truman Packard. 2018. *Competências e Empregos: uma Agenda para a Juventude.* Washington, DC: World Bank.

Bonomo, Marco, Ricardo Brito, and Bruno Martins. 2015. "The after Crisis Government-Driven Credit Expansion in Brazil: A Firm Level Analysis." *Journal of International Money and Finance* 55: 111–34.

Carvalho, Daniel. 2014. "The Real Effects of Government-Owned Banks: Evidence from an Emerging Market." *The Journal of Finance* 69 (2): 577–609.

da Rocha, Pereira L., V. Lucia Pero, and C. Corseuil. 2017. "Turnover, Learning by Doing and the Dynamics of Productivity in Brazil." IPEA mimeo, background paper commissioned for World Bank flagship report on productivity in Brazil, Rio de Janeiro.

Lazzarini, Sergio G., Aldo Musacchio, Rodrigo Bandeira-de-Mello, and Rosilene Marcon. 2014. "What Do State-Owned Development Banks Do? Evidence from BNDES, 2002–09." *World Development* 66: 237–53.

O'Connell, Stephen D., Lucas Ferreira Mation, Joao Bevilaqua T. Basto, and Mark A. Dutz. 2017. "Mismatch in Worker Training Programs." Mimeo. http://www.stephenoconnell.org/academic/files/OConnell_JMP2018_WorkerTraining.pdf.

OECD. 2016. *Going for Growth.* Paris: OECD Press.

——. 2018. *PISA 2015 Results in Focus.* Paris: OECD Press.

Packard, Truman, and Claudio Montenegro. 2017. "Labor Regulation and Digital Technology Use: Indicative Evidence from Cross-Country Correlations." Policy Research Working Paper 8221, Washington, DC: World Bank.

Pazarbasioglu, Ceyla, Steen Byskov, Marco Bonomo, Igor Carneiro, Bruno Martins, and Adriana Perez. 2017. "Brazil—Financial Intermediation Costs and Credit Allocation." Discussion paper for workshop, Washington, DC: World Bank.

Silva, J., R. Almeida, and V. Strokova. 2015. *Sustaining Employment and Wage Gains in Brazil: A Skills and Jobs Agenda.* Directions in Development. Washington, DC: World Bank.

Sztutman, A. M., and D. M. Aldrighi. 2014. "Financiamento das campanhas eleitorais de 2006 por grupos econômicos e empréstimos do BNDES." Proceedings of the 40th Brazilian Economics Meetings, pp. 1–19, Brazilian Association of Graduate Programs in Economics, Rio de Janeiro.

World Bank. 2018. *Um Ajuste Justo: Análise da eficiência e equidade do gasto público no Brasil.* Brasilia: World Bank.

# 5 Crescimento da produtividade com inclusão

A crise econômica expôs as fragilidades estruturais do negócio da microempresária Anismary de Oliveira na favela de Paraisópolis, zona sul de São Paulo. A inadimplência dos clientes a obrigou a deixar o ponto e abrir outra loja menor. "Não tenho dinheiro para abrir a loja em outro lugar, nem posso fechar a empresa", conta Anismary. "O contador me pede R$ 3 mil para eu fechar, e não tenho esse dinheiro". A história do Bistrô Estação R&R, do Complexo do Alemão, na zona norte do Rio de Janeiro, é bem diferente. Mesmo sem financiamento, os donos Marcelo Ramos e Gabriela Romualdo conseguiram ampliar o negócio com uma filial e uma franquia. Além disso, oferecem seus próprios rótulos de cerveja: a Complexo do Alemão, a Nova Brasília e a Fazendinha. A localização criou dificuldades no início: "como existe muito preconceito, foi difícil comprar as cervejas com os fornecedores. Eles achavam que na favela não teríamos público para apreciação de cervejas especiais", conta Marcelo. O público da comunidade comprou a ideia e a fama atraiu turistas.

Os exemplos demonstram que existe um enorme potencial empreendedor no Brasil. Políticas e incentivos corretos, além de reformas que reduzam os custos de se fazer negócio no Brasil e investimento em qualificação e melhoria na gestão podem resultar em aumento da produtividade com impacto positivo na renda das populações mais pobres.

**SUMÁRIO** O déficit de produtividade do Brasil, considerando os ativos tangíveis e o capital humano existentes, é tão grande que adotar medidas para reduzir a alocação inadequada de recursos e aumentar a eficiência das empresas pode gerar benefícios para todos os brasileiros. No entanto, a realocação de capital e mão-de-obra raramente ocorre sem resistência, portanto, os benefícios do aumento da concorrência e da eficiência não são igualmente distribuídos. Os trabalhadores mais pobres sentirão os benefícios dos preços mais baixos, como foi o caso durante a liberalização comercial do Brasil em 1990. No entanto, alguns podem sofrer perdas, se forem empregados em empresas ou indústrias forçadas ao declínio pelo aumento da concorrência de importação ou pela adoção de novas tecnologias por empresas líderes. As simulações feitas para este relatório sugerem que uma nova rodada de liberalização do comércio e aumento da concorrência ampliaria os rendimentos reais para os 40 por cento mais pobres, em média, para cada percentil da distribuição de renda, retirando quase seis milhões de pessoas da pobreza. As simulações de um estudo complementar mostram que reduzir todas as tarifas a zero aumentaria o poder de compra das pessoas mais pobres em 15 por cento. No entanto, ainda podem haver efeitos negativos individuais em nível regional e industrial, especificamente para trabalhadores pouco qualificados, muito embora os benefícios globais sejam amplos. As políticas de aumento da produtividade precisam ser complementadas com medidas que permitam que empresas e trabalhadores se ajustem. Essas políticas incluem: (i) medidas para facilitar a entrada e a expansão das empresas (particularmente nas indústrias de baixa capacitação, incluindo o aumento do spillover interno do IED por meio de programas de apoio a fornecedores locais e priorizando a aplicação da lei da concorrência para aumentar a produção dos bens e serviços relativamente mais consumidos por pessoas de baixa renda); (ii) aumento do investimento em treinamento e apoio à busca de emprego; e (iii) redes de segurança social para segmentos específicos. O conjunto de políticas do Brasil já conta com instrumentos nas três áreas, mas a implementação é ineficiente. A correção desses instrumentos pode garantir que o crescimento da produtividade se torne o motor da redução continuada da pobreza e do aumento da prosperidade compartilhada no Brasil.

Os grandes ganhos socioeconômicos do Brasil na última década, com a redução da pobreza e da desigualdade, estão em risco caso seu modelo de desenvolvimento não seja alterado. Entre 2001 e 2015, a taxa de pobreza do Brasil caiu de 46 por cento para 22 por cento (com base em US$ 5,50 por dia, na paridade do poder de compra de 2011) e a desigualdade da renda do trabalho foi reduzida - embora o Brasil ainda seja um dos países mais desiguais do mundo. Os mercados de trabalho promoveram a prosperidade compartilhada, combinando a rápida geração de empregos e a diminuição da informalidade com um achatamento considerável da distribuição de salários. A política também teve seu papel: as transferências de renda ajudaram a reduzir a pobreza extrema; o maior acesso à educação aumentou a oferta de capacitação, ajudando assim a diminuir o prêmio salarial recebido pelos trabalhadores mais qualificados (quando comparados aos menos qualificados); e os aumentos no salário mínimo melhoraram a renda das pessoas. No entanto, como exposto no Capítulo 2, tais ganhos foram baseados em fatores temporários, sendo improvável a persistência da maioria desses fatores. À medida que os preços das commodities caíram, a economia entrou em uma profunda recessão, o desemprego aumentou e começou a reverter-se parcialmente o quadro de quedas nos índices de pobreza e desigualdade de renda.[1] Ficou claro que manter ganhos reais de renda e de inclusão social não é possível com um modelo de crescimento baseado no consumo, impulsionado pelo ciclo de preços das commodities. O crescimento da produtividade é fundamental para assegurar a prosperidade compartilhada ao longo do tempo (Quadro 5.1; Figuras B5.1.1 e B5.1.2). Este Capítulo primeiro analisa como os principais motores de uma maior produtividade - concorrência e inovação - também podem contribuir para a prosperidade compartilhada. Em seguida, examina as opções de políticas para apoiar aqueles que podem ser afetados negativamente pela concorrência e pela atualização tecnológica.

## INOVAÇÃO, INTEGRAÇÃO E PROSPERIDADE COMPARTILHADA

Muitas pessoas em todo o mundo estão preocupadas com a possibilidade de os avanços tecnológicos recentes reduzirem as oportunidades econômicas para os

QUADRO 5.1

### Em todo o mundo, o crescimento da produtividade oferece a oportunidade de reduzir a pobreza, promover a prosperidade compartilhada e aumentar a mobilidade social

Sem o crescimento da produtividade, aumentar a renda das pessoas menos favorecidas dependeria inteiramente de redistribuir recursos dos ricos para os pobres.[a] Nenhum país conseguiu eliminar a pobreza de forma sustentável desta maneira. No entanto, também é verdade que o crescimento médio da produtividade e dos rendimentos nem sempre está associado a reduções na pobreza. Isso poderia acontecer se as oportunidades econômicas fossem amplamente compartilhadas. Não há, necessariamente, um trade-off entre a produtividade e a inclusão, nem os benefícios são automaticamente distribuídos de maneira inclusiva . A adoção de políticas que visam criar novas oportunidades, portanto, precisa ser analisada não apenas da perspectiva dos impactos sobre o trabalhador e sua família, mas também sobre aqueles que podem ser afetados negativamente pela concorrência ou excluídos de novas oportunidades econômicas. Quando ocorrem perdas para grupos específicos, políticas inclusivas complementares podem ser necessárias.

Em todo o mundo, o maior crescimento da produtividade tem sido associado a um maior crescimento da prosperidade compartilhada. Entre 2004 e 2014, a renda dos 40 por cento mais pobres da população cresceu mais rápido em países com um maior crescimento da produtividade (Figura B5.1.1).[b] Conforme ressaltado por Milanovic (2016) e outros, o processo de globalização tem sido extraordinariamente benéfico para os pobres do mundo. A inovação também tem sido a força por trás de algumas medidas de mobilidade social em vários países da OCDE, inclusive na Finlândia e nos Estados Unidos (Aghion et al., 2016, 2017). O coorte de pessoas nascidas na década de 1980 em todo o mundo vivenciou maior mobilidade social em economias que apresentavam maior número de pedidos de patentes por milhão de habitantes, controlando para o PIB per capita em US dollar a preços constantes de 2010 (Figura B5.1.2)[c]. Um aumento de 10 por cento no número de pedidos de patentes por milhão de habitantes está associado a uma mobilidade social 0,42 por cento maior. O Brasil também passou por uma rápida redução da pobreza, mas isso foi alcançado apesar do lento crescimento da produtividade e começou a reverter-se quando as condições externas favoráveis recuaram.

Apesar das evidências acima, vêm surgindo preocupações recentes com a possibilidade de a globalização ter contribuído para o aumento da

*continuação*

QUADRO 5.1, *continuação*

FIGURA Q5.1.1

**Países com maior crescimento da produtividade do trabalho apresentam maior crescimento da prosperidade compartilhada**

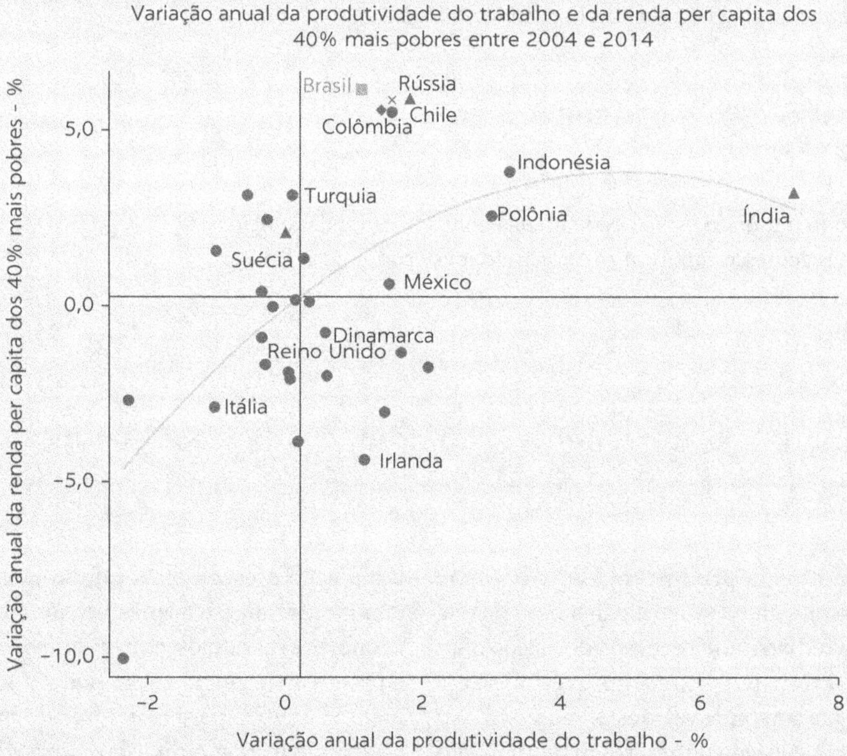


*Fonte:* Vijil et al. 2018.

FIGURA Q5.1.2

**Os países com mais pedidos de patente apresentam maior mobilidade social**

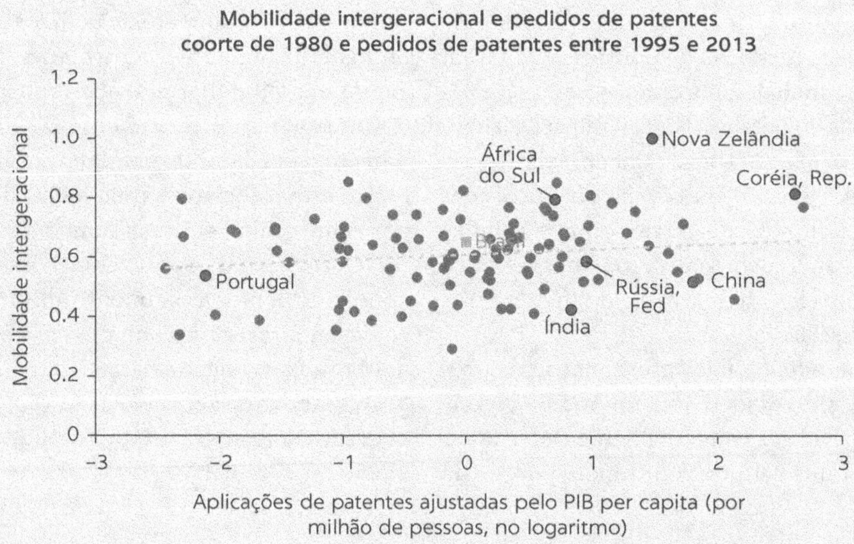


*Fonte:* Vijil et al. 2018.

*continuação*

QUADRO 5.1, *continuação*

desigualdade (Rodrik, 2017). Será que o Brasil deveria se planejar para as desvantagens da abertura e surfar na onda das mudanças tecnológicas globais, ao mesmo tempo em que aproveita as grandes vantagens envolvidas? A resposta é sim. Existe necessariamente um trade-off entre ganhos de produtividade e prosperidade compartilhada? A resposta é não, mas políticas compensatórias de inclusão são necessárias para equilibrar os ganhos agregados e ajudar os que saem perdendo a se ajustar. O Brasil pode aprender com as omissões dos outros a este respeito.

a. O crescimento da produtividade é a única maneira sustentável de gerar mais produção em relação aos insumos, ou seja, ter uma distribuição econômica nacional mais robusta em termos de produção disponível para todas as pessoas (em vez de aumentar o número de máquinas e outros insumos de acordo com a taxa de crescimento populacional, o que resultaria na mesma taxa de produção por pessoa). Investir mais em capital físico do que a taxa de crescimento da população aumenta a produtividade do trabalho, mas esse investimento logo levará à diminuição dos ganhos sem crescimento da produtividade. Ver também Quadro1.1.

b. Devido a restrições de dados sobre a renda per capita dos 40% mais pobres da população, existe heterogeneidade no período coberto pela Figura Q5.1.1.

c. No relatório "Fair progress? Educational mobility around the World", a ser lançado pelo Banco Mundial, a mobilidade social, ou mobilidade intergeracional, é medida pelo nível de independência entre os níveis de ensino de duas gerações consecutivas. Para isso, utiliza-se os coeficientes das regressões dos anos de escolarização dos filhos sobre a escolarização de seus pais. Para facilitar a interpretação, as Figuras Q5.1.2 e 5.1 utilizam o inverso do indicador, de modo que um aumento possa ser interpretado como uma melhoria na mobilidade social.

pobres e vulneráveis, ao invés de aumentá-las. A inovação tem avançado rapidamente em todo o mundo, e algumas mudanças tecnológicas vêm ocorrendo em ritmo exponencial - ao invés de linear - criando novas oportunidades dentro das tendências da indústria 4.0, como a inteligência artificial (IA), a Internet das Coisas, veículos autônomos, impressão 3D e outros avanços. Essas mudanças tecnológicas podem deslocar trabalhadores não qualificados, mudar os padrões do comércio e, assim, criar riscos para os pobres e vulneráveis (Hallward-Driemeier and Nayyar, 2017).

No entanto, essas preocupações podem ser menos relevantes para o Brasil do que para economias avançadas. O Brasil fica longe o suficiente da fronteira da produtividade para que os efeitos da adoção das tecnologias sobre a competitividade das empresas - e, por consequência, sobre a produção e a demanda por trabalhadores - possam compensar eventuais impactos negativos sobre os empregos. Este mecanismo de expansão da produção protegeria os trabalhadores menos qualificados dos impactos advindos dos preços relativos e da substituição.[2,3] Em outras palavras, o Brasil ainda tem muitas oportunidades de proporcionar benefícios para todos, como ocorreu em muitos mercados emergentes nas últimas três décadas (Milanovic, 2016).

Também há evidências de que a inovação está diretamente associada a melhores oportunidades de mobilidade social. Por exemplo, o coorte de brasileiros nascidos na década de 1980 que vivem em estados com mais pedidos de patentes por milhão de habitantes (controlado para PIB estadual per capita, PPP constante de 2010) experimentaram uma maior mobilidade social; um aumento de 10 por cento no número de pedidos de patentes por milhão de habitantes de um estado está associado a uma mobilidade social 0,73 por cento maior (Figura 5.1). Existe uma associação positiva similar com maior mobilidade social para brasileiros que vivem em estados com mais acesso à Internet. Supondo que o talento empresarial seja uniformemente distribuído na

FIGURA 5.1
**Brasileiros de estados com mais pedidos de patente tiveram maior mobilidade social**

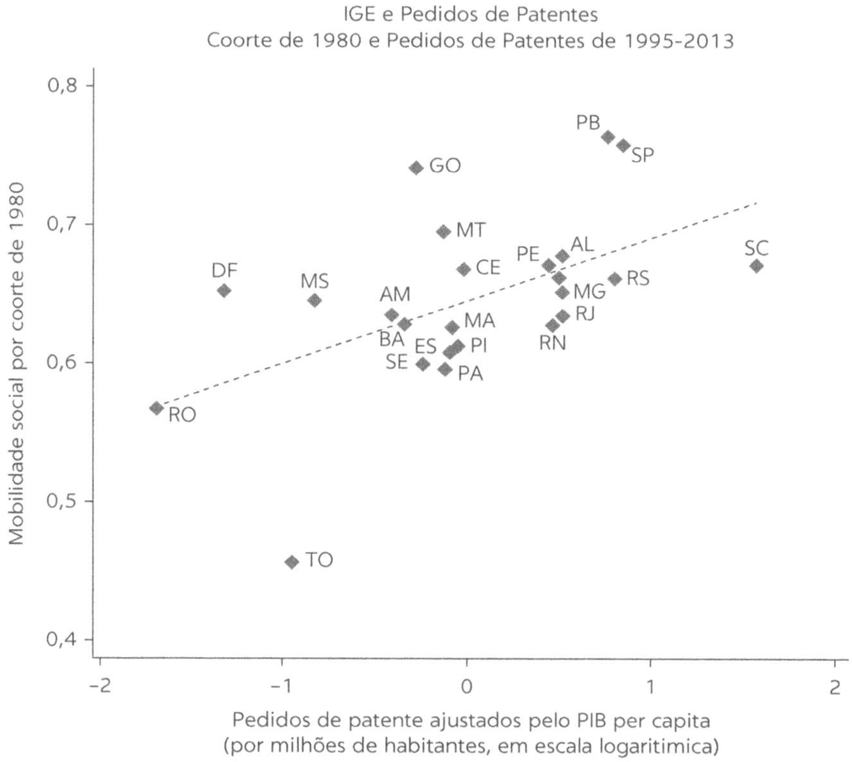


*Fonte:* Vijil et al. 2018.
*Nota:* A mobilidade intergeracional é a medida em que a educação de uma geração é independente da educação de seus pais.

população, a inovação abre a porta para que indivíduos menos favorecidos migrem da baixa para a alta renda no espaço de uma geração.[4] Um ambiente de negócios que estimula a inovação por novos entrantes (em vez de proteger empresas estabelecidas) está entre os potenciais impulsionadores desse relacionamento positivo.

As reformas necessárias para se colher benefícios das novas oportunidades criadas pelos avanços tecnológicos são também essenciais para impulsionar a integração interna e a competitividade global. Examinando o impacto das novas tecnologias e a mudança dos padrões de globalização na expansão de empregos baseada na manufatura nos países em desenvolvimento, Hallward-Driemeier e Nayyar (2017) enfatizam que a manufatura pode continuar sendo parte importante de uma estratégia de desenvolvimento bem-sucedida, mas os duplos benefícios do crescimento da produtividade e da criação de empregos para trabalhadores não qualificados podem vir em combinações um pouco diferentes. Os serviços aprimorados pelas tecnologias digitais provavelmente também criarão novas oportunidades, tanto em termos de serviços negociáveis individuais, tais como serviços financeiros, TICs e negócios, como de serviços integrados e combinados com bens de manufatura ("servicificação"), tais como a pré-produção em P&D e design e a pós-produção no marketing e publicidade, aplicativos em dispositivos eletrônicos e consultoria pós-venda. No entanto, esses produtos que melhoram a produtividade podem gerar menos empregos de baixa qualificação em determinados níveis de rendimento do que os processos de produção menos digitalizados.[5] Hallward-Driemeier e Nayyar (2017) argumentam que esses desafios exigem que os países enfatizem com ainda mais premência a competitividade do ambiente de negócios, as capacidades de seus trabalhadores e empresas e o nível de conexão de seus países com os mercados globais.

Para o Brasil, isso demonstra a urgência de reformas que reduzam os custos de se fazer negócios e apoiem a adoção de novas tecnologias, incluindo a construção da capacidade de absorção por meio da educação e da melhoria na gestão. Existe o risco de as oportunidades migrarem para outros países. A falta de conexões e a baixa qualificação de trabalhadores e gestores são desafios importantes no Brasil. Se não forem enfrentados, eles podem comprometer a concretização dessas oportunidades nos serviços e na manufatura "servicificada". Conforme discutido nos capítulos anteriores, o Brasil apresenta um dos maiores custos de adoção de tecnologias digitais. A remoção de tarifas e impostos especiais sobre bens e serviços de TIC poderia baixar os preços e aumentar a demanda dos negócios e dos usuários finais. As políticas de educação e treinamento terão que se adaptar para explorar as mudanças tecnológicas globais em andamento. As mudanças nas competências exigidas pelos empregadores brasileiros requerem a priorização das políticas de inovação, mudanças nas políticas de educação e treinamento, mercados de trabalho mais flexíveis e aumento dos investimentos pelas empresas a fim de permitir que as empresas brasileiras aproveitem as novas oportunidades.

A liberalização do comércio é outro elo importante entre produtividade e inclusão: ela aumenta a produtividade e pode reduzir diretamente a pobreza pela redução de preços e ampliação da produção, conforme demonstrado pela experiência do Brasil na década de 1990. Novas conclusões deste relatório mostram que a redução das tarifas de 30,5 por cento para 12,8 por cento entre 1990 e 1995 no Brasil beneficiou as famílias na média em toda a distribuição de renda.[6] O crescimento da produtividade introduzido pela liberalização comercial favoreceu os mais pobres com melhorias de renda e consumo. Os benefícios reis de renda para famílias no quintil mais baixo da distribuição de renda chegaram a quase 4 por cento da renda total per capita do agregado familiar, enquanto os benefícios para o quintil mais alto atingiram apenas 2 por cento (Figura 5.2). Isso se deveu à abertura comercial, que criou empregos e aumentou os rendimentos trabalhistas em maior proporção para trabalhadores menos qualificados e menos favorecidos (os salários dos trabalhadores qualificados caíram em relação aos de trabalhadores menos qualificados, devido à redução na proteção de setores de maior capacitação, como a eletrônica, contribuindo para o declínio do *skill premium*). A abertura do comércio também reduziu os preços dos bens comercializáveis que eram comparativamente mais consumidos pelos pobres (as famílias no quintil mais baixo atribuíram uma parcela maior do seu orçamento a produtos como alimentos e roupas, em comparação aos quintis superiores, que gastam mais com serviços).

A maior liberalização do comércio também beneficiaria os pobres, em média, porém menos do que os mais favorecidos. Se o Brasil implementasse a liberalização comercial no nível do Mercosul (reduzindo tarifas em 50 por cento com relação a países não participantes do Mercosul e alinhando barreiras não tarifárias com países membros), todas as famílias brasileiras se beneficiariam, em média, em todos os estratos de renda. A taxa de pobreza poderia cair em 3,2 por cento (com base em US$ 5,50 por dia na paridade do poder de compra de 2011), retirando quase 6 milhões de pessoas da linha da pobreza.[7]

FIGURA 5.2
**O efeito líquido da liberalização tarifária do Brasil foi, em média, pró-pobre e inclusivo**

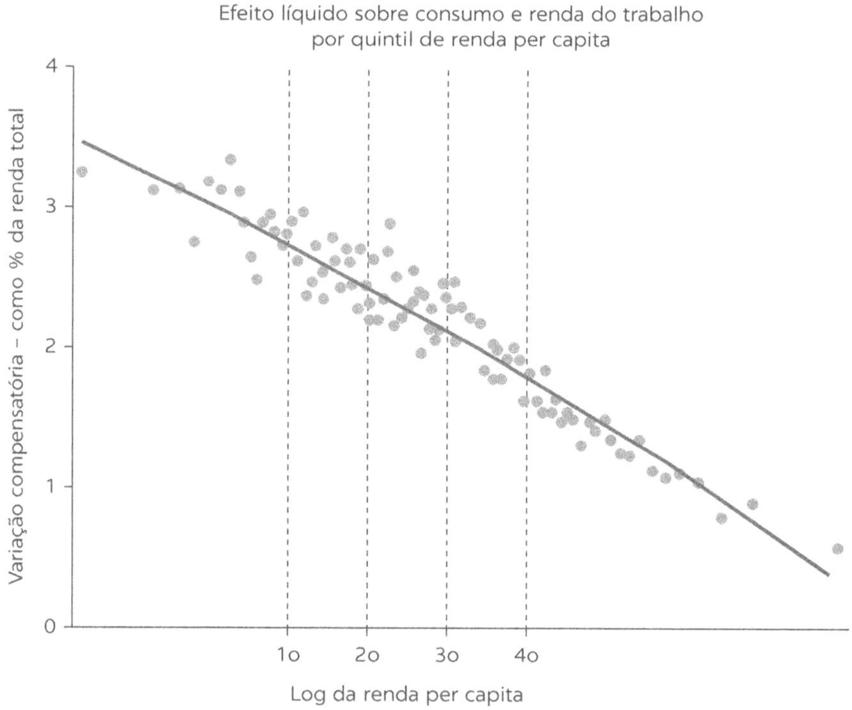


*Fonte:* Vijil et al. 2018.
*Nota:* Efeitos sobre o consumo e o salário por quintil da renda per capita (total).

Simulações de um estudo complementar mostram que, se todas as tarifas fossem reduzidas a zero, isso aumentaria o poder de compra das pessoas no decil de renda mais baixo em 15 por cento, em comparação a um aumento médio da renda familiar de 8 por cento (Arnold et al. 2017). No entanto, os ganhos beneficiariam as pessoas relativamente mais favorecidas e as do sul do país em uma taxa duas vezes maior do que beneficiariam as pessoas pobres no resto do Brasil, já que os efeitos do mercado de trabalho que afetam os mais favorecidos têm mais chances de dominar os efeitos do consumo que beneficiam os pobres. Ainda que os pobres tenham se beneficiado significativamente das reduções tarifárias em alimentos e bebidas na década de 1990, as tarifas sobre esses produtos já são baixas, portanto, os ganhos de consumo entre os pobres são mais limitados. Mais importante ainda, as reduções tarifárias para bens produzidos com mão-de-obra de baixa qualificação, como roupas e calçados, afetariam negativamente os ganhos dos trabalhadores pobres nessas indústrias, compensando parcialmente os ganhos médios dos preços mais baixos (Figuras 5.3 e Mapa 5.1).[8] Algumas comunidades preponderantemente empregadas em indústrias em declínio podem sofrer com o aumento do nível de pobreza por conta do desemprego. Comunidades mais diversificas economicamente podem ver, simultaneamente, uma alta criação e uma alta destruição de empregos. Por isso, é importante enfrentar esses riscos de frente, com políticas complementares para facilitar a mobilidade laboral, o retreinamento e a geração de empregos, inclusive nas regiões mais negativamente afetadas.

FIGURA 5.3

**Maior liberalização tarifária beneficiaria a todos, porém mais aos ricos que aos pobres**

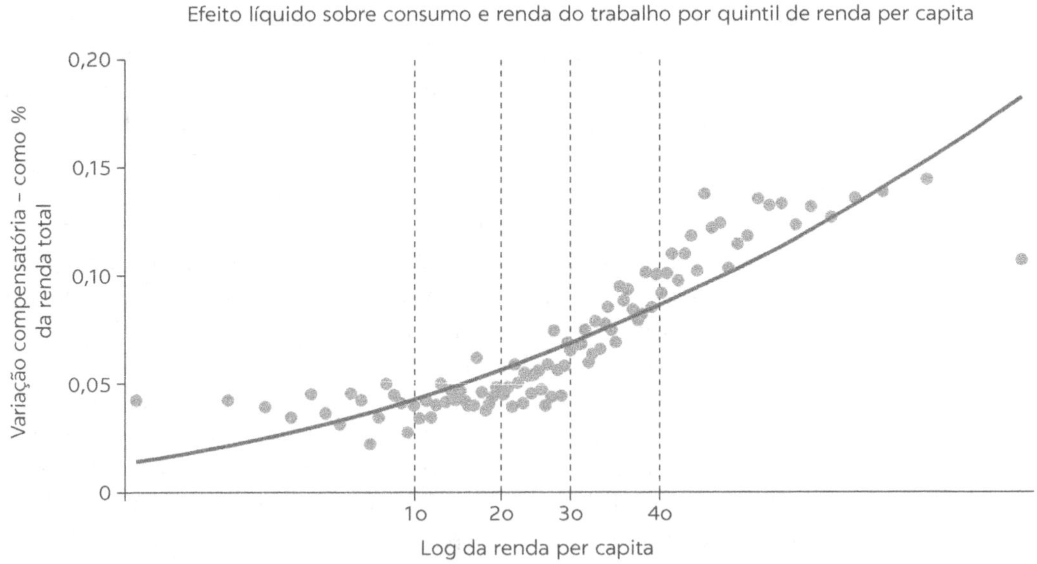


*Fonte:* Vijil et al. 2018.
*Nota:* Efeitos sobre o consumo e o salário por quintil da renda per capita (total).

MAPA 5.1

**... e beneficiaria mais aos estados do Sul do que ao resto do Brasil**

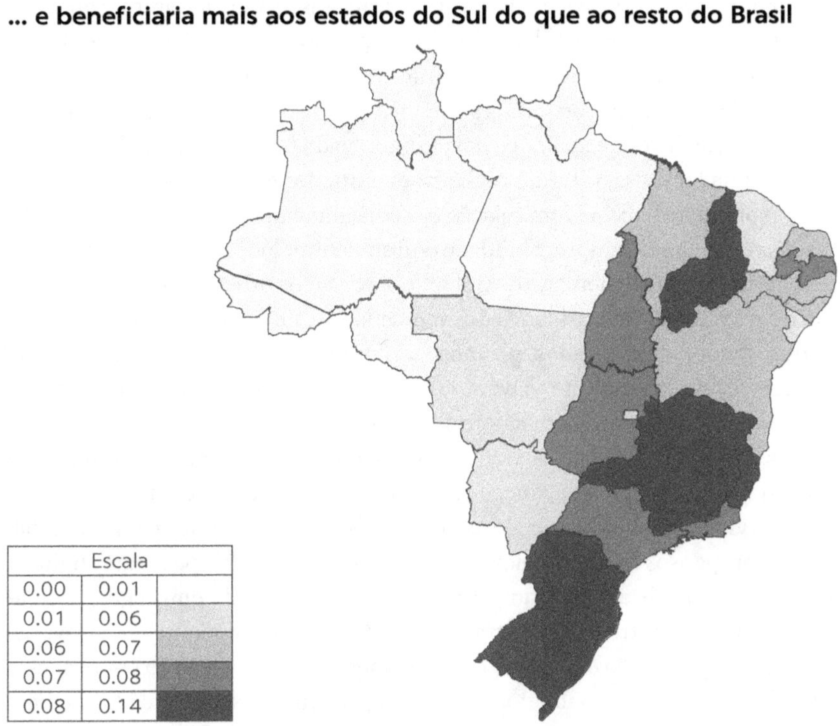


*Fonte:* Vijil et al. 2018.
*Nota:* O mapa se baseia nas informações do gráfico acima, que retrata o aumento do bem-estar (medido em porcentual de aumento de renda) gerado pela liberalização comercial.

## POLÍTICAS PARA MITIGAR EFEITOS ADVERSOS DA CONCORRÊNCIA E DE CHOQUES TECNOLÓGICOS

Os obstáculos à mobilidade da mão de obra e a limitação da integração do mercado interno podem exacerbar as perdas e reduzir os ganhos decorrentes da abertura do mercado. Quando os trabalhadores são impedidos de se mudar para outra parte do país para encontrar emprego, eles e suas comunidades ficam muito mais vulneráveis a choques negativos associados a mudanças nos preços relativos ou ao aumento da concorrência. Após a liberalização do comércio na década de 1990, enquanto, em média, as famílias tiveram ganhos líquidos dentro de cada percentil da distribuição de renda, os trabalhadores de algumas regiões sofreram declínios em seu ganhos três vezes maiores vinte anos depois do que nos dez primeiros anos após a liberalização.[9] Do lado do consumo, as barreiras à integração interna e à concorrência local (como infraestrutura de conectividade insuficiente, diferenças nos impostos indiretos estaduais e municipais e poder de mercado no transporte e redes de distribuição de atacado e varejo) resultam em custos mais baixos que não são necessariamente repassados às famílias locais na forma de preços mais baixos. Na década de 90, o impacto positivo da liberalização do comércio sobre a redução da pobreza poderia ter sido mais significativo se os mercados internos estivessem melhor integrados: em média, apenas 27 por cento das reduções nos impostos de fronteira foram transmitidas para os preços locais de consumo em todas as áreas metropolitanas entre 1991 e 1999.

Redesenhar as políticas passivas de mercado de trabalho e os abonos salariais do Brasil para trabalhadores formalizados poderia ajudar os menos qualificados a se adaptar às demandas do mercado. Conforme discutido no Capítulo anterior, o Brasil possui um conjunto diversificado de programas para o mercado de trabalho, sendo predominantemente políticas passivas, mas também ativas. No entanto, essas políticas são, em grande medida, direcionadas aos que já estão empregados, ao invés de apoiar os novos empregados e a realocação de trabalhadores de uma empresa, setor ou região para outra. De fato, os custos mais elevados da mobilidade laboral (em relação à média anual dos salários) (Figura 5.4) e maiores restrições de empregabilidade enfrentadas pelos pobres atrapalham sua plena participação no mercado de trabalho. Adaptar os programas ativos de mercado de trabalho às necessidades dos mercados locais poderia facilitar o ajuste dos trabalhadores deslocados, promovendo o retreinamento e a reinserção em empregos economicamente viáveis. Os serviços de intermediação e o apoio à procura de emprego também são fundamentais, pois os trabalhadores menos escolarizados no Brasil tendem a confiar mais em redes informais para encontrar trabalho assalariado; e os avanços tecnológicos podem aumentar a eficiência desses serviços.[10] Além disso, a alocação de mais recursos públicos para os trabalhadores propensos a sofrer maiores períodos de desemprego poderia beneficiar os mais vulneráveis ao acelerar o processo entre busca de emprego e treinamento, bem como introduzir contratos baseados em desempenho para provedores de serviços de busca de emprego e treinamento. A compensação por despesas de mudança para os trabalhadores que comprovem ter se deslocado também pode ser uma medida efetiva na promoção da mobilidade geográfica e no aumento dos salários e da probabilidade de se encontrar emprego.[11]

Recursos e programas adicionais podem ser necessários para trabalhadores mais velhos que sejam deslocados por mudanças estruturais. Trabalhadores que ficaram obsoletos devido a mudanças estruturais na esteira de uma maior integração econômica regional e global, ou devido ao avanço da tecnologia e

FIGURA 5.4

**O Brasil tem as instituições necessárias para enfrentar o ajuste do trabalho**

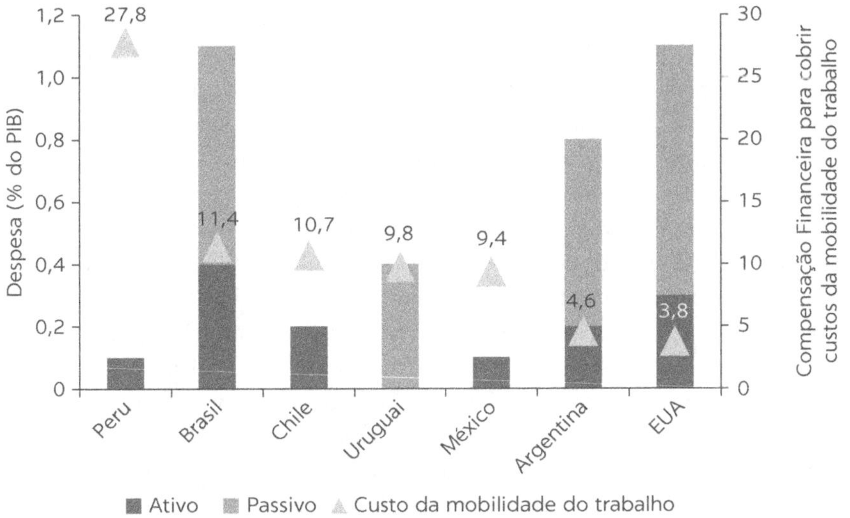


*Fontes:* Dados de despesa para o Brasil (BOOST e estimativas do Banco Mundial); outros países da América Latina (ASPIRE) e EUA (SOCX); dados para o custo da mobilidade do trabalho obtidos de Cruz et al. (2017).

automação, requerem mais assistência do que os programas atualmente oferecem. Os trabalhadores deslocados por mudanças estruturais precisam atualizar suas competências ou aprender novas competências. Eles também podem precisar de apoio para mudar de cidade, bem como incentivos e *coaching* para conhecer e aproveitar as oportunidades de redistribuição e reinserção no mercado de trabalho. Ajudá-los a aproveitar as novas oportunidades nas indústrias em ascensão é mais efetivo do que preservá-los em empregos não competitivos (Quadro 5.2). As evidências internacionais também apontam para a importância das relações cooperativas entre trabalhador e empregador, para garantir que os benefícios do crescimento da produtividade nas empresas estabelecidas sejam compartilhados. As autoridades de advocacia pela concorrência podem ter um papel a desempenhar para garantir que os empregadores nas regiões afetadas pelo alto desemprego não abusem de seu poder de monopsônio, embora, no caso do Brasil, o salário mínimo elevado já ofereça um nível importante de proteção aos trabalhadores formais.[12]

Além de apoiar os trabalhadores diretamente através de políticas ativas do mercado de trabalho, a política da concorrência, o acesso ao financiamento e as medidas para facilitar a criação e crescimento de novas empresas podem aliviar consideravelmente o ônus do ajustamento e criar novas oportunidades. A política de concorrência tem um papel importante a desempenhar para garantir que os consumidores se beneficiem de preços mais baixos como resultado da integração do mercado. Por exemplo, a autoridade brasileira de concorrência (CADE) investigou recentemente possíveis práticas anticoncorrenciais nos mercados de cimento, GLP, varejo de combustível e sal - todos produtos diretamente consumidos, em maior proporção, pelos trabalhadores mais pobres (como o gás de cozinha), ou que os afeta indiretamente mais.[13] De uma forma mais geral, as políticas para reduzir os obstáculos à entrada e ao crescimento de novas empresas e diminuir os custos operacionais de todas as empresas podem aumentar os ganhos líquidos resultantes do aumento da concorrência, ao permitir que as

QUADRO 5.2

## Evidências internacionais sobre programas para pessoas em processo de adaptação às mudanças estruturais

A evidência internacional sugere que programas bem direcionados de assistência ao ajustamento trabalhista, que criem incentivos adequados, podem minimizar os custos de mobilidade e acelerar as transições de emprego. Apoiar os trabalhadores que sofrem uma mudança negativa permanente (sistêmica ou estrutural), passando de formalmente empregados a desempregados, requer um pacote abrangente de medidas - em contraste aos que enfrentam apenas uma ruptura efêmera. O apoio no caso de mudanças permanentes geralmente inclui uma combinação de programas, tais como assistência na busca de emprego, retreinamento, auxílio de mobilidade geográfica, subsídio salarial e apoio à renda. Políticas e reformas complementares em outros mercados, como habitação, crédito e infraestrutura, também têm um papel essencial na facilitação do ajuste.

**Programas abrangentes de mercado de trabalho:** o Programa de Assistência de Ajuste ao Comércio dos EUA é um programa federal que ajuda os trabalhadores dando apoio na busca de emprego, treinamento, subsídios salariais para novos empregadores em potencial, seguro saúde para desempregados e subsídios de realocação. O programa ajuda os trabalhadores que foram deslocados devido à mudança da empresa para outro país ou à liberalização do comércio (para os trabalhadores de indústria concorrente das importações, bem como para aqueles empregados pelos produtores *downstream* ou *upstream*). As avaliações apresentam resultados mistos, incluindo efetividade limitada em ajudar os trabalhadores afetados pelo comércio a obter novos empregos com salário adequado (Schochet et al. 2012). Os críticos do programa enfatizam que a melhor recapacitação acontece na prática e propuseram a alternativa do "seguro salarial" - pagamentos feitos diretamente aos trabalhadores para reduzir a diferença entre o que eles recebiam no emprego anterior e o salário no novo emprego, até um teto. Os subsídios salariais, em vez do treinamento em sala de aula, poderiam estimular os trabalhadores a conseguir outro emprego rapidamente, ao mesmo tempo em que melhoram seu acesso à aprendizagem na prática. Outro programa que implementa um pacote abrangente de assistência é o *Austrian Steel Foundation*, que ajuda trabalhadores deslocados a encontrar novos empregos desde a privatização da indústria siderúrgica, oferecendo uma ampla gama de serviços, incluindo programas de orientação vocacional, assistência a startups de pequenas empresas, treinamento e reciclagem extensivos, educação formal e assistência à busca de emprego. A fundação é financiada por todos os participantes: os próprios *trainees*, as empresas, o governo local por meio do seguro desemprego e os demais trabalhadores da indústria siderúrgica, que pagam uma fração solidária dos seus salários brutos à fundação. O programa foi bem-sucedido em aumentar a probabilidade de os participantes serem empregados (Winter-Ebmer, 2001).

**Assistência à mobilidade:** Na Alemanha, o subsídio de mudança para desempregados em busca de trabalho tem sido efetivo na promoção da mobilidade de mão de obra. Os beneficiários recebem salários maiores e encontram empregos mais estáveis, principalmente devido à melhor combinação de trabalhador e cargo (Caliendo et al. 2017). De maneira semelhante, a Romênia possui um programa de reembolso de despesas associadas à migração para desempregados, que tem se mostrado eficaz na melhora dos resultados do mercado de trabalho (Rodríguez-Planas e Benus, 2010). Da mesma forma, o experimento *Moving to Opportunity* nos EUA ofereceu vouchers de habitação como auxílio a algumas famílias selecionadas aleatoriamente, para que se mudassem para bairros menos pobres, o que melhorou a assiduidade na faculdade, aumentou os rendimentos familiares e reduziu as taxas de monoparentalidade, nos casos em que a mudança ocorreu enquanto os filhos ainda eram jovens (Chettey et al. 2016).

**Programas direcionados que, mais tarde, se tornam instituições maiores da rede de segurança:** o programa PROCAMPO, do México, foi criado em 1993-94 para compensar os produtores agrícolas, que esperavam que os preços diminuíssem após a entrada

*continuação*

QUADRO 5.2, *continuação*

em vigor do Acordo de Livre Comércio da América do Norte. É hoje o maior programa agrícola do México, proporcionando aos agricultores transferências de renda por hectare, desassociadas do uso da terra. Cord e Wodon (2001) verificaram que o PROCAMPO teve efeito positivo na redução da pobreza e efeito multiplicador na renda familiar.

**Compartilhando os ganhos do aumento da produtividade:** a indústria de mineração da Suécia ilustra como o aumento da produtividade após inovações disruptivas ou concorrência internacional pode proporcionar melhores condições de trabalho (ou seja, segurança e salários) para as pessoas que continuam empregadas em indústrias em retração. Os sindicatos acolhem a automação como uma vantagem competitiva que aumenta a eficiência e torna o trabalho mais seguro. No entanto, isso exige um forte poder de negociação sindical para que os ganhos do crescimento da produtividade sejam compartilhados entre os trabalhadores e os donos do capital; e a compensação trabalhista precisa estar incorporada a um sistema de bem-estar social mais amplo.[a]

a. https://mobile.nytimes.com/2017/12/27/business/the-robots-are-coming-and-sweden-is fine.html?action=click&module=Top%20 Stories&pgtype=Homepage.

empresas de desempenho alto expandam rapidamente sua produção e gerem mais empregos. Superar as falhas do mercado - como as barreiras informacionais, por exemplo - pode ter um impacto positivo especialmente em empresas mais inovadoras. O redesenho das políticas de apoio às empresas, nesse sentido, será assunto do próximo Capítulo.

As políticas para facilitar o acesso ao crédito para empreendedores talentosos de baixa renda poderiam trazer benefícios adicionais em favor dos pobres. O Brasil tem um dos melhores desempenhos em termos de inclusão financeira das famílias. No entanto, o acesso ao crédito para empresas, fazendas e empresários é limitado, mesmo para os padrões regionais baixos. As PMEs também têm mais dificuldade do que empresas maiores de conseguir financiamento. Para empreendedores jovens e de baixa renda, sem histórico comercial ou garantias, o acesso ao crédito é ainda mais desafiador. O aprimoramento da alfabetização financeira, aliado ao acesso às políticas financeiras de apoio aos empreendedores de baixa renda, poderia melhorar a capacidade de pessoas talentosas de participar da atualização da produtividade na posição de donos de capital. Tais medidas deverão ser complementadas com treinamento em competências de gestão e ações para reduzir as barreiras de entrada.

Medidas adicionais para melhorar o mecanismo de resolução de insolvência também beneficiariam de forma desproporcional os menos favorecidos. Os esforços contínuos para reformar o marco regulatório da resolução de insolvência, conforme discutido no Capítulo 3, criariam um sistema mais previsível para os credores e seriam inclusivos, reduzindo o custo do fracasso, o que afeta desproporcionalmente os empreendedores menos favorecidos. A reforma da insolvência, com o objetivo de preservar empresas viáveis sob dificuldade temporária, também pode apoiar os trabalhadores e reduzir o desemprego transitório desnecessário.

Uma redução nos custos de comércio poderia aumentar significativamente as novas oportunidades de emprego como resultado de uma maior integração internacional. Evidências recentes do Brasil apoiam essa ideia, uma vez que mais oportunidades de exportação regional levaram a maiores salários locais, melhores perspectivas de emprego, menor informalidade laboral, além de incentivo à migração interna de mão-de-obra (especialmente para trabalhadores de baixa escolaridade). Estima-se que uma queda significativa nos custos comerciais para os exportadores brasileiros também poderia reduzir a desigualdade salarial. O comércio online poderia contribuir particularmente para esse objetivo, nivelando o jogo entre pequenas e grandes empresas em termos de acesso aos mercados internacionais - já que exportadoras pagam salários mais altos e pequenas empresas tendem a contratar trabalhadores menos qualificados desproporcionalmente.[14] O acesso à internet também vem criando efeitos positivos nos cargos e salários das profissões de média e alta qualificação no setor manufatureiro do Brasil. O emprego agregado migrou de setores com oportunidades de expansão limitadas (atacado e varejo, administração pública e serviços públicos) para setores com mais oportunidades de expansão de produção (como manufatura, transporte, finanças e seguros). Como dois terços da desigualdade salarial brasileira podem ser encontrados dentro de uma mesma indústria, em cargos para trabalhadores com características observáveis semelhantes, políticas que reduzam a lacuna de produtividade provavelmente estarão associadas a uma menor desigualdade salarial (Helpman et al., 2017).

Novas tecnologias e apoio governamental à atualização tecnológica podem preservar empregos, aumentando a competitividade mesmo em indústrias que enfrentam uma concorrência potencialmente maior do exterior. Em princípio, existem oportunidades para atualizar as capacidades das empresas em todas as indústrias, inclusive aquelas que tradicionalmente são vistas como de baixo conteúdo tecnológico. A evolução da Companhia Hering, uma grande empresa de confecção de têxteis e vestuário, contradiz a imagem dessa

QUADRO 5.3

## Lições de políticas de inovações da Companhia Hering

A Companhia Hering é uma das 100 maiores empresas do Brasil, com 7.000 funcionários, uma rede de varejo de 821 lojas e um valor de mercado de US$1,25 bilhão. A empresa foi fundada em 1880, em Santa Catarina. Historicamente, dedicou-se à produção de têxteis e peças de vestuário. Para sobreviver à crise econômica aguda e à liberalização comercial da década de 1990, a empresa implementou uma estratégia de produção inovadora baseada na descentralização da produção através da subcontratação de pequenas empresas, uma estratégia que a indústria de vestuário usa no mundo todo. A Cia. Hering adaptou a experiência de terceirização da fabricação de vestuário de marca no mundo desenvolvido, adotando um controle muito maior sobre seus subcontratados, criando um novo modelo de divisão do trabalho, onde a empresa mantém suas funções básicas e promove spillovers pela criação de "facções" (empresas derivadas da Cia. Hering, que dela receberam financiamento e equipamentos) mais produtivas - abrindo novas confecções em estados com mão-de-obra mais barata, como Goiás em 1997 e o Rio Grande do Norte em 2000.

O SENAI apoiou a Cia. Hering de maneira inovadora, ajudando a melhorar a formação de engenheiros têxteis e gerentes, organizando sessões de treinamento personalizadas em habilidades emocionais e específicas. Para empresas menores, o SENAI prestou serviços de consultoria em áreas como otimização de produção e gestão de negócios. Com quase 70 anos de experiência, forte base regional e capacidade de criar programas *ad hoc* adaptados às necessidades específicas das empresas locais, o SENAI mostra-se adequado para apoiar diferentes tipos de inovação, não apenas em setores mais avançados, mas também nesses mais tradicionais.

*Fonte:* Piore e Ferreira Cardoso 2017.

indústria como sendo estática, retrógrada e que apenas sobrevive graças à proteção tarifária (Quadro 5.3). O caso ilustra como entidades de apoio como o SENAI poderiam promover a inovação, mesmo em indústrias onde se presume que o desenvolvimento tecnológico tenha papel limitado. O SENAI pode considerar a adaptação de seus atuais espaços de alta tecnologia - os Institutos SENAI de Inovação, ou ISIs - para que eles promovam a melhoria da produtividade em todas as indústrias, incluindo indústrias tradicionais, como têxteis e vestuário. O SENAI pode também considerar ampliar a educação da mão-de-obra de forma a permitir que seus alunos formados migrem para outras áreas se e quando indústrias como têxteis e vestuário entrarem em declínio (Piore e Ferreira Cardoso 2017).

Ao considerar tais opções, no entanto, os decisores políticos brasileiros devem ter consciência das armadilhas de tentativas passadas. Devido à falta de objetivos claros, incapacidade de monitorar e avaliar o impacto e falta de coordenação entre as agências governamentais, políticas de apoio às empresas, como as que visam diferentes formas de inovação, incluindo a atualização tecnológica, tiveram impacto limitado e acabaram gerando novos ganhos para grupos específicos que são difíceis de desmantelar. O próximo Capítulo trata dessas armadilhas e oferece sugestões para o redesenho fundamental de políticas de apoio às empresas para complementar os esforços de aumentar a concorrência e a integração de mercado, como defendido nos capítulos anteriores.

## NOTAS

1. Os índices de desigualdade de Gini e Theil não mostram uma inversão na tendência de desigualdade de renda até o final de 2015.
2. Ver Dutz, Almeida e Packard (2018) e a revisão de literatura sobre os impactos da adoção de tecnologias em trabalhos e tarefas. As observações de Bessen (2017) são particularmente relevantes sobre esse ponto: ele interpreta casos de rápido aumento conjunto de produtividade e emprego através de um modelo de demanda final heterogênea, em que a redução do preço nos estágios iniciais do crescimento da produtividade torna produtos que antes eram proibitivamente caros acessíveis para o consumo em massa, produzindo uma grande resposta de demanda positiva. O Brasil pode estar nessa fase inicial, pois muitos bens e serviços poderiam se beneficiar tanto de aumentos de produtividade como de reduções consideráveis de preços, estimuladas por mais concorrência.
3. Cirera e Sabetti (2018) demonstram que, em uma grande amostra de empresas em países em desenvolvimento e mercados emergentes, quando a inovação inclui a introdução bem-sucedida de produtos, novos ou atualizados, o emprego nas empresas cresce a uma taxa similar às vendas.
4. Aghion et al. (2016) descobriram que um aumento de 10 por cento no número de patentes por habitantes nas áreas intermunicipais dos EUA está associado a uma probabilidade 0,7 por cento maior de uma pessoa pertencer ao 5º quintil da distribuição de renda quando os pais pertenciam ao primeiro quintil.
5. O acesso à Internet induziu efeitos positivos no emprego e salário de ocupações de qualificação média e alta no setor de manufatura do Brasil (Dutz et al., 2017a). No México, um aumento de 10 por cento na parcela de trabalhadores com acesso à Internet foi associado a aumentos de 6 por cento, 11 por cento e 0.6 por cento no número de operários nos setores de indústria, serviços e comércio, respectivamente, devido aos efeitos da expansão da produção (Iacovone e Pereira-López, 2018). Acemoglu e Restrepo (2018) postulam uma teoria para o estudo das implicações da IA e automação no mercado de trabalho. Os autores enfatizam que, além dos efeitos de produtividade (expansão da produção) e deslocamento (substituição), a criação de novas tarefas de mão-de-obra intensiva (como engenharia, back-office, gestão, finanças, publicidade e relacionamento com o cliente) é uma poderosa força compensatória adicional contra o efeito de deslocamento causado

pela automação. Em conclusão, os autores ressaltam a urgência de se entender melhor as implicações distributivas dessas novas tecnologias, as reações da economia política e o desenho de instituições novas e melhoradas, a fim de gerar ganhos compartilhados mais amplamente.

6. Os resultados são derivados de estimativas controladas para efeitos regionais, fixados por ano e referentes a produtos, para levar em conta as características não observáveis dessas dimensões. Portanto, as estimativas são controladas para os efeitos do plano de estabilização econômica não relacionados à liberalização tarifária, como medidas para enfrentar a hiperinflação.
7. Medidas para melhorar a transmissão de preços implementadas em paralelo poderiam retirar adicionalmente 2.7 milhões de pessoas da pobreza.
8. Esses resultados são baseados em um modelo de equilíbrio geral que analisa quão qualificados são os empregos e as mudanças relativas de preços e salários em todas as indústrias. Arnold et al. (2017) utilizam a mov imentação exógena da taxa de câmbio como proxy de mudanças na proteção comercial e intensidade da concorrência. Descobriram que apenas alguns setores provavelmente reduziriam suas atividades no Brasil à medida que as barreiras comerciais caíssem, nomeadamente têxteis e calçados. No entanto, esses estudos não levam em conta a possibilidade de melhorias na produtividade pelo aperfeiçoamento do conhecimento e da capacitação como resultado de uma maior disciplina de concorrência se as políticas públicas apoiassem esse aperfeiçoamento, o que, em tese, poderia resultar na expansão da produção e no aumento das vendas.
9. As causas disso foram a mobilidade laboral imperfeita e o declínio da procura por mão-de-obra (Dix-Carneiro e Kovak, 2017 a, b). A mobilidade laboral inter-regional foi lenta porque os empresários aguardavam a depreciação completa de seus investimentos de capital antes de fechar suas empresas. Além disso, houve efeitos negativos nos aglomerados regionais que amplificaram a queda do rendimento do trabalho em regiões afetadas pela concorrência de importação em relação a outras regiões.
10. Cruz et al. (2017a) ilustram como os custos de mobilidade no Brasil tendem a ser mais baixos para os trabalhadores com acesso relativamente maior às tecnologias online, com base na intensidade de uso da Internet pelos trabalhadores de cada setor como proxy para medir o nível de acesso à informação.
11. Essas políticas são baseadas em evidências internacionais bem-sucedidas (Hollweg et al. 2014; Silva et al. 2015; Calendo et al. 2017).
12. Novas evidências nessa área sugerem que a defesa da concorrência tem um papel importante a desempenhar para impedir o monopsônio em locais afetados por mudanças estruturais (ver Conselho de Assessoria Econômica dos EUA, "Monopsônio do mercado de trabalho: tendências, consequências e respostas políticas," 2016).
13. As práticas anticoncorrenciais nos mercados de cimento e varejo de combustível afetam comparativamente mais os pobres, por meio de preços mais altos ao consumidor para mercadorias transportadas por via rodoviária, maiores preços de transporte público ou políticas públicas de habitação mais caras para os mais pobres (OCDE, 2013). Em outros países já foram observados efeitos semelhantes sobre os pobres, devido à falta de concorrência (Argent e Begazo Gomez, 2015; Banco Mundial, 2016b).
14. Disponibilizar banda larga universal acessível, de alta velocidade e alta qualidade, especialmente fora do Sudeste e outras regiões metropolitanas mais favorecidas, pode trazer benefícios significativos. Cruz, Milet e Olarreaga (2017b), com base em um estudo entre países, verificam que um aumento de 1% na participação das exportações online leva a uma queda de 0,01% no skill premium, reduzindo a desigualdade salarial - sendo essa correspondência impulsionada por países que têm uma grande parcela dos empregos em pequenas empresas.

## REFERÊNCIAS

Acemoglu, Daron, and Pascual Restrepo. 2018. "Artificial Intelligence, Automation and Work." National Bureau of Economic Research Working Paper 24196, January, Cambridge, MA.

Aghion, P., U. Akcigit, A. Hyytinen, and O. Toivanen. 2017. "Leaving the American Dream in Finland: The Social Mobility of Inventors." Mimeo, Cambridge, MA.

Aguayo-Tellez E., M.A. Muendler, and J. Poole. 2010. "Globalization and Formal Sector Migration in Brazil," *World Development*, 38(6): 840–56.

Almeida, Mansueto, Renato Lima-de-Oliveira, and Ben Ross Schneider. 2014. "Política Industrial e Empresas Estatais no Brasil: BNDES e Petrobras." Texto para discussão, IPEA, Brasilia.

Argent, J. T., and T. P. Begazo Gomez. 2015. "Competition in Kenyan Markets and Its Impact on Income and Poverty: A Case Study on Sugar and Maize." Policy Research Working Paper 7179, Washington, DC: World Bank.

Arnold, J., M. Bueno, and A. González Pandiella. 2017. "Much to Gain and Little Pain: Evaluating Economic Effects of a Stronger Integration into the Global Economy in Brazil." OECD Economics Department Working Paper, Paris: OECD.

Bessen, James. 2017. "Automation and Jobs: When Technology Boosts Employment." Boston University Law and Economics Working Paper 17-09, Boston, MA: Boston University.

Caliendo, M., S. Kunn, and R. Mahlstedt. 2017. "Mobility Assistance Programmes for Unemployed Workers, Job Search Behavior and Labor Market Outcomes." IZA Discussion Paper Series 11169, Bonn: The Institute for the Study of Labor.

Chetty, R., N. Hendren, and L. Katz. 2016. "The Effects of Exposure to Better Neighborhoods on Children: New Evidence from the Moving to Opportunity Experiment." *American Economic Review* 106 (4): 855–902.

Cirera, Xavier, and Leonard Sabetti. 2018. "The Effects of Innovation on Employment in Developing Countries: Evidence from Enterprise Surveys." *Journal of Industrial and Corporate Change.*

Cruz, M., E. Milet, and M. Olarreaga. 2017a. "Labor Adjustment Costs across Sectors and Regions." Policy Research Working Paper 8233, Washington, DC: World Bank.

Cruz, Marcio, Emmanuel Milet, and Marcelo Olarreaga. 2017b. "Online Exports and the Wage Gap." Policy Research Working Paper 8160, Washington, DC: World Bank.

Cord, L., and Q. Wodon. 2001. "Do Mexico's Agricultural Programs Alleviate Poverty? Evidence from the Ejido Sector." *Cuadernos de Economía* 38 (114): 239–56.

Dix-Carneiro R., and B. Kovak. 2017a. "Trade Liberalization and Regional Dynamics." *American Economic Review* 107 (10): 2908–46.

——. 2017b. "Margins of Labor Market Adjustment to Trade." Mimeo, Duke University, Durham, NC.

Dutz, Mark, Rita Almeida, and Truman Packard. 2018. *The Jobs of Tomorrow: Technology, Productivity and Prosperity in Latin America and the Caribbean.* Directions in Development. Washington, DC: World Bank.

Dutz, Mark, Lucas Ferreira Mation, Stephen D. O'Connell, and Robert D. Willig. 2017. "Economy-Wide and Sectoral Impacts on Workers of Brazil's Internet Rollout." *Forum for Social Economics* 46 (2): 160–77.

Goes, C., A. Messa, and E. Leoni. 2017. "Analise prospetiva dos efeitos heterogêneos de uma liberalização comercial sobre o mercado de trabalho." Mimeo, Brasilia.

Hallward-Driemeier, M., and G. Nayyar. 2017. *Trouble in the Making? The Future of Manufacturing-Led Development.* Washington, DC: World Bank.

Helpman, E., O. Itskhoki, M. Muendler, and S. Redding. 2017. "Trade and Inequality: From Theory to Estimation." *Review of Economic Studies* 84: 357–405.

Hering, L., and R. Paillacar. 2015. "Does Access to Foreign Markets Shape Internal Migration? Evidence from Brazil." *The World Bank Economic Review* 30 (1): 78–103.

Hollweg, C., D. Lederman, D. Rojas, and E. Ruppert Bulmer. 2014. *Sticky Feet: How Labor Market Frictions Shape the Impact of International Trade on Jobs and Wages.* Directions in Development. Washington, DC: World Bank.

Iacovone, L., and M. Pereira-Lopez. 2018. "ICT Adoption and Wage Inequality: Evidence from Mexican Firms." Policy Research Working Paper 8298, Washington, DC: World Bank.

Milanovic, Branko. 2016. *Global Inequality: A New Approach for the Age of Globalization.* Belknap Press, Cambridge, MA.

OECD (Organisation for Economic Co-operation and Development). 2013. "Competition and Poverty Reduction: Contributions from Brazil to the Global Forum on Competition." Directorate for Financial and Enterprise Affairs Competition Committee, OECD, Paris.

Piore, M., and C. Ferreira Cardoso. 2017. "SENAI + ISIs: The Silicon Valley Consensus Meets Organizational Challenges in Brazil." MIT-IPC Working Paper 17-005, MIT, Cambridge, MA.

Rodriguez-Planas, N., and J. Benus. 2010. "Evaluating Active Labor Market Programs in Romania." *Empirical Economics* 38: 65–84.

Rodrik, Dani. 2017. *Straight Talk on Trade: Ideas for a Sane World Economy*. Princeton, NJ: Princeton University Press.

SAE. 2018. "Abertura Comercial para o Desenvolvimento Econômico." *Relatório de Conjuntura* No. 3, March, SAE, Brasilia.

Schochet, P. Z., R. D'Amico, J. Berk, S. Dolfin, and N. Wozny. 2012. *Estimated Impacts for Participants in the Trade Adjustment Assistance (TAA) Program under the 2002 Amendments*. Princeton, NJ: Mathematica Policy Research.

Silva, J., R. Almeida, and V. Strokova. 2015. *Sustaining Employment and Wage Gains in Brazil: A Skills and Jobs Agenda*. Directions in Development. Washington, DC: World Bank.

United States Council of Economic Advisory. 2016. "Labor market Monopsony: Trends, Consequences and Policy Responses." October Issue Brief, Washington, DC: USCEA.

Vijil, M., V. Amorim, M. Dutz, and P. Olinto. 2018. "Productivity, Competition and Shared Prosperity." Mimeo, Washington, DC: World Bank.

Winter-Ebmer, R. 2001. "Evaluation of an Innovative Redundancy-Retraining Project: The Austrian Steel Foundation." IZA Discussion Paper Series 277. Bonn: The Institute for the Study of Labor.

World Bank. 2016a. *Retaking the Path to Inclusion, Growth and Sustainability*. Report 101431-BR, Brazil Systematic Country Diagnostic. Washington, DC: World Bank.

——. 2016b. *South Africa Economic Update: Promoting Faster Growth and Poverty Alleviation through Competition*. 8th edn, Washington, DC: World Bank.

——. 2016c. "Restrições Regulatórias Relacionadas à Concorrência em Serviços de Engenharia no Brasil." Mimeo. Washington, DC: World Bank.

——. 2016d. "Uma Breve Análise das Restrições Regulatórias Relacionadas à Concorrência em Serviços de Advocacia, Contabilidade e Arquitetura no Brasil com base nos Indicadores de Regulação do Mercado de Produtos da OCDE." Mimeo. Washington, DC: World Bank.

# 6 Princípios e estruturas institucionais para aprimorar a formulação de políticas

Criada em 1964, a fabricante de eletrônicos Gradiente contou, durante décadas, com subsídios estatais na Zona Franca de Manaus e com a proteção de um mercado fechado, em que as importações de eletrônicos eram proibidas. Chegou a ser uma das 100 marcas mais valiosas do Brasil, em 2007. No entanto, a abertura do mercado na década de 1990 e o fim da Lei de Informática trouxeram ao Brasil a sofisticação e o preço competitivo de concorrentes estrangeiros. Incapaz de acompanhar a modernização do mercado global de eletrônicos, a empresa pediu recuperação judicial em 2010, depois de 46 anos de atividade. Além disso, os planos de reabrir a fábrica na Zona Franca de Manaus, em 2015, foram cancelados.

**SUMÁRIO** Se as políticas pregressas de incentivo à produtividade foram tão ineficazes e onerosas por tanto tempo, por que elas ainda não foram alteradas? Este Capítulo explora diversos fatores que explicam a persistência de políticas distorcidas. O primeiro fator-chave refere-se ao intervencionismo histórico do governo no desenvolvimento econômico no Brasil, marcado por um processo decisório fragmentado. Como resultado, os órgãos encarregados da formulação de políticas não conseguiram adotar reformas transversais para o bem comum; em vez disso, as políticas de interesse público foram substituídas por transações que acabaram garantindo benefícios privilegiados, prejudicando a concorrência e reforçando a busca por privilégios especiais (rent seeking). Um segundo fator importante é a falta de objetivos claros. Embora o crescimento seja uma aspiração compartilhada por toda a nação, intervenções de políticas específicas raramente tiveram objetivos claros. Por isso, seu impacto raramente é medido em relação aos objetivos declarados e sua eficácia, muitas vezes, é desconhecida. Essa situação estimulou a proliferação de políticas de apoio às empresas, pois não há evidências para justifica-las. O terceiro fator-chave é a falta de coordenação, motivada, principalmente, por uma grande diversidade de instituições que fragmentaram o espaço das políticas, muitas vezes em busca de interesses próprios. A superação deste círculo vicioso que se reforça mutuamente requer a ampla revisão das instituições e políticas do país - baseada na resolução das falhas de mercado e amparada por novos arranjos institucionais capazes de elaborar políticas com mais transparência, coordenação e contestabilidade ligada a evidências de impacto. Esses recursos institucionais são necessários para minimizar a busca por privilégios especiais e apoiar a mudança de política necessária para cumprir a promessa de produtividade do Brasil.

## POR QUE AS POLÍTICAS DE APOIO ÀS EMPRESAS NÃO AUMENTAM A PRODUTIVIDADE NO BRASIL?

As políticas de apoio às empresas no Brasil têm sido dominadas por uma abordagem ativista e liderada pelo Estado, com raízes históricas profundas. Desde a década de 1930, quando - no contexto do crescente protecionismo global - o Brasil adotou a substituição de importações, os decisores políticos seguiram um modelo de desenvolvimento intervencionista liderado pelo Estado.[1] Entre as décadas de 1940 e 1980, esse modelo gerou uma das maiores taxas de crescimento no mundo, já que a economia avançava pelas fases iniciais de sua transformação estrutural - que envolveu, principalmente, a transferência de recursos da agricultura de subsistência para a manufatura e os serviços. No entanto, a estrutura da economia brasileira e o ritmo do dinamismo tecnológico global mudaram drasticamente desde então, com a maior parte dos trabalhadores já no setor de serviços e empresas que agora precisam do impulso da concorrência no mercado para inovar, aumentar a produtividade empresarial e levar o resto da economia junto.[2] À despeito da abertura parcial do comércio e do papel mais ativo do setor privado na década de 1990, muitas das intervenções, em vez de serem eliminadas, foram intensificadas a partir de 2003. Após a crise financeira global, a necessidade de apoiar a demanda global serviu como justificativa para uma crescente variedade de intervenções estatais, na forma de crédito direcionado, controle de preços e empresas estatais. O boom global dos preços das commodities trouxe recursos e contexto para a expansão da intervenção estatal na segunda metade da última década. No entanto, o fracasso dessa abordagem em incentivar, de forma sustentável, o crescimento e aumentar a produtividade já é evidente, bem como os danos institucionais causados por uma abordagem de política baseada em transações, na qual as empresas buscam privilégios para empresas ou indústrias específicas. Uma vez concedidos os privilégios, torna-se extremamente difícil reduzir o apoio do governo às empresas e as tentativas de aumentar a concorrência costumam ser coibidas por pedidos de mais subsídios.

As distorções criadas por essas políticas de apoio às empresas tornaram-se, portanto, um componente integral do aumento do Custo Brasil. Diferentemente do que afirmam alguns grupos de lobby, as políticas brasileiras de apoio às empresas não representam uma compensação para as empresas sem qualquer relação ao Custo Brasil; pelo contrário, são um componente crítico dele. O Brasil está diante de um paradoxo: a competitividade do setor privado continua baixa apesar do apoio generoso do governo e das margens de lucro saudáveis, enquanto os custos fiscais cada vez mais elevados das políticas de apoio às empresas (mais de 4,5 por cento do PIB em 2015) representam um ônus crescente para a economia brasileira (inclusive por meio dos altos impostos necessários para financiar um Estado em expansão).

Além de sua ineficácia e custo fiscal, as políticas de apoio às empresas também prejudicaram toda a estrutura de formulação de políticas. Ao longo dos últimos anos, as políticas de apoio às empresas evoluíram com as tentativas de estimular os negócios - muitas vezes munidas de poucas evidências ou indicadores de desempenho - em um mercado transacional no qual as políticas e o apoio eram tratados, de modo geral, como moeda de troca em campanhas políticas.[3] Os autos da operação Lava-Jato incluem documentação extensa sobre o funcionamento do sistema de compra direta de decisões relativas a políticas públicas na forma de leis e decretos: o setor de petróleo lançou mão de propinas e outros incentivos para influenciar leis e decretos executivos, obter incentivos fiscais e contornar medidas regulatórias, tais como decisões do CADE contrárias a empresas específicas (ver Lima-de-Oliveira 2017a). Uma consequência importante dessa abordagem foi a erosão dos órgãos formuladores de políticas no Brasil. A reconstituição desses órgãos é essencial para a formulação e implementação de políticas efetivas de apoio às empresas.

## RETIFICANDO AS FALHAS INSTITUCIONAIS

Os três principais pontos fracos do sistema atual de formulação de políticas institucionais são: (i) falta de transparência nos objetivos políticos declarados e na definição da falha de mercado que a política visa abordar; (ii) falta de um processo adequado de avaliação de cada programa; e (iii) coordenação insuficiente. As políticas brasileiras de apoio às empresas foram concebidas para beneficiar empresas e indústrias específicas. Poucas dessas políticas parecem ter tido o objetivo explícito de promover o crescimento da produtividade, apesar de algumas mudanças recentes nessa direção[4]. Parece também que a maioria dessas políticas foi elaborada sem uma estrutura lógica explícita e adequada, e sem identificar e indicar as falhas de mercado que a política visa retificar ou os seus impactos esperados; a maioria também não considera a projeção dos benefícios esperados em relação aos custos.

A ausência de um objetivo transparente e claro para cada política, por sua vez, impede a avaliação efetiva da maioria das políticas. Isso significa que o público não sabe se as políticas funcionam e quanto elas custam, o que prejudica a realocação de recursos orçamentários para políticas mais efetivas de apoio às empresas ou outras prioridades, como investimentos públicos ou programas de inclusão. O ideal é que a avaliação seja incluída na concepção do programa antes mesmo dele ser lançado. No entanto, nenhum dos programas governamentais lançados recentemente para as empresas se beneficiou desse tipo de avaliação prévia.[5] Por exemplo, praticamente não existem análises do impacto da Zona Franca de Manaus, um programa grande e longevo de isenção de impostos. Nenhum conjunto de programas até agora se beneficiou da alocação competitiva de recursos de programas menos efetivos para programas mais efetivos e econômicos ao longo do tempo. Os programas não dispõem de uma cláusula de caducidade que possibilite encerrá-los na ausência de evidências rigorosas de impacto econômico positivo, prática comum em vários países da OCDE. Por último, há pouquíssimas análises disponíveis sobre a incidência de renda desses programas - um fator fundamental para determinar se eles, de fato, beneficiam os pobres.

Os processos de formulação e administração de políticas são fragmentados entre vários ministérios e órgãos distintos, o que prejudica ainda mais a eficácia e a eficiência das políticas de apoio às empresas. Não existe um órgão central de coordenação das políticas de apoio às empresas no Brasil. O viés que favorece a intervenção do governo acabou por criar uma enorme "sopa de letrinhas" de órgãos especiais, cada um responsável por uma parte pequena (e frequentemente sobreposta) do apoio às empresas. Programas de apoio e serviços às empresas, principalmente na manufatura, são planejados, financiados, coordenados e/ou prestados por órgãos como MDIC, CAMEX, APEX, MCTIC e MEC, BNDES, FINEP, EMBRAPII e fundos setoriais (FNDTC), ABDI, conselhos interministeriais, MEI, FIOCRUZ, CNPEM, IPT, CENPE / Petrobras e INPI, SEBRAE, SENAI, RENAI, ANPEI, IEL ANPROTEC, além de outros ministérios e dos governos estaduais.[6] Isso se traduz em uma miríade de iniciativas que, muitas vezes, concorrem pelos mesmos beneficiários e têm objetivos que se sobrepõem. A CNI (2017) mapeou 53 instrumentos diferentes de apoio à inovação, em órgãos diversos com recursos públicos e privados.

Esta multiplicidade de órgãos com objetivos sobrepostos significa que cada um seguirá sua própria agenda, desvinculada dos objetivos de desenvolvimento da economia nacional e com pouca coordenação. Instrumentos de menor efetividade deixam pouco espaço para instrumentos potencialmente mais efetivos. Na ausência de um público-alvo claro, os órgãos muitas vezes competem por recursos e beneficiários. O baixo impacto é exacerbado pela falta de uma estratégia de produtividade adequada capaz de mobilizar, coordenar e alinhar instrumentos políticos diversos.

## CRIANDO POLÍTICAS E INSTITUIÇÕES EFETIVAS EM MATÉRIA DE PRODUTIVIDADE

No cenário internacional, praticamente nenhum país conseguiu alcançar um nível elevado de renda sem recorrer a políticas efetivas de apoio às empresas; porém, isso requer instituições que funcionem e minimizem a busca por privilégios especiais. Sendo assim, o desmantelamento do arcabouço de políticas no Brasil não significa a eliminação por completo do apoio estatal. Em vez disso, o foco da reforma deve ser a mudança do arcabouço institucional para garantir a concepção e implementação de políticas que promovam a concorrência, facilitem os ajustes econômicos e sociais e evitem a busca por privilégios especiais. A atual conjuntura política é uma oportunidade única na história do Brasil de reescrever as regras das políticas de apoio às empresas.

O desenho da nova geração de políticas efetivas de apoio às empresas exigirá um novo arcabouço institucional e a validação das instituições existentes e encarregadas de formular políticas. As novas estruturas institucionais devem se pautar em três princípios fundamentais: (i) maior transparência na concepção e implementação das políticas, com a identificação da falha de mercado que a política visa sanar e a minimização dos riscos de falha do governo; (ii) maior contestabilidade das políticas, com base em evidências rigorosas de impacto; e (iii) a coordenação efetiva, dentro e entre os departamentos do governo, e entre governo e empresas.

## TRANSPARÊNCIA

O primeiro princípio dos novos arranjos institucionais é a necessidade de dar transparência à concepção e implementação de políticas. Quando o objetivo da política - e a falha de mercado que ela visa retificar - estão claros, o uso dos instrumentos de política torna-se mais disciplinado e facilita a avaliação desses programas. Os formuladores de políticas devem se perguntar por que a intervenção é necessária e especificar quais canais serão utilizados para sanar as falhas existentes no mercado e causar o impacto almejado. A transparência e a responsabilização (accountability) são fundamentais para minimizar a apropriação de políticas e instituições por políticos e empresas.

Transparência também significa minimizar o risco de falhas do governo. A identificação da falha de mercado é necessária, embora não seja suficiente para justificar a intervenção do governo. Também é importante assegurar que os benefícios econômicos da intervenção superem os custos associados, incluindo os custos de falhas na concepção e implementação das intervenções por parte do governo - decorrentes, entre outros, de informações incompletas que chegam até o governo sobre as necessidades das empresas em matéria de produtividade, de apropriação governamental, da busca por privilégios especiais e da corrupção (Hevia et al., 2017). Quando a capacidade de implementação é limitada e os programas não são bem elaborados, os órgãos responsáveis pelas políticas precisam considerar seriamente o risco de falha do governo. Isso requer uma capacidade de implementação aprimorada por meio de treinamento ativo e da boa gestão dos talentos na equipe técnica responsável por administrar as políticas, além de bons processos de concepção, aprendizagem e avaliação.

É importante ressaltar que a transparência diminuirá a necessidade de políticas compensatórias que beneficiam empresas e indústrias específicas e que, nos últimos anos, se tornaram mais norma que exceção. O problema das distorções nas políticas atualmente em vigor não se refere à escolha entre políticas direcionadas a toda a economia (horizontais) versus políticas direcionadas a indústrias específicas (verticais); algumas políticas de inovação e exportação, por exemplo, têm um foco natural em indústrias específicas (apoio aos pioneiros da exportação, programas de startups digitais e programas de P&D da fronteira tecnológica, entre outros). O problema está no uso de políticas para apoiar empresas ou indústrias específicas sem qualquer conhecimento da falha de mercado em questão, ou do potencial da empresa ou indústria de crescer e se tornar mais produtiva graças ao apoio do governo. A falta de objetivos claros deixa as políticas do governo especialmente vulneráveis a atividades de lobby e à busca por privilégios especiais. A retificação dessa falha institucional requer, além de mais transparência, um novo arcabouço institucional de diálogo entre o governo e as empresas que ajude a identificar os verdadeiros obstáculos e falhas de mercado que as empresas enfrentam. Esse novo arcabouço possibilitaria a redução coordenada dos benefícios para indústrias e empresas específicas, bem como a substituição desses benefícios por políticas coerentes, baseadas em evidências, condicionadas ao desempenho e com prazos.[7]

## POLÍTICAS BASEADAS EM EVIDÊNCIAS E CONTESTÁVEIS

O segundo princípio é a mudança para políticas contestáveis baseadas em evidências rigorosas. Nenhum agente, incluindo o governo, detém conhecimento suficiente para tomar decisões sobre as prioridades setoriais ou os campeões nacionais. Essa falta de conhecimento significa que todas as políticas e programas de apoio, mesmo quando baseados em evidências, exigem mecanismos para garantir que funcionem de acordo com seus objetivos declarados, para ajustá-los no início, caso não estejam, e encerrá-los se não produzirem resultados adequados. As políticas de apoio às empresas não seguem receitas pré-definidas; elas são, na realidade, um processo de aprendizagem. Políticas de efeito requerem processos de elaboração e implementação robustos, com mecanismos de aprendizagem incorporados para facilitar a melhoria contínua dos programas existentes à luz das evidências.

Por isso, é necessário reavaliar se as políticas existentes tiveram impacto positivo e verificar sua relação custo-benefício em comparação a possíveis alternativas de custo inferior. O uso efetivo de evidências exige a elaboração de arcabouços e processos institucionais - por exemplo, avaliações de meio-termo realizadas periodicamente pelo Comitê de Monitoramento e Avaliação de Políticas Públicas Federais (CMAP) - e a criação de departamentos especializados em avaliação nos Ministérios, com o mandato de avaliar toda a gama de instrumentos. Mais importante ainda, requer o uso de dados de outras avaliações, quando houver, para informar a formulação de políticas e abolir as políticas ineficazes (veja um exemplo de avaliação extensa das políticas de inovação em Turchi and de Morais (2017)).

Políticas efetivas de apoio às empresas devem utilizar incentivos compatíveis com o mercado, sempre que possível. Quando a política pública visa corrigir uma falha de mercado - por exemplo, de capacitação e atualização nas empresas - o emprego de incentivos compatíveis com o mercado pode ajudar a melhorar a alocação de recursos. Por exemplo, é importante garantir que, embora subsidiados, os custos marginais das políticas de capacitação ou extensão sejam arcados pelos beneficiários; dessa forma, são eles que saem perdendo se não participarem. Como já vimos no caso do PRONATEC-MDIC (O'Connell et al. 2017), quando o setor privado participa da decisão sobre as prioridades de capacitação, o programa apresenta resultados melhores.

## COORDENAÇÃO

O terceiro princípio é a criação de mecanismos de coordenação efetivos - entre os órgãos do governo e entre governo e empresas - e de um mecanismo efetivo de diálogo público-privado, para resolver gargalos de produtividade. Uma medida fundamental para resolver a fragmentação e aumentar a coordenação no governo é a racionalização das agências de fomento aos negócios, visando reduzir e elucidar os papéis dos diversos ministérios e instituições - como o BNDES, EMBRAPA, FINEP, ABDI e EMBRAPII. Essa medida deve ser complementada por um foco institucional claro na avaliação de intervenções de políticas, com a missão de rever e se pronunciar sobre todas as medidas executivas e legislativas de apoio à produtividade empresarial. O objetivo dessas mudanças é incutir os princípios de transparência, responsabilização, contestabilidade e coordenação de políticas nas instituições responsáveis pela formulação de políticas.

A institucionalização mais estruturada das políticas de produtividade é uma medida fundamental para melhorar a coordenação. Em vários países, as instituições que apoiam o aumento da produtividade foram desenvolvidas para garantir a coerência e a efetividade das políticas de desenvolvimento. Talvez a Australian

Productivity Commission (APC) seja o exemplo mais conhecido (e antigo).[8] Qualquer instituição - nova ou adaptada a partir de instituição existente - dessa natureza deve ter poderes e recursos para monitorar e avaliar as propostas e políticas relacionadas à produtividade no processo de implementação.[9] Essa instituição atuaria como órgão técnico, dotado de profundo conhecimento sobre os setores produtivos e com a capacidade de realizar análises imparciais. Isso minimizaria o risco relacionado à adoção de políticas ineficazes - que depois de se tornarem permanentes, não apenas não conseguem resolver o problema inicial, como incentivam empresários a direcionar seus recursos mais valiosos e criativos em busca de apoio e proteção ao invés de investir em inovação.

A coordenação mais eficaz entre governo e empresas, por sua vez, requer um novo arcabouço institucional de diálogo governo-empresa que facilite a solução de falhas de coordenação ligadas ao fornecimento de bens públicos. Esse novo arcabouço é necessário para reorientar o foco do diálogo atual entre governo e empresas, de transações e compensações para a identificação dos principais gargalos que restringem o crescimento da produtividade. A produção eficiente por parte das empresas muitas vezes requer insumos públicos altamente específicos, como leis e regulamentações favoráveis, licenças fitossanitárias, padrões de qualidade e credenciamento, transporte e outras infraestruturas referentes a locais específicos e para atender às necessidades de indústrias específicas. Esses insumos públicos são uma forma de externalidade da coordenação, e beneficiam todas as empresas de uma determinada indústria. Eles costumam ser raros em mercados privados sem a intervenção do governo em prol do interesse público (Sabel et al., 2012). Sua ausência pode impedir o crescimento da produtividade; já a sua presença pode aumentá-la (ver Quadro 6.1).[10]

QUADRO 6.1

## Resolvendo os problemas de coordenação público-privada: a lição das castanhas-do-brasil e o caso emblemático das Mesas Ejecutivas no Peru

Antigamente, as empresas brasileiras dominavam o mercado de castanha-do-brasil - tanto que o nome do país foi incorporado ao produto. Em julho de 1998, as autoridades da UE decidiram pela aplicação de normas sanitárias mais rigorosas a partir de 1999, incluindo níveis admissíveis de aflatoxinas (uma substância cancerígena produzida por alguns fungos que vivem em nozes comestíveis). Para preservar o acesso a esse mercado, os produtores brasileiros teriam que atualizar suas capacidades; eles, no entanto, não conseguiram cooperar e acabaram perdendo completamente o acesso ao mercado da UE. Em contraste, produtores bolivianos tiveram sucesso ao unir forças para renovar suas práticas de produção e atender aos padrões sanitários da UE. As empresas e o governo da Bolívia trabalharam juntos para garantir que todas as remessas passassem por testes de aflatoxinas antes do envio, em um laboratório adquirido justamente para atender aos requisitos de testagem. Em 2010, 77 por cento (do valor) de todas as castanhas-do-brasil consumidas no mundo eram processadas e exportadas pela Bolívia.

Entre dezembro de 2014 e maio de 2016, o Ministério da Produção do Peru criou oito Mesas Ejecutivas - MEs (Grupos de Trabalho Executivos): seis MEs verticais, voltados para indústrias específicas (silvicultura, aquicultura, indústrias criativas, têxteis, gastronomia e exportações agrícolas) e duas MEs transversais, ou horizontais, voltadas para temas que cruzam várias indústrias (logística e empreendimentos de alto impacto). As MEs são grupos de trabalho

*continuação*

QUADRO 6.1, *continuação*

público-privado que identificam e eliminam gargalos específicos e incluem insumos públicos que se fazem necessários. O governo ajuda com os insumos públicos nos temas identificados - p. ex., redução da burocracia, ajuda para cumprir os requisitos técnicos de novos mercados de exportação, investimentos em infraestruturas públicas específicas ou ajuda na concepção de programas de treinamento para indústrias específicas - mas não concede isenções fiscais ou crédito subsidiado. Como exemplo, a ME de silvicultura logrou a coordenação entre diversas entidades públicas em todos os ministérios e esferas de governo para resolver gargalos públicos específicos, identificados em conjunto. Outras conquistas foram as novas leis e regulamentações que reconhecem as plantações de árvores como culturas, eliminando a exigência de autorização para extrair madeira desses locais e reduzindo o tempo de registro dessas propriedades - de um ano para apenas 3 dias. Também foi aprovado um novo protocolo com o mesmo padrão de recurso madeireiro nas três esferas de governo: nacional, regional e local. Os investidores e as empresas de reflorestamento deram início ao processo para fundar, pela primeira vez, uma associação comercial para representar seus interesses. Alguns dos maiores fundos florestais globais já começaram a investir no Peru.

*Fonte:* Coslovsky 2014 e Ghezzi e Uttervulghe 2017.

O sucesso duradouro do desenvolvimento de políticas efetivas de apoio às empresas também dependerá de mudanças institucionais mais amplas no sistema político brasileiro. A medida mais importante para fortalecer as perspectivas de desenvolvimento do Brasil e garantir o crescimento sustentado da produtividade e a prosperidade compartilhada é a formação de consenso político para apoiar um programa de reformas e a criação de mecanismos institucionais para garantir que as escolhas relativas às políticas no futuro sejam sujeitas a uma análise de efetividade - e sejam abandonadas se for o caso. A crise política decorrente da Operação Lava-Jato e a necessidade urgente de reformas estruturais de longo prazo aumentam a possibilidade dessas mudanças ocorrerem. A crise atual apresenta, portanto, a oportunidade de construir novos arranjos institucionais, reduzir os privilégios e a proteção de alguns poucos e, assim, construir um novo Brasil.

## NOTAS

1. Cuadros (2016) argumenta que as raízes históricas do capitalismo de Estado são muito mais antigas: quando José da Silva Lisboa, o Visconde de Cairú, escreveu a obra Princípios de Economia Política, em 1804, com o intuito de adaptar A Riqueza das Nações de Adam Smith, ele substituiu o conceito da mão invisível da seguinte forma: "O soberano de cada nação deve ser considerado o chefe ou cabeça de uma grande família, e consequentemente amparar a todos que nela estarão como seus filhos, cooperando para o bem geral."
2. A teoria schumpeteriana de crescimento pode explicar por que as políticas que pareceram funcionar nas décadas de 1940-1980 não deram certo em épocas mais recentes: neste contexto, o progresso técnico é impulsionado pela destruição criativa, na qual as inovações resultantes da concorrência no mercado substituem tecnologias antigas (Aghion, Akcigit e Howitt, 2014, apresentam uma estrutura interessante que vincula a concorrência de mercado ao crescimento pela destruição criativa). No entanto, o efeito da concorrência é ambíguo: quando as empresas estão muito distantes da fronteira tecnológica, o aumento da concorrência pode desestimular a inovação, já que as empresas acreditam não ter

chances de sobreviver. Para as empresas mais próximas da fronteira, o efeito é o contrário: a concorrência as incentiva a inovar. Quando essas empresas não sofrem a pressão da concorrência, tornam-se complacentes e chegam a gastar recursos para pressionar o governo a manter a proteção. Esse fenômeno foi observado não apenas no Brasil, mas em grande parte da Europa e vários outros mercados emergentes, muitos dos quais mudaram suas políticas nas últimas três décadas para retomar o crescimento econômico e continuar a convergência em direção à alta renda.

3. Limoeiro e Schneider (2017) argumentam que dois aspectos da política brasileira tiveram um impacto especial na propagação de relações ilícitas entre empresas e governo: a burocracia das indicações (o número de cargos por indicação no poder executivo aumentou de 18.212 para 22.961 entre 2003 e 2013, em comparação a cerca de 5.000 cargos por indicação política nos Estados Unidos e algumas dezenas de cargos de confiança na maioria dos governos europeus) e o presidencialismo de coalizão (no sistema eleitoral brasileiro, o presidente é eleito por maioria de votos; já os membros do legislativo são eleitos por um sistema proporcional que fragmenta os partidos - por mais popular que seja, o presidente não terá o apoio majoritário de seu partido no congresso e precisará recorrer a um "balcão de negócios" para distribuir cargos e formar coalizões). A dinâmica entre essas duas características e as relações comerciais ilícitas entre governo e empresas foram agravadas em 2007, com o aumento considerável dos recursos disponíveis na sequência da descoberta de petróleo na camada do pré-sal (Lima 2017).
4. Algumas políticas foram introduzidas recentemente com o objetivo direto de aumentar a produtividade, como o Brasil Mais Produtivo do MDIC, um programa de intervenção rápida e custo relativamente baixo, lançado em 2016 com o objetivo de melhorar a produtividade de processos de produção específicos em empresas selecionadas com base em práticas enxutas de manufatura. O SEBRAE, o SENAI e a ABDI realizam outras intervenções similares, muitas vezes com o objetivo de aumentar a produtividade por meio da inovação. No entanto, o orçamento relativo dessas intervenções em relação ao apoio total às empresas é muito pequeno.
5. Mesmo os programas que foram objeto de avaliações de impacto - como o SIMPLES (Piza, 2016; Corseuil e Moura, 2017), a Lei do Bem (Zucoloto et al. 2017) e a Lei de Informática (Kannebley e Porto, 2012) - passaram apenas por avaliações ex-post; e nenhum dos resultados motivou a reformulação das políticas para aumentar a eficácia.
6. Limoeiro e Schneider (2017) apresentam uma tabela ilustrativa dos órgãos ligados à inovação, separados por tipo de função. Os autores ressaltam que uma característica fundamental das instituições e políticas do Brasil são os altos níveis de fragmentação e a coordenação deficiente. Além disso, os vínculos entre os atores estatais e as pesquisas realizadas por empresas e universidades são fracos. No entanto, eles também argumentam que a fragmentação e a descentralização podem, às vezes, produzir resultados efetivos (como ocorreu nos Estados Unidos), desde que sejam acompanhadas de outros fatores, incluindo um enfoque de longo prazo, orientado pela missão e protegido dos aspectos negativos do presidencialismo de coalizão; e citam algumas "ilhas de excelência" que surgiram no Brasil, como a Embraer, os veículos flex que também usam etanol, a prospecção e exploração de petróleo em águas profundas e a produção de soja em regiões tropicais e semiáridas.
7. Esse arcabouço deve incluir representantes das empresas (agricultura, manufatura e serviços), dos trabalhadores, dos consumidores e dos governos. Eles precisam, antes de mais nada, chegar a um acordo sobre o novo conjunto de princípios que formará a base de todas as políticas empresariais de apoio à produtividade; em segundo lugar, devem criar um fórum para identificar as questões e problemas que impedem o desenvolvimento - e que serão, por sua vez, objeto de análise e recomendações por instituição especializada em produtividade baseada em evidências.
8. Criada em 1998, a APC é uma entidade pública que tem por objetivo fornecer evidências sobre políticas e questões relacionadas à produtividade, com transparência e independência. Embora trate-se de um órgão consultivo, suas conclusões têm peso no governo, devido à sua independência e grau de especialização. As políticas que seguem as recomendações da APC também geram consenso com mais facilidade, já que se entende que elas não visam favorecer grupos de interesses específicos. Instituições semelhantes também existem em países como Chile, Dinamarca, México, Nova Zelândia e Noruega, embora sejam muito mais recentes. Ver Banks (2015) e Renda e Dougherty (2017).

9. A recente institucionalização da Secretaria de Promoção da Produtividade e Advocacia da Concorrência do Ministério da fazenda pelo Decreto No. 9.266 de 15 de janeiro de 2018, com uma Subsecretaria dedicada especificamente à inovação, parece ser um passo positivo nessa direção.
10. Um exemplo interessante de coordenação governo-empresa no Brasil é o Comitê Nacional de Facilitação de Comércio. O Comitê traz a participação de diferentes stakeholders do setor privado, o que teria ajudado a coordenar os ministérios e as agências governamentais para promover reformas de facilitação do comércio.

## REFERÊNCIAS


Aghion, Philippe, Ufuk Akcigit, and Peter Howitt. 2014. "What Do We Learn from Schumpeterian Growth Theory?" In *Handbook of Economic Growth*, edited by Philippe Aghion and Steven N. Durlauf, vol. 2, 515–63. Cambridge, MA: Elsevier.

Banks, Gary. 2015. "Institutions to Promote Pro-Productivity Policies: Logic and Lessons." In *OECD Global Dialogue on the Future of Productivity*. Mexico City: OECD Publishing. http://www.oecd.org/eco/growth/Institutions_to_Promote_Pro_Productivity_Policies_Logic_and_Lessons_revised_Banks.pdf.

CNI. 2017. *mei tools: Ferramentas para promover a inovação nas empresas*. Brasilia: CNI publishing.

Corseuil, Carlos Henrique L., and Rodrigo Leandro Moura. 2017. "O Impacto do Simples no Nível de Emprego da Indústria Brasileira." Mimeo. IPEA, Rio.

Coslovsky, Salo V. 2014. "Economic Development without Pre-Requisites: How Bolivian Producers Met Strict Food Safety Standards and Dominated the Global Brazil-Nut Market." *World Development* 54: 32–45.

Cuadros, Alex. 2016. *Brazillionaires: Wealth, Power, Decadence, and Hope in an American Country*. Chicago: Spiegel & Grau.

Ghezzi, Piero Eduardo, and Steve Utterwulghe. 2017. "Public-Private Dialogue for Modern Industrial Policies: Towards a Solutions-Oriented Framework." Washington, DC: World Bank. http://documents.worldbank.org/curated/en/222441504197210483/pdf/P162579-07-06-2017-1499370465883.pdf.

Hevia, Constantino, Norman Loayza, and Claudia Maria Meza Cuadra Balcazar. 2017. "Industrial Policies vs Public Goods under Asymmetric Information." Policy Research Working Paper Series 8052, Washington, DC: World Bank.

Kannebley, Sérgio, Jr., and Geciane Porto. 2012. "Incentivos Fiscais à Pesquisa, Desenvolvimento e Inovação no Brasil: Uma avaliação das políticas recentes." Washington, DC: Discussion Paper 236, Inter-American Development Bank.

Lima-de-Oliveira, Renato. 2017a. "The Carwash Pandora's Box: Business-Government Relationship in Brazil." Background paper for Productivity Flagship for Brazil, Washington, DC: World Bank.

——. 2017b. *The New Politics of Oil: Industrial and Technology Policy in Brazil, Mexico, and Malaysia*. PhD dissertation, Cambridge, MA: MIT Press.

Limoeiro, Danilo, and Ben Ross Schneider. 2017. "State-Led Innovation: SOEs, Institutional Fragmentation, and Policy Making in Brazil." MIT-IPC Working Paper 17 (4). Cambridge, MA: MIT Press.

O'Connell, Stephen D., Lucas Ferreira Mation, Joao Bevilaqua T. Basto, and Mark A. Dutz. 2017. "Mismatch in Worker Training Programs." Mimeo. http://www.stephenoconnell.org/academic/files/OConnell_JMP2018_WorkerTraining.pdf.

Piza, Caio. 2016. "Revisiting the Impact of the Brazilian SIMPLES Program on Firms' Formalization Rates." Policy Research Working Paper 7605, Washington, DC: World Bank. http://documents.worldbank.org/curated/en/901421467995383598/Revisiting-the-impact-of-the-Brazilian-SIMPLES-program-on-firms-formalization-rates.

Renda, Andrea, and Sean Dougherty. 2017. "Pro-Productivity Institutions: Learning from National Experience." *OECD Productivity Working Papers* 2017 (7): 1–44.

Sabel, Charles, Eduardo Fernández-Arias, Ricardo Hausmann, Andrés Rodriguez-Clare, and Ernesto Stein, eds. 2012. *Export Pioneers in Latin America*. Washington, DC: Inter-American Development Bank.

Turchi, Lenita Maria, and José Mauro de Morais, eds. 2017. *Políticas de Apoio à Inovação Tecnológica no Brasil: Avanços Recentes, Limitações e Propostas de Ações*. Brasilia: IPEA.

Zucoloto, Graziela, Ferrero, Bruna Goussain Santana, Leandro Justino Pereira Veloso, and Sérgio Kannebley Jr. 2017. "Lei do bem e produtividade das firmas industriais brasileiras". In *Políticas de Apoio à Inovação Tecnológica no Brasil*, edited by Lenita Maria Turchi and José Mauro de Morais, pp. 295–332, Brasilia: IPEA.

# 7 Cumprindo a promessa da produtividade no Brasil

## *UM CONJUNTO DE AÇÕES PRIORITÁRIAS*

Acelerar os ganhos de produtividade para permitir o crescimento econômico inclusivo requer mudanças significativas nas políticas e instituições. Este relatório demonstrou que há poucas perspectivas de ganhos de renda sustentados no Brasil sem o aumento da concorrência e o combate às extensas barreiras ao crescimento da produtividade no Brasil induzidas por políticas. Isso requer uma mudança considerável em políticas públicas em uma variedade de áreas, reorientando a intervenção do Estado e criando mais espaço para que as empresas brasileiras concorram nos mercados interno e externo. Além disso, são necessárias políticas complementares para apoiar o ajuste dos trabalhadores e empresas, bem como proteger aqueles que não podem se beneficiar imediatamente de novas oportunidades.

As reformas necessárias são ambiciosas e sua implementação precisa ser gradual, constante e na sequência correta - com o apoio de compromissos sólidos em termos de políticas. Um processo de reforma rápido e completo não é realista nem aconselhável. Não é realista devido a considerações de economia política, fragmentação institucional e capacidade limitada de implementação por parte do governo. Não é aconselhável, uma vez que as distorções induzidas por políticas e os altos custos de se fazer negócios criaram grupos de empresas não competitivas, a maioria das quais não consegue se ajustar efetivamente. No entanto, programas graduais e sequenciados de reforma também enfrentam seus próprios desafios. A resistência política pode se concentrar em etapas individuais, potencialmente esgotando o escasso capital político. Quando as reformas ficam estagnadas ou sob risco de reversão, mesmo as etapas já cumpridas podem ter impacto limitado, uma vez que os atores econômicos preferem esperar e observar. São necessários, portanto, compromissos sólidos para ancorar as transformações das políticas e permitir apoio para que o novo arcabouço de políticas seja criado com base nos resultados alcançados ao longo do tempo, reduzindo o risco de reversão das políticas.

Os acordos comerciais regionais e preferenciais oferecem uma possível âncora para a transformação de políticas defendida aqui, com apoio adicional da regra fiscal recentemente aprovada no Brasil. A mudança nos cenários políticos, tanto na América do Norte como na América do Sul, criou um novo impulso para a revisão da política comercial do Brasil no contexto do Mercosul e sua participação - até agora limitada - em acordos comerciais preferenciais. O compromisso com uma reforma comercial gradual e coordenada no Mercosul, além de gerar ganhos significativos de bem-estar social, como discutido no Capítulos 3 e 5, criaria um ambiente de mercado previsível, permitindo que as empresas se preparassem para um aumento da concorrência externa e que os trabalhadores se ajustassem e atualizassem suas competências. Além disso, a regra constitucional do Brasil, que congela os gastos em termos reais por um período de 20 anos, exigirá uma revisão cuidadosa de todas as despesas públicas (Banco Mundial, 2017b). No Brasil, revisar as políticas de apoio às empresas - que são amplas, porém mal direcionadas - ajudaria simultaneamente a nivelar o ambiente e incentivar novos participantes, além de proporcionar a oportunidade de criar novos mecanismos de apoio compatíveis com o mercado. A âncora fiscal torna necessária a avaliação cuidadosa dos *trade-offs*. Isso, por sua vez, poderia reduzir a resistência e incentivar as empresas a se ajustarem mais rapidamente, colhendo os benefícios do pioneirismo.

No coração das mudanças defendidas neste relatório está a relação entre as empresas e o governo. Tratar a falta de competitividade de várias empresas, além de criar os incentivos adequados e um ambiente competitivo, requer repensar e reequilibrar as atuais políticas de apoio às empresas. Em lugar de transações e compensações, as políticas precisam passar a tratar as principais limitações à competitividade, incluindo o fortalecimento da capacitação das empresas para a inovação, priorizando a adoção e difusão de tecnologias, ao tempo em que facilita o ajuste de empresas não competitivas. Isso requer reequilibrar as iniciativas públicas mudando seu atual foco setorial para o apoio mais amplo à inovação, incluindo programas de melhoria de gestão, programas de fortalecimento dos vínculos de fornecedores locais com as Cadeias Globais de Valor (CVG) e grandes empresas, e programas que facilitem a adoção de tecnologias. Isso também requer a mudança de incentivos fiscais genéricos a Pesquisa e Desenvolvimento (P&D), que são onerosos e ineficientes, para atingir negócios potencialmente inovadores com instrumentos de políticas baseados em evidências. As propostas de reforma resumidas abaixo precisam ser vistas à luz dessa mudança no relacionamento entre empresas e governo. As mudanças nos incentivos econômicos resultantes da eliminação das distorções induzidas por políticas somente terão efeito pleno se fortalecidas por um conjunto diferente de mecanismos de apoio a empresas.

A conclusão deste relatório apresenta um conjunto de sugestões de curto e médio prazo que poderiam servir de base para uma agenda de produtividade inclusiva no Brasil. Essas sugestões são baseadas em experiências internacionais e nas evidências apresentadas neste relatório, mas não constituem um mapa abrangente de políticas. Algumas medidas já estão sendo implementadas ou preparadas, outras são apresentadas como contribuições iniciais para o debate sobre políticas. De acordo com a estrutura do relatório, as sugestões de políticas estão agrupadas em três grandes áreas:

- Integração interna e externa do mercado e outras políticas sobre a concorrência no mercado de produtos
- Mercado financeiro e mercado de trabalho
- Reformas institucionais

## INTEGRAÇÃO DO MERCADO EXTERNO

Existem várias oportunidades a curto prazo para reduzir os custos comerciais e, assim, facilitar a maior integração do Brasil à economia global. Conforme descrito no Capítulo 3, o Brasil impõe vários custos não tarifários aos importadores e exportadores, como resultado de procedimentos complexos e mal coordenados de controle de fronteira. O Portal Único de Comércio Exterior tenta unificar os procedimentos de desembaraço aduaneiro. Sua expansão para 100% das transações de exportação e subsequente inclusão de transações de importação reduziriam consideravelmente o custo e comercialização para as empresas brasileiras.[1] O sistema do Operador Econômico Autorizado, além disso, introduz um canal verde de exportações e importações para transações de baixo risco. Novamente, sua expansão seria uma maneira relativamente simples e efetiva de reduzir os custos de comercialização . Além disso, o Brasil atualmente impõe exigências de conteúdo local a várias indústrias, em alguns casos, prejudicando diretamente sua competitividade internacional. Tais requisitos podem reduzir a atratividade do investimento no Brasil e manter o país abaixo do seu potencial, conforme demonstrado pelo sucesso das recentes licitações para novas licenças de exploração e produção de petróleo, nas quais esses exigências foram significativamente reduzidas.

A reforma da política comercial do Brasil precisa ser coordenada dentro do Mercosul, mas mesmo as regras atuais proporcionam alguma flexibilidade para a redução unilateral das tarifas. As obrigações do Brasil no âmbito do Mercosul oferecem algum espaço para a redução de tarifas em linhas específicas de produtos, incluindo TIC e bens de capital que o país poderia usar para sinalizar o compromisso com a liberalização do comércio e para reduzir as distorções em mercados de produtos específicos, enquanto estimula o investimento e a inovação.[2] Para além do curto prazo, a agenda de políticas comerciais do Brasil precisa ser coordenada com os parceiros do Mercosul. Isso diz respeito à redução de barreiras não tarifárias no Mercosul e à redução coletiva das barreiras tarifárias a terceiros. Especificamente, a redução das tarifas no contexto de novos Acordos Preferenciais de Comércio ou unilateralmente, de acordo com as disposições da OMC, geraria ganhos significativos de bem-estar e promoveria melhorias na eficiência entre produtores nacionais. O Brasil deve aproveitar a transformação global das políticas de comércio e consolidar e expandir esforços correntes para viabilizar novos acordos como entre o Mercosul e a União Européia, a Associação Européia de Livre Comércio, Canadá e Índia, entre outros parceiros. Ao se preparar para ganhar maior acesso aos mercados globais, o Brasil deve fortalecer seu sistema interno de garantia de qualidade (por exemplo, INPI e INMETRO). O recente escândalo da carne e as consequentes proibições temporárias de exportação impostas aos produtores de carne brasileiros destacam a importância de tais medidas para garantir o acesso ao mercado, inclusive em áreas onde o Brasil já demonstra forte vantagem competitiva.

## INTEGRAÇÃO DO MERCADO INTERNO

O Brasil anunciou uma série de reformas microeconômicas destinadas a reduzir o custo de fazer negócios e, assim, facilitar a integração do mercado interno. Essas reformas incluem um sistema federal para simplificar e unificar as exigências para o registro de empresas (REDESIM), seguindo o exemplo recente de algumas cidades brasileiras, como São Paulo. Isso poderia reduzir as barreiras de entrada e incentivar a criação de novas empresas para oferecer oportunidades à juventude brasileira (ver Almeida e Packard, 2018). Tais oportunidades se estendem àqueles que perderam seus empregos na recente recessão ou que têm seus empregos ameaçados pela abertura comercial e as mudanças tecnológicas. A simplificação e unificação das exigências de declaração de impostos também reduziria os custos operacionais das empresas (medidas nesse sentido já estão sendo tomadas, como o Sistema Único de Escrituração Digital - SPED, a expansão do eSocial para todos os encargos de previdência social e impostos sobre folha de pagamento, bem como a introdução de notas fiscais eletrônicas para serviços). Nenhuma das reformas cria perdedores evidentes e podem representar um benefício rápido em potencial.

Muito mais poderia ser feito para melhorar o ambiente competitivo no mercado interno do Brasil, mas as reformas necessárias são complexas e requerem preparação cuidadosa. Entre as medidas mais importantes para aliviar o custo de fazer negócios está uma reforma fiscal abrangente. Há muitas propostas em discussão, mas o princípio subjacente mais importante deve ser a simplificação e unificação das regras fiscais em todo o território e a eliminação das múltiplas isenções (incluindo a reforma do Simples Nacional, que atualmente é um sistema muito ineficaz, conforme mencionado no Capítulo 3). Isso deve ser combinado com a revisão das relações fiscais intergovernamentais a fim de estabelecer regras claras de repartição de receitas tributárias que criem incentivos apropriados para que o governo local faça a coleta fiscal e disponibilize recursos compatíveis com a alocação de despesas. Além disso, as regras empresariais que atrapalham a concorrência, particularmente na prestação de serviços profissionais, podem ser revisadas e aproximadas das melhores práticas da OCDE. A aplicação de medidas antitruste também pode ser fortalecida.

Medidas para melhorar a conectividade são fundamentais para facilitar a integração externa e interna. As iniciativas anteriores nessa área não alcançaram os resultados desejados devido a deficiências em pontos como planejamento, seleção e avaliação de projetos, regulamentos setoriais, compras públicas e gestão de contratos, entre outros. A criação do PPI sob a administração da Presidência da República é um passo na direção de uma melhor coordenação e já proporcionou alguns sucessos notáveis nas últimas licitações internacionais para os setores de transporte e energia elétrica. O projeto de lei sobre o fortalecimento da autonomia das agências reguladoras, em análise no Congresso, seria um importante passo adiante, assim como a revisão das regras de compras públicas e licenças ambientais (ver Banco Mundial, 2017a, para detalhes). Conforme discutido nos Capítulos 3 e 5, os custos comparativamente elevados do Brasil para as TICs são um obstáculo adicional e podem ser reduzidos por meio da revisão das regulamentações setoriais (como as tarifas de interconexão), dos impostos sobre importados e de um esforço concertado para melhorar o backbone do país. A conclusão iminente dos acordos de licenciamento existentes para o setor de telecomunicações oferece uma oportunidade para atualizar o quadro de políticas.

## REFORMAS DO MERCADO FINANCEIRO

O Brasil tomou medidas significativas para reduzir as distorções do mercado de crédito nos últimos dois anos. Conforme descrito no Capítulo 4, a introdução da TLP representa um grande passo rumo à criação de condições mais equitativas no acesso ao crédito. Isso, combinado à queda acentuada da taxa básica de juros (Selic) desde o início de 2017, aumentou a concorrência entre as instituições financeiras por mutuários solventes e atraentes e deve, ao longo do tempo, melhorar o acesso ao crédito para as empresas brasileiras.

Os princípios da TLP podem ser facilmente estendidos aos mercados de crédito agrícola ou imobiliário, onde as políticas de financiamento direcionadas persistem de forma setorial, sem considerar a capacidade dos mutuários de acessar o crédito em condições de mercado. Uma política de crédito mais direcionada poderia, por exemplo, apoiar a transição para a agricultura de baixo carbono ou financiar atividades de recuperação de pastos ou de reflorestamento que não sejam viáveis a taxas de mercado, poderiam economizar dinheiro e incentivar a aceleração da transição para práticas agrícolas mais sustentáveis. Desta forma, ajudaria o Brasil a manter sua vantagem competitiva na agricultura, mesmo levando em consideração as crescentes restrições nos recursos hídricos e terrestres e os compromissos climáticos internacionais do país. No mercado imobiliário, também é viável uma transição para o financiamento baseado no mercado para famílias de maior renda e para os imóveis comerciais, permitindo que o apoio do estado fique concentrado na habitação social.

A reorientação do financiamento de empresas oferecido pelo BNDES a PMEs, startups e empresas inovadoras poderia ajudar a superar imperfeições no mercado de crédito relacionadas a assimetrias de informação ou aversão ao risco por parte dos bancos comerciais. Existem bons exemplos de outros bancos estaduais de desenvolvimento que reorientaram seu apoio para a inovação e para o financiamento das PMEs com taxa de sucesso considerável (Frischtak et al., 2017). Pode-se ainda direcionar apoio adicional a empreendedores de baixa renda ou a famílias em áreas afetadas por choques econômicos negativos (inclusive para incentivar a mobilidade). Complementar o acesso ao financiamento com treinamento em gestão poderia facilitar a adoção de novas práticas comerciais críticas para aumentar a eficiência, conforme mencionado no Capítulo 3. Na área de financiamento de infraestrutura, o BNDES e a Caixa Econômica Federal devem desempenhar cada vez mais o papel de catalisadores para possibilitar o financiamento de projetos, inclusive alavancando os consideráveis ativos do mercado de capitais do Brasil.

## REFORMAS DO MERCADO DE TRABALHO

No Brasil, a reforma do mercado de trabalho está no centro do debate sobre políticas desde o ano passado. A reforma do código trabalhista pelo governo marca a superação significativa de uma série de regras, em grande parte, datadas da década de 1930. Conforme mencionado no Capítulo 4 e a peça complementar a este relatório, que se concentra em oportunidades de trabalho para jovens (Almeida e Packard, 2018), o impacto esperado desta reforma é positivo. No entanto, muito mais poderia ser feito para auxiliar o mercado de trabalho a se ajustar rapidamente às mudanças esperadas nas oportunidades econômicas resultantes da integração dos mercados externo e interno, e para garantir que o Brasil aproveite melhor a onda final de sua transição demográfica. Nesse sentido, as principais reformas incluem (i) uma revisão dos subsídios salariais (abono salarial e salário família) para reorientá-los, respectivamente, para o apoio a jovens candidatos a emprego, a desempregados de longa data, e a trabalhadores muito mal pagos (em coordenação estreita com o Bolsa Família);

(ii) uma reforma do FGTS e do Seguro Desemprego para reduzir os incentivos à excessiva rotatividade de empregados, proporcionando assistência adequada aos desempregados temporários (combinada com rigorosas exigências para a busca de emprego); e (iii) agregar 100% das multas por demissões sem justa causa ao FAT para reduzir os incentivos à colusão entre empregados e empregadores e para aumentar os recursos disponíveis para políticas ativas de mercado de trabalho.

Além das medidas de políticas acima, o sistema de capacitação e colocação profissional do Brasil poderia ser significativamente fortalecido. Seguindo o exemplo encorajador do programa de treinamento Pronatec/MDIC, todos os cursos de capacitação e retreinamento apoiados pelo governo devem guardar uma coordenação e cooperação muito mais estreita com as empresas para garantir a relevância dos profissionais no mercado de trabalho. Uma mudança nos incentivos para centros de trabalho e treinamento, incluindo a potencial terceirização de tais serviços, se mostrou efetiva no aumento da colocação profissional em vários países da OCDE. Para ajudar aqueles afetados negativamente por choques econômicos ou tecnológicos, o apoio ao treinamento e ações de suporte devem ser cuidadosamente direcionados, com a maior parte dos recursos concentrados em pessoas que sofrem com períodos prolongados de desemprego, incluindo o possível fornecimento de auxílio mobilidade para trabalhadores em locais que passam por declínio estrutural.

Melhorias na qualidade do sistema educacional brasileiro são componentes fundamentais para a agenda da produtividade. O Capítulo 4 demonstra como, apesar de investimentos significativos e melhorias drásticas no acesso, os resultados da educação no Brasil ainda estão bem atrás em relação à maioria de seus pares. Almeida e Packard (2018) fornecem uma análise mais aprofundada da falta de engajamento da juventude, destacando como a baixa qualidade da educação ou a percepção limitada de sua relevância pode levar os jovens a perder o interesse e a investir pouco em sua formação, mesmo que os retornos esperados sejam elevados. De forma mais ampla, se há consenso sobre a consequência da última onda de mudanças tecnológicas globais é que ela proporciona mais oportunidades para os mais qualificados. Qualquer estratégia de reforma a médio prazo para aumentar a produtividade deve incluir esforços adicionais para melhorar os resultados da educação, a partir da reforma do ensino médio adotada no final de 2016.

## REFORMAS INSTITUCIONAIS

A agenda de reformas descrita acima é complexa e desafiadora. Embora alguns ganhos rápidos sejam possíveis, as reformas mais profundas e necessárias - das políticas comerciais, dos produtos e serviços internos, dos mercados de capital e de trabalho - exigirão elaboração cuidadosa e levarão tempo para implementar. É, portanto, fundamental que tais reformas estejam inseridas em um arcabouço institucional adequado, conforme descrito no Capítulo 6.

No curto prazo, destacam-se três prioridades para as mudanças institucionais. Em primeiro lugar, é importante reduzir a atual fragmentação da formulação de políticas em vários órgãos com mandatos sobrepostos. Deve haver uma agência responsável pela promoção de exportações, outra responsável pela inovação, outra pelo serviço de expansão tecnológica, etc. Em segundo lugar, o governo deveria considerar adotar o crescimento da produtividade como objetivo central da política e explicar a importância do tema para todos os cidadãos. Isso é fundamental para suplantar equívocos, como o medo de que o crescimento da produtividade possa significar a racionalização de empregos, quando, na verdade, significa principalmente a criação de novas oportunidades de emprego mais sustentáveis. Em terceiro lugar, o governo deve considerar priorizar desde o início, a avaliação de todas as políticas de poio às empresas. Isso incluiria um inventário de todas essas políticas, a eliminação de políticas sabidamente ineficazes, o estabelecimento de critérios claros para novas medidas de apoio às empresas, e sistemas de monitoramento e avaliação correspondentes. Qualquer medida de apoio às empresas deve se basear na avaliação da falha original de mercado e o ideal é que os incentivos oferecidos sejam compatíveis com o mercado (por exemplo, fornecer subsídios equivalentes em vez de transferências diretas, ou aumentar a linha de crédito em vez de subsidiar as taxas de juros).

A médio prazo, o Brasil talvez possa considerar algumas inovações institucionais que ajudaram outros países a encontrar um ponto focal para uma agenda de produtividade coerente. Entre as experiências mencionadas no Capítulo 6 que o Brasil poderia considerar estão: o estabelecimento de uma comissão de produtividade (como a da Austrália), a criação de um mecanismo de diálogo institucionalizado entre os setores público e privado para superar falhas de coordenação (como a Mesas Ejecutivas no Peru), ou a criação de um laboratório de políticas que incentive a experimentação em políticas de apoio às empresas. O estabelecimento de uma unidade central de coordenação para a agenda da produtividade parece ser particularmente importante para assegurar a formulação de objetivos claros, insistir na avaliação rigorosa de todas as políticas - em parceria com terceiros, como o meio acadêmico - e disseminar boas práticas. De fato, uma unidade como essa com um forte mandato poderia ser a peça central da mudança defendida na relação entre empresas e governo.

A gestão de um processo de reforma tão ambicioso requer um planejamento claro e forte apropriação política para garantir a coordenação necessária entre diferentes agências e partes interessadas. As várias opções de reforma institucional aqui analisadas podem ajudar a superar os problemas de coordenação, mas não substituem a liderança política. O que este relatório tentou fazer foi demonstrar porque a agenda da produtividade do Brasil é urgente e promissora. Está nas mãos dos líderes políticos brasileiros colocar em prática essa desafiadora agenda de reformas. A futura prosperidade compartilhada do Brasil pode depender disso.

## NOTAS

1. A Ferraz (2014) estima benefícios significativos decorrentes da implementação total do Portal Único, como um aumento anual de 6-7% nos fluxos comerciais e um aumento de 10% nas exportações brasileiras de produtos manufaturados.
2. A CAMEX recentemente reduziu a tarifa de importação 2% para 0% para TIC e bens de capital que não são produzidos domesticamente.

## REFERÊNCIAS

Almeida, Rita, and Truman Packard. 2018. *Competências e Empregos: uma Agenda para a Juventude.* Washington, DC: World Bank.

Ferraz, Lucas. 2014. *Impactos da Facilitação do Comércio sobre a Indústria de Transformação no Brasil.* Rio de Janeiro: Fundação Getúlio Vargas.

Frischtak, Claudio, Ceyla Pazarbasioglu, Steen Byskov, Adriana Hernandez Perez, and Igor Andre Carneiro. 2017. "Towards a More Effective BNDES". Finance and Global Markets Report No. 117304. Washington, DC: World Bank.

World Bank. 2017a. *Back to Planning: How to Close Brazil's Infrastructure Gap in Times of Austerity (English)*. Washington, DC: World Bank. http://documents.worldbank.org/curated/en/386151499876913758/Back-to-planning-how-to-close-Brazils-infrastructure-gap-in-times-of-austerity.

——. 2017b. *Um ajuste justo: análise da eficiência e equidade do gasto público no Brasil: Volume I: síntese (Portuguese)*. Washington, DC: World Bank. http://documents.worldbank.org/curated/en/884871511196609355/Volume-I-síntese.

# Apêndice A Documentos Analíticos de Referência

Os seguintes estudos foram desenvolvidos especificamente para este relatório:

- "A Dinâmica de Produtividade no Brasil", Rong Qian, Jorge Thompson Araújo e Antonio Nucifora
- "A Agenda de Globalização e Integração dos Mercados de Produção do Brasil", José Guilherme Reis, Mariana Iootty, José Signoret, Tanja Goodwin, Martha Licetti, Alice Duhaut e Somik Lall
- "O Crescimento da Produtividade da Agricultura no Brasil: Tendências Recentes e Perspectivas Futuras", Diego Arias, Pedro Abel Vieira, Elisio Contini, Barbara Farinelli e Michael Morris
- "Alocação Financeira Eficiente e o Crescimento da Produtividade no Brasil", Pietro Calice, Steen Byskov e Eduardo Pontual Ribeiro
- "Competências, Mercados de Trabalho e Produtividade no Brasil", Truman Packard
- "Produtividade, Concorrência e Prosperidade Compartilhada", Mariana Vijil, Vivian Amorim, Mark Dutz e Pedro Olinto
- "Novos Arranjos Institucionais para Novas Políticas no Brasil", Roland Clarke.

Os estudos estão disponíveis em: http://documents.worldbank.org/curated/en/docsearch/projects/P162670.

www.ingramcontent.com/pod-product-compliance
Lightning Source LLC
LaVergne TN
LVHW082348200926
848481LV00012B/3499

* 9 7 8 1 4 6 4 8 1 3 2 1 4 *